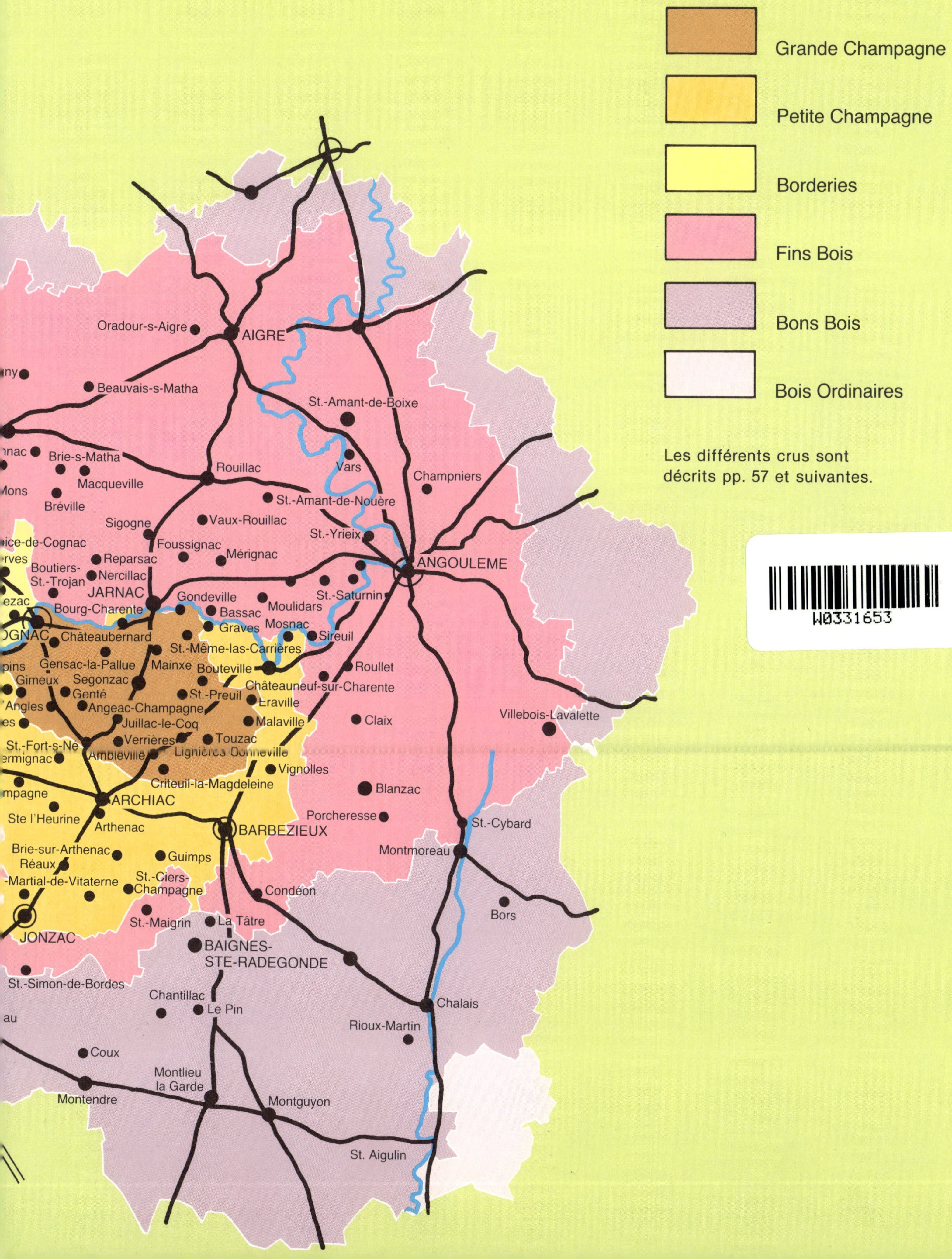

Les différents crus sont décrits pp. 57 et suivantes.

*Cet ouvrage n'aurait pu voir le jour sans l'amical soutien
du Bureau national interprofessionnel du Cognac,
du Syndicat des viticulteurs vendeurs directs et
de tous ceux qui, dans toutes les Maisons de Cognac
— grandes ou petites — nous ont fourni toutes les
informations indispensables à sa réalisation.*

Gert v. Paczensky

LE GRAND LIVRE DU COGNAC

Aquarelles et dessins de Jean-Pierre Haeberlin

FRANCE LOISIRS
123, boulevard de Grenelle, Paris

Traduction-adaptation française de Christian BOUNAY et Claude BOISLÈVE
Édition du Club France Loisirs, Paris, avec l'autorisation des Éditions Solar

ISBN 2-7242-3435-9
Numéro d'éditeur 12566
Composition : Optigraphic France
Imprimé en RFA par Mohndruck, Gütersloh

SOMMAIRE

L'auteur, Gert von Paczensky, savoure à l'avance le cognac que lui sert son ami le photographe Jürgen D. Schmidt, son compagnon de dégustation et lui-même grand amateur et connaisseur des meilleurs crus.

*Propriétaire — avec son frère Paul — de l'un des restaurants les plus réputés du monde, l'*Auberge de l'Ill *à l'Illhaüsern, Jean-Pierre Haeberlin est également l'auteur des dessins et aquarelles illustrant cet ouvrage.*

Toutes les photographies illustrant cet ouvrage sont dues à Jürgen D. Schmidt, à l'exception de celles des pages 22, 23, 156, 169, 178, 184-185 (Bureau national interprofessionnel du Cognac) et 201 (Louis Royer S.A.).

AVANT-PROPOS

Un bon repas tire à sa fin, au grand regret de tous et de chacun. Dans une ambiance joviale et détendue, les convives restent attablés, joyeux et un tantinet grisés par le vin, les uns en couples, d'autres en petits groupes, tandis que d'autres encore se tiennent un peu à l'écart. Le café est déjà servi... Mais ne pourrait-on faire durer un peu plus le plaisir ? Si, bien sûr, puisque c'est maintenant l'heure du digestif – un mot bien prosaïque, d'ailleurs. On aurait bien besoin de prendre quelque chose pour faciliter la digestion; mais, quitte à choisir, on préfère cent fois s'offrir un petit plaisir qui couronnera les réjouissances. Après les mets raffinés et les vins exquis – car je suppose que l'on est dans un bon restaurant –, ce n'est sûrement pas une vulgaire eau-de-vie qui fera l'affaire. La seule boisson digne de succéder, à cette heure, aux meilleurs vins, c'est le cognac.

J'entends déjà ces dames, qui préféreraient une liqueur. Quelques-uns de ces messieurs également. Cela ne fait que confirmer à quel point de mauvaises habitudes gastronomiques peuvent mener à des aberrations. Plus d'un convive aura versé du sucre dans son café, sans compter qu'au dessert, il y avait sûrement des fruits et des entremets plus sucrés encore. Ceux qui s'imaginent que seule une liqueur (laquelle ne fera que

prolonger les sucreries déjà consommées) pourra leur procurer ce voluptueux plaisir qui les stimulera ne connaissent pas le vrai cognac. Il en existe pour tous les goûts.

Dans les circonstances présentes, ce qu'il faut, c'est un cognac doux et léger, mais tout en nuances, avec un bouquet hors du commun; lui seul saura accroître encore la jouissance du palais, mais aussi du nez et des yeux. Un cognac qui dévoile à tous vos sens son charme aimable, fruit d'un séjour de plusieurs dizaines d'années dans de vénérables fûts de chêne, au contact du bon air de la Charente, un cognac qui ne vous brûle pas l'estomac comme un tord-boyaux.

Mais tous ces divers cognacs auxquels je pense et qui vous prouveraient que je n'exagère pas, pourrait-on les obtenir dans ce restaurant ? Je le confesse, ma longue expérience jalonnée de déceptions me porterait plutôt à répondre par la négative. Des centaines de producteurs, des milliers de cognacs... et tant de restaurants qui, pour la plupart, ne nous proposent qu'un éventail de choix carrément ridicule – deux, trois ou quatre sortes de cognac et, le plus souvent, des produits auxquels manque la qualité.

Dieu merci, il y a toujours quelques exceptions pour confirmer la règle. À titre d'exemple, pour montrer ce que les choses pourraient être, je présente dans ce livre les cartes des cognacs de quelques restaurants tout à fait remarquables[*]. Les intéressés en seront très étonnés, et les gastronomes n'auront qu'à bien se tenir. À vous de voir quels sont les cognacs que vous connaissez déjà... et de découvrir les autres.

C'est également à cela que voudrait contribuer le présent ouvrage.

(*) Voir p. 92 et suivantes.

La rue Cormereau à Cognac, au cœur du quartier des géants du cognac.

I. À LA DÉCOUVERTE DU COGNAC

La première rencontre

Le cognac, c'est...

Tout d'abord, Cognac est une ville, et la richesse que lui a valu son célèbre produit ne s'y manifeste par aucun signe extérieur.
Cognac est sans doute la ville de France la plus célèbre dans le monde entier après Paris. Même dans les endroits isolés de la planète, Cognac, on connaît.
Cité ancienne, enrichie au Moyen Âge par le sel, c'est le cognac qui lui a donné ses titres de noblesse et a perpétué sa renommée et sa richesse.
Au bord de la Charente, au premier abord, la ville est le prototype de la sous-préfecture provinciale de notre hexagone, avec sa circulation difficile, sa grande place bordée de terrasses de cafés et de quelques magasins, sa statue de François Ier (né en son château et dont la ville a gardé les armes : la salamandre), sa rue piétonne et sa promenade ombragée pour flâneurs d'un autre siècle.
Le cognac est omniprésent. On le devine aux tuiles et aux murs noircis par cette oxydation caractéristique, il est tapi dans les chais des maisons bourgeoises aux volets clos des vieilles rues de la ville, on le découvre enfin le long des quais, sur une cour pavée qui résonne du bruit des fûts que l'on roule avant de les aligner le long du mur, quelquefois sur plusieurs centaines de mètres.
Jamais la boisson de Cognac n'eût acquis un tel prestige si sa très haute qualité n'avait été universellement reconnue. Le cognac se distingue de toutes les autres eaux-de-vie par un contrôle extrêmement rigoureux des conditions dans lesquelles s'effectue sa fabrication, ainsi que par la grande spécificité du climat et du sol de la région.
Le cognac provient d'un secteur viticole au tracé très précis et délimité par la loi. Cette région aux marches du Sud-Ouest est en fait dans sa presque totalité sur les seuls départements de Charente et de Charente-Maritime, longeant le littoral atlantique.
L'île d'Oléron et l'île de Ré en font partie, ainsi que deux petites enclaves des départements des Deux-Sèvres et de la Dordogne, limitrophes de la Charente. Même si les villes les plus importantes de la région sont La Rochelle et Royan à l'ouest et Angoulême à l'est, pour l'amateur de cognac, les noms à retenir sont ceux de localités plus modestes, comme Jarnac, Segonzac, Châteauneuf, Barbezieux, Jonzac, Matha et Aigre, ainsi que quelques villages guère moins célèbres. C'est une belle région vallonnée, qui bénéficie d'un climat favorable, sans écarts trop importants, plus océanique que continental, et néanmoins varié; plus abritée à l'intérieur, c'est une zone de transition, avec une pluviosité au-dessus de la moyenne mais répartie de façon très parcimonieuse tout au long de l'année. En moyenne, 130 à 150 jours de pluie par an y créent une hygrométrie d'environ 800 millimètres. La température moyenne annuelle est de 13,5 °C; elle est de 6,5 °C en hiver et de 21,5 °C en été. En règle générale, les années de canicule ne donnent pas un cognac aussi bon que lorsque la température reste modérée.

La vigne dont le distillat produira le cognac doit être cultivée dans cette « région délimitée ».
Ce n'est certes pas la vigne qui manque. Il y a un peu plus d'un siècle, avec quelque 300 000 hectares, c'était l'un des plus vastes secteurs de vins de qualité du monde. Son proche voisin, le Bordelais et ses vins prestigieux étant le plus grand domaine viticole actuel, avec 100 000 hectares. Mais, encore aujourd'hui, les Charentes restent le premier secteur pour la production du vin blanc, avec une tradition de plus de 1 500 ans. A travers les siècles, sans doute pour sa douceur de vivre, sa porte océane, seuil des nouveaux mondes, la richesse de ses terres, le pays charentais, et principalement la Saintonge, fut souvent convoité et marqué par des guerres.
Les Romains, ayant envahi la Gaule, font de Saintes la capitale gallo-romaine exemplaire de l'Aquitaine. Ce règne durera 120 ans. Les grandes invasions n'épargnent pas le pays. 732, ça ne vous dit rien ? Mais les Sarrasins avaient déjà traversé la Charente. Aliénor fait l'Aquitaine anglaise, la Charente devient fleuve frontière, et Anglais et Français se feront une guerre sans merci durant près de 130 ans, de 1327 à 1453, dévastant totalement la région.
Prospère, puis ravagé par les guerres et les envahisseurs venant du Sud comme du Nord, abandonné à lui-même ou suscitant l'envie du pouvoir central, au fil des siècles le pays charentais est devenu secret. Soucieux de sauvegarder sa seule richesse : sa terre et son cognac, il a su se préserver des curieux. Disséminés dans la campagne, au creux d'un vallon, les domaines de la région sont souvent entourés de hauts murs pourvus d'un unique porche, parfois même un portail en pierre de taille, seul signe extérieur de richesse. On est généralement à cent lieues de soupçonner le confort et l'opulence qui y règnent.
De loin en loin, les villages ou lieux-dits foisonnent, composés de trois ou quatre fermes de modeste importance, souvent anciennes métairies. Les chefs-lieux de canton, gros bourgs, gardent cet aspect austère et calme. Mais ne vous y trompez pas, si le Charentais vous paraît froid et distant, il n'en est rien.
La multitude de marques de cognac provient en réalité d'un très petit nombre de firmes. Mais celles-ci tirent de leur produit une remarquable diversité, jamais égalée par aucune boisson comparable.
Jusqu'aux XVIIe-XVIIIe siècles, l'eau-de-vie de Cognac et des régions avoisinantes était consommée claire, c'est-à-dire telle qu'à l'issue de la distillation. Mais, voyant qu'il leur restait toujours des excédents, les producteurs commencèrent, d'abord à contrecœur, à conserver leur eau-de-vie dans des fûts en chêne – et ils purent bientôt constater avec satisfaction combien cela lui était bénéfique. Le cognac de couleur foncée, tel que nous le connaissons aujourd'hui, était né.
Depuis cette époque, le raisin avec lequel on produit les vins blancs destinés au cognac a été ramené à trois cépages principaux définis par la loi. Ce sont : l'Ugni blanc (également appelé St-Émilion des Charentes), le Colombard et la Folle blanche. Ces cépages – même lorsqu'un seul d'entre eux est utilisé – doivent représenter 90 % de la composition du vin mis en distillation. Les 10 % restants peuvent être constitués des cépages autorisés suivants : Sémillon, Sauvignon, Meslier-Saint-François/ Blanc Ramé, Jurançon blanc, Montils et Sélect. Naguère, la production de Colombard et de Folle blanche était extrêmement abondante. Mais, dans la région, ces raisins tendent à mûrir trop vite et ils sont très vulnérables à la moisissure. Aussi, à l'heure actuelle, l'Ugni blanc, très prolifique, monopolise presque à lui tout seul la production.
Le vin blanc de la Charente est très sec (en moyenne, moins d'un gramme de sucre par litre), très riche en acides, mais pauvre en tannin. Son degré d'alcool est faible, normalement entre 8 et 10 % volume. Pour le connaisseur, il ne devient attrayant qu'une fois distillé.
Le produit de ces cépages est lui aussi soumis à une réglementation très stricte. La presse répond de même à des normes rigoureuses : le raisin doit être pressé uniquement dans un pressoir traditionnel à large tamis, et non pas dans un pressoir « en continu ». En effet, si ce dernier produit un moût beaucoup plus abondant, il se trouve cependant que ce moût contient également des pépins broyés qui se transforment en huile et en tannin, à éviter pour le cognac.
Le moût ne doit pas être sucré – sous peine d'augmenter le degré d'alcool. De même, la fermentation ne doit pas être arrêtée par l'addition d'anhydrite sulfureux – ni même ralentie. Ensuite, le vin tel quel sera mis à distiller avec son

dépôt, sa lie. Il sera distillé deux fois.
Un cognac doit comporter au moins 40 % volume d'alcool. La réglementation rigoureuse à laquelle il est assujetti, et dont les grandes lignes sont rapportées tout au long des chapitres suivants, n'est qu'en partie une chicane bureaucratique. Bien entendu, même avec seulement 39 ou 38 % volume, le cognac serait encore bon, mais, au terme de la législation française, il perdrait alors le droit à l'appellation Cognac. La plupart des autres réglementations n'ont fait que fixer sur le papier l'usage établi. Des dizaines, ou plutôt des centaines d'années de comparaison avec d'innombrables concurrents et produits de médiocre imitation ont montré clairement que la supériorité du cognac réside dans la diversité de son arôme, dans le large éventail de ses facettes gustatives, et dans l'inébranlable constance de sa qualité de haut niveau. Cela découle de l'homogénéité des traditions et des réglementations – depuis le bois utilisé pour la fabrication des fûts jusqu'aux cépages, depuis la presse jusqu'au procédé de distillation et à la méthode de mise en cave. Un climat propice et un sol bien adapté ont fait – et continuent de faire – le reste.

La vieille ville de Cognac : une vue de côté du château Valois (qui appartient à Otard).

L'occasion fait le gourmand

Quand boire le cognac

Il faut boire du cognac seulement quand on en a envie – cela semble l'évidence même. Trop souvent, malheureusement, ce n'est pas le cas. Ce livre n'est pas une incitation à la beuverie; néanmoins, c'est un fait que le cognac est une boisson convenant à toutes sortes d'occasions.

À l'époque où je fis sa découverte, à Paris, au début des années 1950, la mode était à la légendaire « fine à l'eau » – un cognac à l'eau minérale ou du robinet, avec ou sans glaçons. C'était une boisson rafraîchissante, un apéritif, un « long drink » pour égayer les longues soirées.

À cet effet, plusieurs fabricants de cognac avaient créé une spécialité dérivée de leur cognac 3 étoiles (j'expliquerai ultérieurement l'échelle de qualité des différents cognacs), mais le plus souvent avec un goût un peu plus fort et, éventuellement, un plus haut degré d'alcool.

Ces cognacs ont aujourd'hui presque totalement disparu. Néanmoins, tout un chacun peut faire l'expérience et constater qu'un excellent cognac reste bon avec de l'eau. Dans la mesure où il s'agit

Ce Roi de Rome 1811 est une page de l'histoire du cognac.

seulement de diluer le cognac, les producteurs n'ont guère intérêt à fabriquer tout exprès une qualité spéciale – sauf ceux qui entendent se distinguer par des spécialités. Hormis quelques spécimens encore en circulation, les bouteilles spéciales de fine à l'eau dorment désormais dans les collections des fabricants. Quoi qu'il en soit, ce mélange reste une boisson agréable et rafraîchissante, au même titre que le whisky à l'eau. Pour le consommateur, le cognac présente l'avantage de ne pas provoquer de rupture dans la continuité harmonieuse de différents vins. Chacun sait en effet qu'ayant bu du vin avant le repas, il devra le payer par une solide migraine, en vertu de la bonne vieille règle qui interdit les mélanges (« *Grape to grape, grain to grain* », disent les Anglo-Saxons) : on peut sans risque enchaîner différentes boissons à base de vin, ou différents alcools à base de céréales, mais on ne peut mélanger impunément les deux catégories. Or le cognac n'est autre qu'une eau-de-vie de vin.

Puisque l'on peut boire le cognac avec de l'eau, pourquoi pas avec d'autres additifs ? C'est, n'en doutons pas, une question sur laquelle les barmen se sont penchés depuis beau jour. Et le fruit de leurs supputations est que les cocktails à base de cognac sont aussi nombreux et variés que ceux faisant appel à d'autres spiritueux. Pour l'été, j'ai trouvé particulièrement rafraîchissante la recette d'Étienne, chef du bar Courvoisier, à Jarnac : une dose de cognac, une dose et demie de jus d'orange frais, une demi-dose de jus de pamplemousse frais et des glaçons. Les jours de canicule, c'est un délice.

Précisons toutefois qu'ici, comme pour tout autre mélange, le mieux est l'ennemi du bien. Évidemment, cela ne vaut pas que pour la qualité des fruits. Mais il est indéniable que les producteurs de cognac eux-mêmes, en tout cas la plupart, créèrent leurs cognacs 3 étoiles principalement en vue de la préparation des cocktails. Sinon, pour boire au comptoir, comme remontant ou comme remède contre le froid, ils recommanderaient le cognac pur. À coup sûr, ils ne conseilleraient pas de boire ce cognac au moment où il déploie pleinement ses qualités tant prisées des amateurs et des gastronomes : après le repas, juste après le café, que ce soit au déjeuner ou au dîner. Pour de telles occasions, ils passeraient à un niveau de qualité supérieur.

À la différence des Français, inventeurs du cognac, les Allemands et certains de leurs voisins ont une occasion supplémentaire de savourer en dehors des repas les plaisirs de ce superbe dérivé du vin, grâce à leur bonne vieille tradition consistant à faire une pause vers le milieu de l'après-midi pour prendre une tasse de café, ou de thé, accompagnée d'un assortiment de biscuits et autres gâteaux à la crème.

De leur côté, certains peuples asiatiques ont redécouvert les vertus du cognac dans sa vocation première. Au repas, ils le boivent dilué avec un peu d'eau – autrement dit, ramené à l'état d'un vin plus ou moins fort – et ce en quantité abondante; cette boisson remplit un peu les mêmes fonctions que le raki turc ou l'ouzo grec.

Cette façon de consommer le cognac semble tout particulièrement prisée des Chinois.

Le directeur des exportations d'une maison de cognac m'a appris un jour que, dans les pays asiatiques, partout où il y a des communautés chinoises, les ventes de cognac se trouvent illico multipliées par deux.

Une des idées reçues est que le cognac est avant tout un digestif. Les gourmets préfèrent en effet leur cognac pur, en fin de repas. Après l'avoir amoureusement choisi, ils l'humanisent en tenant leur verre dans la paume, humant lentement son bouquet subtil avant de le déguster.

Mais il est important de savoir que le cognac, en fait, s'adapte aux circonstances et aux goûts les plus variés.

À l'apéritif, comme long drink allongé de soda ou d'eau gazeuse, il rivalisera – et à son avantage – avec whisky ou bourbon, si renommé soit-il. Pourquoi ne pas changer d'habitudes ? Rafraîchissant ainsi préparé l'été, il peut être la base de boissons chaudes stimulantes l'hiver. Il est aussi, comme nous l'avons déjà remarqué, la base de nombreux et savoureux cocktails. tails.

La vogue croissante dont il jouit dans le monde s'explique par la noblesse et la grande sincérité du produit, mais aussi par le fait que des pays comme les États-Unis ou le Japon ont su introduire le cognac, au fil des heures, dans leur vie de tous les jours. Le temps n'est pas si loin où il figurait en bonne place dans le buffet familial de tous les Français, il doit y revenir. Sans aucun doute, il représente dans la gastronomie « le petit plus » indispensable qui fait d'une bonne recette une recette raffinée.

L'arrière-automne au bord de la Charente. Cette photo a été prise depuis le « Chai du Moulin » de Courvoisier, à Jarnac.

Quand le monde découvre le bon goût

Le cognac au passé et au présent

Le secteur actuel de production du cognac se lança de bonne heure dans les échanges commerciaux avec l'Europe du Nord. Dès le Xe siècle, il exportait le vin et le sel via les ports de La Rochelle, Saintes et Saint-Jean-d'Angély.

C'est au XVIIe siècle que la clientèle des pays nordiques et d'autres contrées commença à préférer aux vins importés de Charente ceux de la région de Bordeaux. Les vins de Charente étaient en effet devenus beaucoup plus fluets et, du fait de leur degré d'alcool moins fort, ils ne supportaient pas très bien le transport par voie de mer. Les ventes chutèrent. Or, c'est justement à cette époque que la distillation vit le jour. Même par grosse mer, lorsque le navire était chahuté par les vagues, l'eau-de-vie de vin n'en pâtissait pas, et, le volume transporté étant moindre, le convoyage n'en était que plus économique – si bien que les exportations augmentèrent de nouveau. À la fin du XVIIe siècle, la clientèle des pays nordiques était acquise à la nouvelle boisson, et le reste du monde ne tarderait pas à suivre.

Tout d'abord, cette eau-de-vie de vin sembla un bon moyen pour refaire du vin par l'addition d'eau. Pendant longtemps, elle fut effectivement employée de cette façon. Mais on découvrit rapidement qu'à l'état non dilué, cette boisson était meilleure au goût, comparée aux autres eaux-de-vie qui avaient jusqu'alors tenu le haut du pavé.

Connaissant un rapide essor, le commerce du cognac fut maintes fois compromis, la France se trouvant souvent isolée par la guerre et les barrières douanières. Vers les années 1870-71, la production atteignit son niveau record : 478 000 hectolitres d'alcool pur – ce qui représentait environ 170 millions de bouteilles de cognac à 40 % volume. En 1876, les deux Charentes comptaient 282 667 hectares de vignes (contre moins de 100 000 actuellement). C'est alors que l'épidémie de phylloxéra venue d'Amérique ravagea la totalité du vignoble, à l'exception de quelques rares vignobles de Châteauneuf à Matha. Lorsque les canons de la Première Guerre mondiale commencèrent à tonner, seulement un sixième de la superficie viticole avait été replanté.

Disposant d'importantes réserves de cognac déjà distillé, un grand nombre de firmes de cognac survécurent. Néanmoins, les producteurs avaient encore fort à faire pour renouer avec leur prospérité d'antan, la période de la crise économique mondiale de 1929 apportant avec elle son lot de difficultés. Mais la victoire de l'Entente sur les Puissances d'Europe centrale fut également celle du cognac sur les eaux-de-vie allemandes et autres qui avaient usurpé son nom : depuis cette époque, le « Kognac » allemand est illégal. Dans le cadre du Traité de Versailles (articles 274 et 275 relatifs à la concurrence déloyale), l'Allemagne s'engageait à respecter les appellations régionales et les noms de marques ayant cours dans les pays victorieux, et à s'abstenir de pratiquer une concurrence déloyale; autrement dit, l'Allemagne ne devrait plus produire de vins d'imitation – ces clauses visant en premier lieu le « Kognac ». Toutefois, le Traité prévoyait une réciprocité de certaines clauses relatives à la protection des marques déposées et des appellations. Depuis lors, la France a pu imposer dans le monde entier ses droits d'exclusivité sur l'appellation Cognac.

Le charme du vieux port de La Rochelle, d'où l'on exporte depuis des siècles le vin et le cognac, n'a plus à être vanté ...

1940 vit la France envahie par l'Allemagne nazie. Aux frontières de la zone libre, les Charentes furent zone occupée. Dans un premier temps, la région se trouva de nouveau coupée de ses débouchés vers l'étranger. Mais on se rendit bientôt compte que si l'occupant allemand pillait en toute impunité les magasins, privant ainsi de leurs moyens de subsistance les producteurs et les négociants, les conséquences pouvaient s'avérer désastreuses. Pour éviter cela, les autorités d'occupation veillèrent donc à ce qu'un minimum d'activité et de débit fût préservé. D'un commun accord, Français et Allemands créèrent un « Bureau de contact », qui deviendrait par la suite le « Bureau de répartition ». Du côté allemand, on fit appel à un spécialiste, Gustav Klaebisch, qui avait passé son enfance sur les bords de la Charente. En effet, la famille de Klaebisch avait naguère été propriétaire de la firme de cognac Meukow (voir le Répertoire), et ce jusqu'à la Première Guerre mondiale, lorsque la firme fut mise sous séquestre par l'État français, dans le cadre de la confiscation des biens appartenant à l'ennemi.

Par la suite, les producteurs-négociants devaient reconnaître que le Bureau de répartition s'était acquitté de sa mission avec un réel souci d'équité. La guerre finie, les firmes de cognac disposaient en-

CT 480
Cognac

core de réserves considérables, et elles purent ainsi reprendre leur essor. À coup sûr, s'il y eut une Maison qui y trouva son compte, ce fut bien la firme dont le frère de Gustav Klaebisch, Otto, était propriétaire, et qui, de 1923 jusqu'au début des hostilités, avait été importatrice des produits Martell – l'une des plus grandes entreprises du secteur – pour l'Allemagne.

Bénéficiant, jusqu'à fin 1973, de la collaboration de Gustav Klaebisch, la firme d'Otto devint après la guerre l'importateur de ce grand du cognac.

Un collaborateur de Klaebisch du temps où il était à Cognac, Gustav Schneider, fut pendant de longues années le représentant en Allemagne fédérale d'une autre grande Maison, Rémy Martin.

A la Libération, le Bureau de répartition du lieutenant-colonel Klaebisch, dont l'utilité était apparue évidente, donna naissance, sous l'égide du nouveau gouvernement, au Bureau national interprofessionnel du Cognac. Depuis, celui-ci préside aux destinées du cognac aux plans tant juridique que financier et de l'organisation.

À mesure que le BNIC asseyait son autorité, c'était également toute une époque qui tirait à sa fin – celle où, chaque année, les deux grands du cognac, Martell et Hennessy, faisaient la pluie et le beau temps en matière de prix du cognac. Ce qui ne veut pas dire pour autant que ces deux firmes n'ont aujourd'hui aucune influence sur ces prix.

La fin des hostilités devait marquer pour la noble boisson charentaise le début d'une magnifique ère de prospérité. En vingt-cinq ans, de 1947 à 1972, le chiffre mondial des ventes se trouva plus que quintuplé, avec l'équivalent de 334 046 hectolitres d'alcool pur. On planta de nouveaux vignobles afin de satisfaire à la demande. Les techniques de vendange et de vinification furent systématiquement améliorées et modernisées. C'est ainsi que les vignerons virent leur rendement à l'hectare augmenter de 6,6 hectolitres (d'alcool pur) dans les années 1960 à environ 8,2 hectolitres dans les années 1970. Dans un premier temps, évidemment, chacun se frotta les mains; mais, bientôt, il fallut déchanter et se rendre à l'évidence : l'écoulement des stocks était en perte de vitesse.

Cinq années d'affilée, les ventes stagnèrent par rapport au chiffre record de 1972 – pis, elles baissèrent. À partir de 1978, ces ventes remontèrent légèrement. En 1979, 1980 et 1981, on vendit plus de 400 000 hectolitres (quantité toujours exprimée en alcool pur), dont la plus grande partie en 1979.

Au temps où les distilleries étaient chauffées au charbon, le maître distillateur dormait près de l'alambic, veillant à l'entretien du feu. Mais, de nos jours, pratiquement toutes les distilleries fonctionnent au gaz, ce qui assure une parfaite régulation de la chauffe. La distillerie ci-contre est une des toutes dernières à fonctionner encore à l'ancienne. Construite en 1925, elle appartient au « Domaine des Gatinauds » du distillateur Gaston Rivière.

Au total, le volume, vrac inclus, équivalait à plus de 131 millions de bouteilles (sans compter le cognac pour le vin viné, le pineau des Charentes et les fruits au cognac). Toutefois, depuis lors, ce résultat n'a plus été égalé.

Ce fléchissement de la production ne pouvait assurément rester sans conséquences. Ce manque à gagner est encore important, même si la réglementation européenne oblige les producteurs à une distillation « obligatoire volontaire » (cela ne s'invente pas) afin de sauvegarder, en principe, leurs intérêts. Le commerce du cognac est devenu plus difficile, et les stocks excédentaires sont en constante augmentation. En 1986, le chiffre des ventes (y compris le cognac en vrac) a été de 128,52 millions de bouteilles – mais, pour les structures économiques du cognac, ce chiffre restait insuffisant. Les mesures destinées à réduire la production n'ont fait sentir leur effet que très lentement. Dès 1983, les stocks représentaient l'équivalent de plus d'un milliard de bouteilles.

Et pourtant, dans les restaurants, les bars et les cafés de la région, il ne viendrait à l'esprit d'aucun client étranger que l'on souhaite relancer les ventes de cognac.

La plupart du temps, en effet, l'éventail de choix qui vous est offert est ridiculement mince. À de rares exceptions près, ce que vous apercevez de l'autre côté du comptoir, ce sont presque exclusivement des bouteilles de whisky, d'apéritif et de liqueur. À Cognac même, cependant, l'établissement qui vous propose le plus large choix est le « Coq d'or » (place François-Ier).

Dès son origine, le cognac fut destiné à une clientèle étrangère; et encore à l'heure actuelle, 89 % de la production sont exportés. Pendant plus d'un siècle, les Britanniques restèrent les plus gros acheteurs, mais, désormais, ils sont largement dépassés par les Américains.

En 1986, le gros de la clientèle du cognac se répartissait comme suit :

États-Unis : 28 millions de bouteilles
Grande-Bretagne : 17,3 millions
Japon : 12,4 millions
France : 11,2 millions
RFA : 11,14 millions
Hong Kong : 8,1 millions
Belgique : 4,1 millions
Hollande : 4,1 millions
Canada : 3,4 millions
Singapour : 2,9 millions
Finlande : 2,4 millions
Irlande : 2,4 millions
Italie : 2,1 millions
Malaisie : 2 millions
Danemark : 1,7 million
Suisse : 1,6 million
Suède : 1,5 million
Taiwan : 1,2 million
Norvège : 1,1 million
Autriche : 0,6 million

Ces chiffres ont été établis après conversion en nombre de bouteilles du volume de cognac en vrac. Par exemple, pour le Japon, qui importe beaucoup de cognac en vrac destiné à sa production de brandy, ce volume représente l'équivalent de 4,9 millions de bouteilles.

Plus intéressant encore que l'augmentation des exportations vers l'Amérique, il y a le véritable boom de la consommation de cognac en Extrême-Orient, un marché autour duquel les producteurs et négociants charentais s'affairent tout particulièrement – et ce avec un incontestable succès, bien que, dans ces pays également, il faille surmonter d'importants obstacles douaniers et fiscaux.

Parmi les spiritueux du monde entier, le cognac reste une boisson réservée à l'élite, mais sûrement pas seulement à cause de son prix. D'après une estimation du Syndicat français du Rhum, les boissons alcoolisées les plus bues à travers le monde en 1982 se présentaient dans l'ordre suivant :

Rhum : 9,5 millions d'hectolitres
Whisky : 9 millions d'hectolitres
Vodka : 9 millions d'hectolitres
Eaux-de-vie de toutes sortes : 4,1 millions d'hectolitres
Alcools de riz et saké : 3,2 millions d'hectolitres
Anisette et liqueurs : 0,8 million d'hectolitres
Cognac : 0,4 million d'hectolitres

(Tous ces chiffres étant exprimés en quantité d'alcool pur). Cette répartition n'a pas varié depuis 1982.

En Europe, les premiers consommateurs de cognac sont les Luxembourgeois, avec une moyenne annuelle de 1 bouteille par tête (contre 0,2 en Allemagne fédérale et 0,3 en Grande-Bretagne).

Pour le reste du monde, c'est Hong Kong qui détient le record, avec 1,5 bouteille par tête et par an (mais une bonne partie du cognac vendu à Hong Kong ne fait que transiter vers la Chine – sans que les statistiques indiquent dans quelle proportion).

De la mesure avant tout

Le cognac peut faire du bien... ou du mal

Il n'est pas seulement amusant, mais également significatif de découvrir que, dans la littérature sur le cognac, on insiste beaucoup sur les effets de cette boisson sur la santé. D'emblée, le fait que le cognac soit répertorié comme un « digestif » indique clairement que ses créateurs conçurent ce produit comme une boisson destinée à faciliter la digestion pour qui venait de faire bonne chère; et c'est avec bonheur que les amateurs de cognac leur ont fait confiance. Mais il serait plus honnête de reconnaître qu'il n'en est pas toujours ainsi – et que, même lorsque c'est vrai, les autres spiritueux ayant des propriétés digestives ne manquent pas. Le problème serait plutôt de déterminer la quantité de cognac nécessaire pour rendre profitables les louables effets de cette boisson. Bien sûr, cette quantité varie suivant les personnes; mais, en tout cas, une forte dose n'est jamais souhaitable.

Le rêve de tout collectionneur de cognac : de très vieilles bouteilles qui ne sont pas vides (celles de notre photo sont chez Frapin, à Segonzac).

Ensuite, on dit souvent que le cognac est bon pour la circulation et qu'il prévient les infarctus. Si cet argument est justifié, de telles propriétés ne sont certainement pas l'apanage exclusif du cognac. À la rigueur, on peut dire que, pour l'amateur d'alcool, il ne saurait exister remède plus agréable...

La deuxième Maison de Cognac par rang d'importance, Martell, met en avant le fait que cette boisson « doit l'efficacité de ses propriétés tonifiantes et thérapeutiques » (attestées « scientifiquement ») à ses « constituants non alcoolisés » (publication datée de 1975). On peut s'étonner d'un tel argument, sachant qu'un cognac comportant moins de 40 % volume d'alcool ne serait plus un cognac... Au bout du compte, dans ce genre de variation sur un même thème, on reconnaît l'effort de tout producteur de boisson alcoolisée pour contourner l'incontournable réalité – qui est que l'alcool, sans lequel leur boisson ne serait pas ce qu'elle est, reste dangereux pour la santé si on le consomme avec excès. Or, ce n'est un secret pour personne que beaucoup de gens ont grand-peine à éviter ce genre d'abus. Souvent, bien sûr, les buveurs connaissent leurs propres limites pour avoir déjà fait la cuisante expérience d'une bonne gueule de bois; mais dans leur grande majorité, ils ignorent les dégâts internes que provoquent les excès répétés. Cela dit, le cognac n'a pas l'exclusivité de ce type de conséquence; d'autres boissons alcoolisées font encore plus de dégâts, et celles dont le degré d'alcool est moindre ne sont pas nécessairement les moins redoutables. Il m'a été donné d'assister à bon nombre de colloques (et j'ai aussi lu une masse de documents en tout genre) où l'on voyait des représentants du secteur viticole, bénéficiant d'un important soutien des milieux scientifiques, tenter proprement de démontrer que si l'alcool n'était pas bon pour la santé, en revanche, le vin l'était. Comme on pourrait s'en douter, les uns et les autres finissaient tôt ou tard par achopper sur le problème des limites à ne pas dépasser – une question sur laquelle les scientifiques, coopératifs mais fermes sur leurs positions, se montraient particulièrement pointilleux. Néanmoins, ces derniers convenaient que, consommée à faible dose, une boisson alcoolisée ne pouvait pas faire de mal à un homme bien portant.

Concernant ces limites, les valeurs moyennes sont tellement approximatives qu'il est difficile d'en déduire quoi que ce soit. Toutefois, on admet généralement que l'organe le plus sensible à l'ingestion d'alcool – le foie – peut supporter chez l'homme – selon son poids – 80 grammes d'alcool pur par jour, et chez la femme – toujours selon son poids – 50 grammes. Rapportés à un cognac à 40 % volume, ces chiffres équivalent à une quantité respective de 200 grammes et 125 grammes. S'agissant d'un vin à 12 % volume, l'homme peut en absorber quotidiennement l'équivalent de 66 centilitres, et la femme 40 centilitres, en gardant à peu près intactes leurs capacités – encore que jusqu'à un certain point seulement.

En fait, les deux groupes sont sujets à de très fortes variations, depuis la personne qui ne supporte pas une goutte d'alcool jusqu'à celle capable d'ingurgiter plusieurs fois la quantité indiquée. Votre médecin traitant ne pourra évaluer avec précision votre résistance à l'alcool qu'après un examen médical approfondi et un contrôle régulier de l'état de votre foie. Nous connaissons tous des gens qui ne boivent jamais une goutte d'alcool et qui, malgré cela, sont malades du foie, du pancréas ou du cœur,

Où la moindre ferme a des allures d'aïeule réfléchie…

alors que certains buveurs intempérants, plus chanceux (Winston Churchill en faisait partie), vivent parfois jusqu'à un âge fort respectable; cependant, dans le cas de ces derniers, il ne s'agit pas d'ivrognerie invétérée, et ils se font généralement suivre par des médecins.
Ces amis de la bouteille sont évidemment plus à notre goût. N'oublions pas que le terme « eau-de-vie », qu'il s'agisse de cognac ou non, provient du latin *aqua vitae*, une boisson dont les Romains étaient de grands amateurs...
Mais il n'est pas dans mes intentions de donner des conseils : si quelqu'un est habilité à en donner, c'est le médecin, et lui seul. À cet égard, je rappellerai une petite anecdote : en Norvège, sous la Prohibition, au lendemain de la Première Guerre mondiale, les pharmacies continuaient d'être fournies en cognac, afin d'être en mesure d'honorer les ordonnances des médecins. Il ne s'agissait là que de la perpétuation de l'antique tradition. En effet, au XVIIIe siècle, les médecins recommandaient aux voyageurs qui prenaient la mer d'absorber de l'eau-de-vie pour se prémunir contre le scorbut.
Dans un livre consacré au cognac, Martell énumère toute une série de vertus attribuées à cette boisson. On peut y lire en substance que le cognac doit son excellente valeur nutritive à sa richesse en vitamines et sels minéraux, qu'il stimule l'activité rénale, et qu'il est le plus bénin des somnifères. Un bon verre de cognac ingurgité à temps est, paraît-il, hautement recommandé pour prévenir ou guérir un refroidissement (à moi, ça ne m'a jamais réussi). De même, il est dit dans ce livre que le cognac est un bon remède pour les maladies des voies respiratoires, qu'il agit contre la fièvre, stimule le cœur et la circulation, combat l'arthrite, la goutte, le diabète et l'asthme.
Ces affirmations fort intéressantes sont assorties de confirmations émanant d'autorités médicales. Il n'est pas très facile de les apprécier à leur juste valeur, ni d'en vérifier la véracité. De surcroît, il vaut mieux ne pas trop s'y essayer de façon systématique, car, pour faire de l'effet, toutes ces riches vertus nécessitent avant tout infiniment de mesure. Que l'on se réfère à ce qui a été dit plus haut...

Le Charentais sait prendre le temps de vivre ...

Un art noble

Ceux qui font le cognac

Plus de 30 000 vignerons cultivent la vigne dans un secteur susceptible de produire du cognac mais dont une bonne part est utilisée pour faire seulement du vin de table. Seuls quelque 20 000 d'entre eux produisent des vins destinés à la distillation, et dans la mesure où, depuis une quinzaine d'années, les ventes stagnent, cela équivaut à une constante régression. Durant la saison 1982-1983, environ 79 000 hectares de vignobles servaient à la production et, en 1986-1987, ce chiffre n'était plus que de 73 000 hectares.

De loin, la plus grande partie des eaux-de-vie et des vins à distiller va aux grandes Maisons de cognac qui assureront la fabrication et la commercialisation du produit. Elles achètent du vin pour la distillation et du cognac d'âge divers pour la fabrication ultérieure. Certains géants du marché, comme Martell, Rémy Martin, Hennessy, Bisquit ou Polignac, possèdent leurs propres vignobles, d'autres non; quoi qu'il en soit, tous les grands sont en général contraints d'acheter à l'extérieur, afin de pouvoir répondre à la demande. Sachant qu'à elles seules les dix plus grandes Maisons représentent plus de 70 % du commerce du cognac, on comprend qu'il reste relativement peu de chose pour les autres. Les 30 % restants sont répartis entre environ 250 petites et moyennes entreprises dont toutes n'assurent pas elles-mêmes la distillation. Environ 200 distilleries, toutes tailles confondues, livrent pratiquement l'intégralité de leur production aux grandes marques; et quelque 15 000 vignerons sont autorisés à distiller eux-mêmes, mais ils sont obligés de revendre leur jeune cognac aux négociants. Ces vignerons ne possèdent aucun stock et ils ne mettent pas eux-mêmes leur produit en bouteilles. Pour finir, mentionnons les 500 producteurs environ dont les entreprises, de très faible importance, distillent elles-mêmes le produit de la récolte, en assurent le stockage et le vieillissement, et vendent le produit fini soit en bouteilles, au détail, soit en vrac, aux grossistes et négociants importants.

Les fûts à cognac sont à eux seuls toute une page d'histoire.

La distribution du cognac, tous secteurs d'activités confondus (tonnellerie, transport, fabrication des bouteilles et bouchons, etc.), occupe quelque 60 000 personnes. Les principales branches d'activité sont organisées en syndicats, et les grands groupes sont représentés au sein du BNIC.

Les barriques à cognac doivent être exclusivement en chêne du Limou-

Patrick Quien, porte-parole international de Rémy Martin, à Cognac, en compagnie du maître de chai Maurice Bergeron, au « Paradis ». ▷

sin ou de la forêt du Tronçais. Les principales tonnelleries sont installées depuis longtemps sur place, les plus grandes appartenant aux grosses firmes de cognac. Les arbres âgés de 70 à 150 ans sont, dit-on, ceux qui donnent le meilleur bois merrain. Les fûts ne doivent en aucun cas contenir du métal, pas même de la glu ou du plastique. Leur fabrication n'a pas évolué depuis l'origine. Les douelles doivent être fendues, non pas sciées. Avant de commencer à travailler le bois, on le laisse reposer dehors jusqu'à cinq ou six ans, qu'il pleuve ou qu'il vente – même sous un soleil de plomb. On n'utilise jamais un merrain trop frais, car sa forte teneur en tannin risque de rendre le cognac amer. Aussi, c'est seulement après son long séjour au grand air que le bois convient au cognac. Sans un bon fût et un bon tonnelier, point de bon cognac...

Le tout jeune cognac, fraîchement sorti de la distillerie, est d'abord versé dans des fûts neufs; mais, bientôt (après un séjour de quelques mois à un an, selon le style de la Maison), il sera transvasé dans de vieilles futailles. Chaque maître de chai effectue à un rythme qui lui est personnel la rotation du cognac dans les barriques. Les barriques à vieillissement ont une capacité avoisinant les 350 litres, encore que, du fait de la fabrication artisanale, il n'en existe pas deux parfaitement identiques. La différence peut atteindre 60 à 70 litres. Quant au mélange, il est effectué dans d'énormes foudres; ceux des grandes firmes de cognac ont une capacité de dix à cent fois la contenance d'une barrique.

Le cognac est presque toujours un mélange d'âges et de crus différents. Aussi, le maître de chai en est-il venu à représenter la profession la plus importante dans le monde du cognac. Sa tâche ne se limite pas, tant s'en faut, à veiller au bon état de son stock – ce qui, pourtant, au sein d'une grande Maison, constituerait déjà une lourde responsabilité quand on sait que les caves des géants du cognac peuvent contenir plus de cent mille barriques. En effet, c'est aussi le maître de chai qui crée les coupes : ses assistants et lui doivent connaître le goût et le bouquet de tous les cognacs présents dans leur chai, ainsi que de tous ceux qui viennent s'y ajouter d'année en année – ce qui sous-entend qu'il leur faut humer et goûter des centaines de nouveautés, et créer à partir de tout cela leur propre coupe.

Au fil des ans, cette coupe doit conserver strictement le même goût, et ce quels que soient les écarts et les fluctuations entre la demande et les réserves disponibles. Pour les Maisons faisant appel aux services de centaines de vignerons et de distillateurs différents, ce n'est pas une mince affaire, d'autant que, d'une année sur

Les fûts de chêne contribuent amplement à faire du cognac ce qu'il est. Les grosses Maisons possèdent généralement leur propre tonnellerie; mais la fabrication des fûts reste artisanale.

l'autre, la récolte n'est jamais parfaitement identique, tant au niveau du goût que de la qualité.
Aujourd'hui, dans les grandes entreprises, le maître de chai prend plutôt le nom de « directeur technique » – ce qui n'est qu'un juste hommage rendu à l'importance de ses responsabilités. Mais son métier, sa mission n'ont guère changé, qui consistent à goûter, tester, comparer, noter. Pour cela, il lui faut être doué d'une mémoire sensorielle extrêmement sûre, tant au niveau de la langue que du palais, du nez ou des yeux, sans compter qu'il doit en permanence se tenir à jour. Dès lors, rien d'étonnant à ce que, dans beaucoup de Maisons, on devienne maître de chai de père en fils depuis des générations. C'est un don qui semble héréditaire, et l'apprentissage débute de bonne heure.
Pourtant, même pour un maître de chai issu d'une longue lignée, qui gère des coupes anciennes, il y a toujours un risque lorsqu'il entreprend d'en composer une nouvelle. Il faut environ deux ans pour créer une telle coupe et la rendre commercialisable. Aussi, on ne saura si le nouveau produit plaît ou non à la clientèle que lorsqu'on ne pourra plus rien y changer, et ce alors que l'on aura mélangé d'importantes quantités de cognac. Car, bien entendu, on ne se borne pas à mélanger une quantité limitée de différents cognacs et à mettre en bouteilles le mélange obtenu : on effectue le coupage par phases successives, puis on laisse le produit reposer dans un fût pendant encore un certain temps. Ensuite, on le complète par un nouvel apport, et la coupe achevée doit continuer de reposer…

Raymond Lacombe, longtemps responsable de chai d'Otard, veille à ce que les produits de la Maison restent toujours fidèles à eux-mêmes.

Un caractère unique

Comment on fait le cognac

Pour que la future boisson soit habilitée à porter l'appellation cognac, la distillation est elle aussi assujettie à des règles rigoureuses. Tout d'abord, on ne peut utiliser que le traditionnel alambic charentais à repasse, en cuivre rouge, avec sa chaudière, ses cols-de-cygne, son serpentin, éventuellement un réchauffeur à vin. La capacité ne doit pas excéder 30 hectolitres et le volume de remplissage 25 hectolitres. Il est possible de déroger à cette règle (la capacité pouvant être portée à 140 hectolitres), mais uniquement pour la première distillation.

Le cognac est distillé deux fois. La première chauffe produit le brouillis contenant 24 à 30 % d'alcool. Il sera ensuite distillé une deuxième fois. Le distillateur doit alors éliminer la « tête » de ce brut de distillation. Celle-ci est suivie de la partie utile, le « cœur », contenant au maximum 72 % d'alcool. Le cœur se termine lorsque le degré d'alcool n'est plus que d'environ 60 %. Le reste (la « queue ») ne doit pas être utilisé; comme la tête, il ne sera réemployé que comme brouillis.

◁ Dans son principe, une distillerie moderne ne diffère guère des anciennes. Sur notre photo, la distillerie de Tiffon, à Jarnac.

La salle des échantillonnages d'Unicoop, à Cognac (marque principale : Prince Hubert de Polignac). Ici, le maître de chai, M. Roustide, est à pied d'œuvre.

La distillation est un processus lent : au total, les deux passages durent environ vingt-quatre heures.

Il est interdit d'utiliser un autre type d'alambic, comme ceux qui effectuent la distillation en un seul passage continu – c'est-à-dire qui convertissent directement le vin en eau-de-vie, sans le stade intermédiaire du brouillis. Seules l'île de Ré et l'île d'Oléron échappaient à cette réglementation; mais, depuis 1984, elles aussi y sont assujetties. L'arrière-goût souvent reproché au cognac de ces deux îles – un goût d'iode, de terre, voire d'algues, et autres – est plus facile à éliminer par le procédé de distillation en continu. Mais, par la même occasion, ce sont également de précieuses composantes de son arôme qui disparaissent. Quoi qu'il en soit, il s'agissait là d'une exception strictement limitée aux cognacs de moindre valeur (voir la Hiérarchie, pages 57 et suivantes).

Le cognac versé dans le fût et comportant en moyenne 70 % d'alcool (le seuil maximum autorisé par la loi est de 72 %; passé cette limite, le produit perdrait son droit à l'appellation Cognac) n'est pas encore commercialisable. Il entame maintenant un séjour dans le fût, d'une durée minimum obligatoire de vingt-cinq à vingt-neuf mois, et ce, comme nous l'avons vu précédemment, pas dans n'importe quel fût : seuls les bois de chêne du Limousin ou de la forêt du Tronçais (sur les rives de l'Allier) peuvent être utilisé à cet effet.

Le lieu de stockage est lui aussi réglementé. Les chais de cognac doivent « par principe », et pour éviter les fraudes, être séparés des chais abritant d'autres spiritueux par une voie publique. Une cave à cognac ne doit contenir aucun au-

Jean-Luc Pasquet, un petit producteur en Grande Champagne (à Éraville), amoureux des grands cognacs.
Ci-contre, à droite, Bernard Lavenat, vigneron et distillateur à Châteauneuf-sur-Charente.

tre spiritueux. Si cela se produit, le législateur juge le cognac « contaminé », ne serait-ce que par osmose à travers les parois du fût : dans ce cas, le droit de mettre le cognac en vente est supprimé automatiquement. De même, le cognac stocké parmi d'autres spiritueux perdrait son droit à l'appellation et ne serait commercialisé que sous la dénomination « eau-de-vie ». Cependant, cette norme extrêmement sévère n'est pas appliquée au pied de la lettre par les tribunaux. Les chais dans lesquels le cognac est stocké sont soumis au contrôle du Bureau national interprofessionnel. Quant au transport du cognac, il fait l'objet, dès le début, d'une réglementation administrative elle aussi très stricte. Il doit toujours être accompagné du bordereau de déplacement correspondant, un double étant transmis aux autorités; ce bordereau est un feuillet jaune, baptisé l'« acquit jaune d'or ». En principe, on ne peut sortir une seule bouteille de chez un producteur ou un dépositaire si l'on n'est pas muni d'un tel congé – sur lequel figurent même l'heure et la durée prévue du transport. Le transport en vrac est encore plus compliqué.

La législation autorise à mélanger au cognac stocké les produits suivants :

Un autre cognac. En règle générale, les producteurs réalisent une coupe en mélangeant des cognacs provenant de lots et de crus différents. Les professionnels appellent volontiers ce mélange un « assemblage » ou, plus imagé encore, un « mariage » – lequel consiste à allier nombre de composants différents. On ajoute également un autre cognac (de la même qualité) afin de compenser les pertes par évaporation (voir page 47) et de maintenir ainsi les fûts pleins.

De l'eau distillée. Celle-ci sert à réduire le degré d'alcool du distillat, de 70 %, à l'origine, à 40 % minimum – la valeur la plus répandue. Mais on ne se borne pas à verser l'eau dans le distillat : on enrichit également cette eau avec du cognac, et ce processus de dilution s'étend sur de longs mois.

Du sucre. Cet apport est destiné à arrondir le goût. Il est de 2 % maximum, et de 3,5 % pour le cognac d'exportation.
Du caramel. L'addition de caramel (à concurrence de 2 % maximum) permet d'obtenir une couleur plus foncée. Ce dosage ne présente pas de risque d'édulcorer le cognac.
Certains cognacs comportent également une solution à base de copeaux de chêne leur donnant une couleur plus foncée et le goût de « vieux ». Le cognac fraîchement distillé est très clair. Pour lui donner de la couleur, dans un premier temps, on le verse dans des fûts

Dans le chai, des échantillons sont prélevés régulièrement pour vérifier la qualité du cognac. Sur notre photo, André Menuet, de Saint-Même-les-Carrières (Grande Champagne).
En bas, à droite : contrôle de la mise en bouteilles, chez Martell, à Cognac.

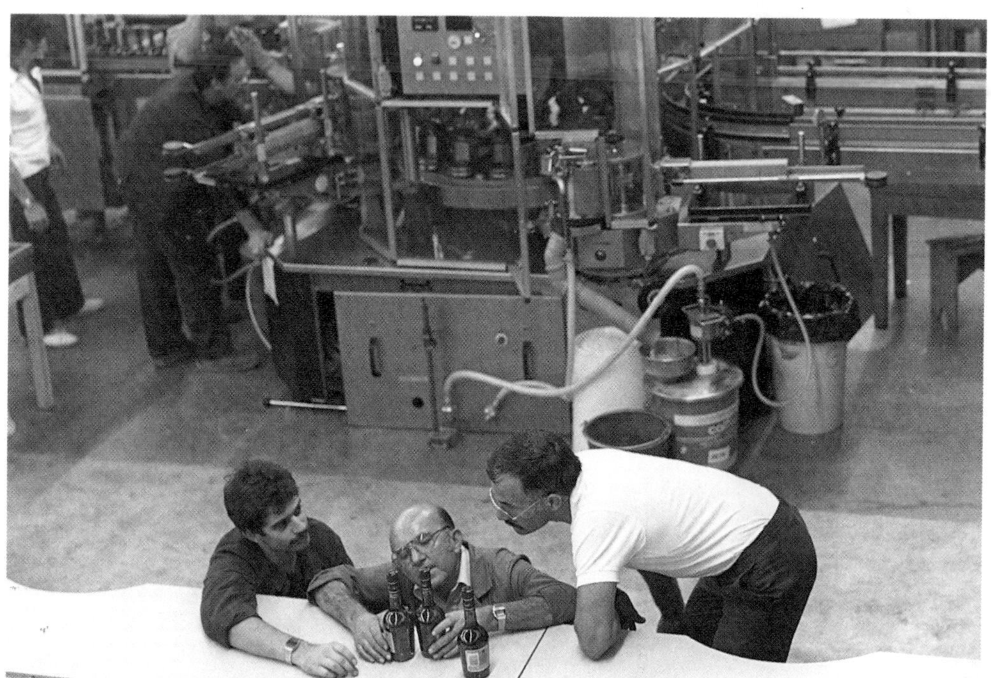

neufs, dans lesquels il acquerra une forte concentration en pigment (et aussi en arôme). Mais les deux ans et demi à trois ans au terme desquels un cognac 3 étoiles est tiré du fût représentent un laps de temps relativement court. C'est pourquoi l'on ajoute très souvent du caramel. En revanche, malgré sa longue et ancienne tradition, l'apport d'une solution à base de copeaux ne s'avoue guère.

Au regard de la loi, une trentaine de mois après la distillation, le cognac est donc apte à être mis en vente. S'il ne doit pas séjourner plus longtemps dans son fût afin de rehausser encore sa qualité, il est mis en bouteilles et commercialisé. Abstraction faite des différences qualitatives, sujet que nous aurons encore l'occasion d'aborder plus avant, il est au moins une propriété typique et commune à toute la famille du cognac : la supériorité de celui-ci sur toutes les eaux-de-vie existant à travers le monde, supériorité « indéniable » (Jane MacQuitty, *Decanter*, novembre 1982). Soit encore, d'après le professeur Ravaz : « N'importe où dans le monde, on peut cultiver la vigne avec les mêmes méthodes qu'en Charente. N'importe où, on peut distiller exactement de la même façon qu'à Cognac. L'eau-de-vie ainsi produite peut toujours être versée dans des fûts analogues à ceux utilisés dans le secteur vinicole de Cognac. Mais nulle part le sol et le climat ne réunissent les conditions nécessaires pour recréer un caractère semblable à celui de Cognac. C'est pourquoi aucune autre région ne peut produire du cognac. »

Plus le cognac repose longtemps dans le fût, meilleur il est. Les essences volatiles qui détériorent son goût s'évaporent à travers les pores du bois. La diminution du volume due à cette évaporation entraîne une concentration des arômes. Le bois du fût dégage d'autres substances précieuses à concurrence d'environ une livre par hectolitre tous les vingt ou trente ans, et ce processus influe au plus haut point sur le bouquet et le goût.

Les lieux de stockage du cognac, notamment aux endroits où il est mis à vieillir, sont on ne peut plus reconnaissables; ils se signalent par les façades, les toitures et les murs noircis des maisons de Cognac et de la région. Combinée à la présence de nitrate de potassium (le salpêtre) dans les pierres, l'évapo-

Depuis le jeune cognac très clair jusqu'au cognac parvenu à maturation, de couleur foncée : ces échantillons ont été tirés du fût par intervalles d'un an (photographié chez Rémy Martin).

Cette façade noircie est typique d'un chai de cognac. En vieillissant, le cognac s'évapore, et le dépôt ainsi créé sert de support à un champignon. Ici, le chai de Tiffon, à Jarnac.

ration crée un terrain idéal pour un champignon, le *Torula compniacensis*, qui prospère à l'air libre sur les entrepôts de cognac. À l'intérieur du chai, il existe un autre champignon, le *cladosporium*, qui nourrit le premier.

Dans nombre de firmes, avant de mettre en bouteilles le jeune cognac, on le refroidit fortement, à −8 °C, afin de le rendre stable quelles que soient les variations de température; en outre, d'aucuns estiment que ce brusque refroidissement assure au cognac une meilleure brillance. Mais il y a aussi des producteurs qui se refusent à une telle pratique; ce traitement de choc a pour effet d'éliminer certains arômes, ce qui nuit d'autant à la richesse gustative de la boisson.

Ne vous laissez pas voler votre plaisir

Comment boire le cognac…

… lorsque ce n'est ni comme cocktail ni avec de l'eau, mais « nature ». Il n'est pas rare de voir, même dans certains restaurants, le serveur réchauffer amoureusement un verre à cognac, du type « ballon », et ce à la flamme d'une bougie ! Vous ne le voyez pourtant pas sortir la bouteille d'une chambre froide ni même du réfrigérateur (où ce n'est au demeurant pas sa place). Non : la bouteille est déjà là, à portée de la main, dans la salle généralement surchauffée. Réchauffer encore ce cognac est un crime qui anéantit son goût raffiné. Ainsi, on élimine d'un seul coup tous les merveilleux parfums si caractéristiques du cognac qui se trouvent être hautement volatils; à leur place, cette opération sacrilège fait ressortir les aspects les moins plaisants de l'alcool chaud : il irrite l'odorat et perd toute sa noblesse.
Cette pratique consistant à réchauffer le cognac est au seul détriment du client. Celui-ci paie pour qu'on lui serve un produit impeccable et dont le goût est censé être le meilleur possible. Réchauffer le cognac équivaut à laisser longuement bouillir le thé, comme pour faire cuire ses feuilles.
On connaît les porte-verres aux allures plus ou moins stylées qui permettent de pencher fortement le verre ballon tandis que la flamme de la chandelle danse sous le fond de celui-ci. C'est une chose qui me laisse vraiment perplexe, car en vertu de quel principe devrions-nous permettre que l'on gâche ainsi notre plaisir ? L'idéal pour boire le cognac est une température comprise entre 17-18 et 21 °C. Une température plus basse ne lui est pas préjudiciable; il se réchauffe assez vite puisqu'on ne verse généralement qu'une dose modeste dans le grand verre à cognac. Quoi qu'il en soit, le cognac est encore meilleur trop froid que trop chaud, même si, par grand froid, l'amateur n'en perçoit plus les subtiles nuances.
Le grand verre ballon n'est pas seulement une aberration. C'est aussi une erreur, à moins qu'il ne soit rempli au quart ou au tiers de sa contenance.
La forme et le volume du verre doivent être bien proportionnés en fonction de son contenu aromatique. À cause de la forme sphérique, il y a presque toujours trop peu de cognac dans le verre. Faites-vous donc servir la traditionnelle dose de 2 cl, puis essayez une dose de 4 cl, moins courante, dans un de ces magnifiques verres d'apparat. Vous constaterez, si vous arrivez encore à le percevoir, que le cognac s'affaire surtout à emplir de ses parfums le verre, au lieu de gagner votre odorat. Comparé à un verre plus étroit et plus haut, un verre ballon ne peut vous procurer un plaisir équivalent que moyennant un dosage beaucoup plus im-

Philippe Camus sert Jean-Paul Camus pour une dégustation « à la bonne franquette ». Outre la fameuse marque qui porte son nom (sise à Cognac), la famille est également propriétaire des châteaux du Plessis (Borderies) et d'Uffaut (Grande Champagne).

portant. Je serais curieux de connaître l'addition, et aussi de savoir comment marche un homme ayant ingurgité une telle dose de cognac. D'après une enquête de Rémy Martin, en 1985, le verre ballon était encore utilisé par 39 % des restaurateurs.
Mais cette enquête donna des résultats encore plus affligeants. Elle révéla en l'occurrence que, dans

Le Château de Fontpinot et la marque du même nom sont propriétés de Frapin.

deux restaurants sur trois, c'était le serveur qui faisait tourner le verre de digestif. Je me bornerai à reproduire ici le texte original : « Ils sont deux sur trois à servir le cognac avant de le porter au client. Seulement un tiers (26 %) posent le verre sans le faire tourner, et les autres (9 %) servent le cognac dans le verre déjà posé sur la table. »

Si ce n'est que, selon moi, 26 % font plutôt un quart, il convient de préserver de ce genre de pratique non seulement les amis du cognac, mais également les amateurs d'autres digestifs et, en tout cas, ceux qui aiment les boissons censées habiller le verre. Mais le plus vulnérable à ce genre de traitement – ou, plutôt, de mauvais traitement –, c'est encore le cognac.

Ainsi, tous les parfums volatils s'évanouiront dans l'air sans même avoir eu la moindre chance d'aller là où était leur place : dans les narines du convive. Or, pour cela, il ne doit pas avoir à plonger son nez dans le verre : il doit suffire de faire tourner celui-ci à une distance respectable devant soi (le mouvement giratoire conviendrait plutôt à un disque) pour pouvoir en inhaler le bouquet, qui s'évanouit très rapidement, en tout cas sa meilleure part, laquelle est justement censée être un des grands plaisirs du cognac… Pour nombre d'amateurs, la première impression que leur communique leur odorat importe plus encore que la première gorgée.
Mais l'enquête mentionnée précédemment révèle des choses encore plus déplaisantes. Ainsi, elle montre que les gens qui assurent le « service » versent le cognac en tenant le verre en l'air, parfois sans même que le consommateur puisse le voir – ce dont j'ai moi-même souvent fait l'expérience. Seuls les 9 % cités plus haut, soit en tout et pour tout 36 sur les 400 restaurants

Le chai « Renard » de Courvoisier, au bord de la Charente, à Jarnac.

testés, font les choses correctement : le verre n'est servi qu'une fois posé sur la table. Encore faut-il espérer qu'avant de vous servir, on vous aura montré la bouteille et son étiquette.

Plus grave, dans nombre de cas (plus précisément dans 100 restaurants sur 400), le serveur s'obstine à utiliser le fameux petit gobelet doseur, soit qu'il n'ait pas le compas dans l'œil, soit que son patron lui reproche de ne pas respecter la dose fixée (quand on n'a pas de chance, 2 cl). Quoi qu'il en soit, voici ce qu'il advient du cognac et de son « premier nez » :

Acte 1 : Au comptoir ou à table, on débouche la bouteille et l'on verse une dose dans le gobelet. D'emblée, c'est une partie du bouquet qui s'évapore.

Acte 2 : On effectue le transvasement dans le verre à cognac. Cette fois, c'est l'essentiel du bouquet qui disparaît.

Acte 3 : Le serveur fait tourner le verre. Pour la troisième fois, le cognac doit dégager son arôme.

Acte 4 : Le reliquat est enfin livré

au consommateur, lequel, bien souvent, se trouve aussi être le payeur. Autant dire qu'on devrait lui faire une bonne ristourne…
Comme je l'ai déjà expliqué, la méthode correcte consiste à poser d'abord le verre sur la table, puis à servir devant le consommateur. D'aucuns préfèrent laisser passer encore un moment avant de savourer leur cognac. Mais si l'on veut jouir pleinement des plaisirs du cognac, c'est une erreur. Le premier bouquet s'évapore très rapidement, sans même qu'il soit nécessaire de remuer le verre sous son nez. Très progressivement, ce premier bouquet (dit « premier nez ») sera remplacé et recouvert par un second (dit « second nez »), aux essences moins volatiles; ce nouveau bouquet est beaucoup plus stable, également plus rond, encore que moins riche en nuances comparé au premier. Cela explique pourquoi, ayant dégusté une première fois, les amateurs de cognac continuent de faire longuement tourner leur verre sous leur nez. Comme nous l'avons vu plus haut, la façon dont le cognac déploie ses parfums est fortement tributaire de sa température. Plus il est chaud, plus il perd rapidement de son élégance, même si, pendant un long moment encore, il offre de nouveaux parfums et en conserve d'autres très longtemps (voir la fin de ce chapitre). En tout cas, il faut que ce déploiement de parfum profite au buveur et non à l'air ambiant. En règle générale, le maître de chai compose ses cognacs à partir de la première impression que lui procure une bouteille sitôt débouchée. C'est justement cette expérience qu'il ne faut pas manquer. S'il s'agissait d'une eau-de-vie de mauvaise qualité et bon marché, il n'y aurait pas de quoi fouetter un chat. Mais il se trouve que non seulement le cognac n'est pas bon marché, mais qu'il est nettement plus cher que nombre d'autres spiritueux. La raison vous en est donnée dans le chapitre suivant. Et sachant qu'il en est ainsi, on ne saurait sans protester se laisser spolier d'un plaisir chèrement payé.
Dans le cours de recyclage auquel nombre de restaurateurs, gérants et serveurs feraient bien de s'inscrire sans plus tarder, il faudrait également inclure une bonne révision concernant la fonction du verre à cognac, autrement dit sa forme la mieux adaptée.
Les fabricants de verres à boire n'aiment pas s'entendre dire ce genre de vérité; pourtant, même plus petit, le ballon ne serait pas l'idéal pour un verre à cognac. Le fait que certains fabricants célèbres fassent apparaître sur leurs photos publicitaires des « verres à cognac » n'y change rien. Ce verre a acquis droit de cité dans des couches sociales où le cognac pourrait recruter une clientèle encore plus importante. Pourquoi se mettre à dos justement ceux à qui l'on veut vendre du cognac ?
Quiconque observe les gens dont la mission – car c'est bel et bien toute leur vie – est de veiller à ce que leur cognac ait un bouquet le plus fin possible, un caractère très prononcé, d'où émanent un florilège de sensations agréables et

Le quai de l'Orangerie, à Jarnac, est une des grandes adresses du cognac. L'enseigne Bisquit a survécu au déménagement de la firme (désormais installée à Rouillac). Plus à gauche sur notre photo, le n° 16 (l'édifice situé à gauche des deux arbres collés l'un à l'autre) est le siège de la fameuse Maison de cognac Hine.

MAISON
POINT CENTRAL
TABAC

un goût reconnaissable entre mille, ne les verra pour ainsi dire jamais utiliser le verre ballon pour leurs contrôles et leurs dégustations.
Quasiment tous dégustent le cognac dans un verre du type verre à xérès, seulement un peu plus bombé et moins étroit en haut.
Dans les grands restaurants français de haute renommée culinaire, où l'on s'y entend mieux que partout ailleurs en matière de boissons nobles, ce sont ces mêmes verres que l'on utilise, ou encore (mais plus rarement) des verres « tulipes », légèrement bombés et à bord évasé.
Pour avoir pratiqué pendant quelques dizaines d'années les plaisirs du cognac, j'ai été amené à utiliser et à comparer un nombre de verres suffisant pour me rallier à l'avis des maîtres de chai, sommeliers et grands restaurateurs : les deux types de verres que je viens de décrire représentent la solution idéale, quand bien même les bars, restaurants et cafés (jusqu'à Cognac même, je le concède volontiers) et, surtout, les fabricants de verres à boire, s'obstineraient à proposer au consommateur des verres ballons et autres formes apparentées au verre à liqueur.
Le verre idéal n'est pas aussi petit que la plupart des verres à cognac que l'on vous présente dans les cafés de France et de Navarre. Au vrai, ces verres-là sont destinés à vous faire consommer à la va-vite plutôt qu'à vous laisser savourer longuement votre cognac. Il faut que le bouquet ait la possibilité de se déployer pleinement dans le verre. Pour cela, un volume d'air suffisant doit subsister à l'intérieur de celui-ci. Faites tourner légèrement votre verre, afin d'accroître le contact avec l'air. Avec un verre trop petit, ce n'est pas possible. Mais, comme nous l'avons déjà vu, le verre idéal ne doit pas non plus être trop grand.
Défiant tant l'expérience que le bon sens, les principaux fabricants de verres continuent à commercialiser d'énormes verres à cognac. Allant à l'encontre de tout ce qui a pu être dit et écrit sur ce thème, ces verres ont uniquement pour objectif, en se démarquant par l'originalité de leur forme, de bien se vendre – et non pas d'apporter leur quote-part aux plaisirs du cognac, pas même d'augmenter les ventes de cet alcool.
Hormis pour les dégustations comparatives, on ne peut que déplorer l'existence de verres teintés. Certes, la couleur du cognac n'a pas – tant s'en faut – la même importance que la robe du vin, pas même celle que les producteurs lui attribuent. Il est évident qu'un cognac reposant longtemps dans le fût prend une couleur plus foncée comparé à un très jeune cognac. Comme je l'ai expliqué précédemment, pour rehausser la teinte trop pâle de ce dernier, la plupart des producteurs l'additionne de caramel. Que le produit fini puisse présenter des couleurs diverses, c'est inévitable. Certaines Maisons produisent des cognacs résolument

Dans la salle des dégustations chez Rémy Martin : André Giraud, maître de chai depuis plus de quarante ans, et, à l'arrière-plan, son collaborateur Robert Léauté.

◁ Saintes est l'une des villes les plus pittoresques de la région productrice de cognac, elle s'enorgueillit notamment de vestiges gallo-romains. Elle est également le siège d'une des plus vieilles Maisons de cognac, dont les propriétaires sont encore les descendants du fondateur : Rouyer Guillet.

clairs qui font leur image de marque (Delamain, Gourmel, Fransac), tandis que d'autres (comme Brugerolle) optent pour des cognacs très foncés. La robe du cognac n'est assujettie à aucune réglementation. Ce qui n'empêche pas que contempler les reflets qui dansent à la surface de cette eau-de-vie à la belle couleur or ambré à brun foncé constitue un petit plaisir supplémentaire. Les verres teintés vous privent de ce plaisir.

Les dégustateurs professionnels de cognac utilisent occasionnellement des verres bleutés, en partie afin de ne pas se laisser influencer par la couleur de leur cognac, et plus particulièrement lors des dégustations à l'aveugle. Faute de pouvoir reconnaître l'échantillon à sa couleur, ils ne risquent pas de le classer au simple coup d'œil.

Lorsque l'on décèle, dans un verre clair et incolore, de minuscules fragments solides, il ne faut pas en déduire obligatoirement qu'il s'agit d'impuretés, pas même de tartre (lequel, de toute façon, ne nuit pas à la qualité). En effet, bien que filtré, le cognac garde d'infimes particules en suspension; à force de filtrage, on pourrait toujours les éliminer, mais, comme cela risquerait de dénaturer le goût, autant les laisser où elles sont.

Bien souvent, les professionnels du cognac vous soufflent que la raison première de l'introduction de la bouteille « satinée », en verre opaque et foncé, était à l'origine non pas tant de préserver le cognac d'une lumière trop crue que de l'abriter des regards trop aigus. Bien évidemment, les deux grands qui lancèrent ce modèle de bouteille se firent fort de démentir une telle affirmation. En tout cas, ils y ont trouvé leur compte, et ce n'est pas sans raison que nombre de firmes de cognac ce sont ralliées à cette mode.

Un cognac de l'ancien temps — malheureusement, seulement la bouteille (une pièce de musée).

Par ailleurs, toutes variétés confondues, il existe plus de quatre-vingt-dix formes de bouteilles. La « cognaçaise », considérée comme le modèle original (cependant précédé d'autres modèles plus courts), est haute et mince, un peu comme une bouteille de Bordeaux, mais en verre plus clair, transparent. Il y a quelques décennies, elle fut largement abandonnée et, pour finir, elle ne fut pratiquement plus utilisée que par les petits producteurs réputés « traditionnels » pour leurs produits à l'ancienne et d'excellente qualité – auxquels cette bouteille convient d'ailleurs parfaitement, accompagnée de son étiquette toute simple, souvent rédigée à la main. Cela a conquis les amateurs et il semble que cette bouteille revienne lentement mais sûrement à la mode: on ne peut que s'en féliciter.

Il fallut attendre le milieu du siècle passé pour voir les producteurs commencer à mettre leur cognac en bouteilles, et ils furent nombreux à ne se lancer que beaucoup plus tard dans cette activité. Depuis fort longtemps, leur négoce consistait essentiellement à vendre le cognac en fûts. C'est seulement vers 1860 que le premier fabricant de bouteilles s'établit à Cognac, et nombre de Maisons continuèrent de se borner à vendre leur cognac en fûts jusqu'à une époque avancée de notre siècle. Certains producteurs se limitent encore aujourd'hui à cette activité, et plusieurs firmes très connues ont commencé il y a quelques dizaines d'années seulement à commercialiser leur cognac dans des bouteilles portant leur étiquette. De nos jours, quiconque circule en voiture dans la région de Cognac découvre à tous les coins de rues un panonceau portant le nom d'un petit producteur tout disposé à lui vendre son cru. Comme je l'ai déjà laissé entendre, il y a vingt ans, ils étaient beaucoup moins nombreux sur ce marché. Jusqu'à l'époque où la production devint excédentaire, c'est-à-dire jusqu'à la fin du grand boom, ils vendaient sans peine leur cognac aux distilleries et aux grandes Maisons dont la production ne parvenait pas à suffire à la demande, et ils attachaient beaucoup moins d'importance à avoir leur propre marque.

Le modèle de bouteille aujourd'hui le plus répandu est la « normande », en différentes versions. La plus typique est la bouteille de VSOP de Rémy Martin. Certes, ce n'est pas la diversité qui manque. On a la bouteille presque ronde de Monnet, et celle, sphérique, de Gautier, qui propose également une bouteille en forme de statue de la Liberté et une autre ayant pour modèle l'avion de transport futuriste « Mach 3 ». Mais il y a aussi le flacon en forme de dé, orné de motifs de cartes à jouer; celui en forme de cendrier de Brugerolle; la tour Eiffel de Larsen et de Benoit-Serres; le voilier en verre ou en porcelaine de Prunier (le galion) et de Larsen (le drakkar); le flacon-livre de Pellisson; la flasque de Camus, figurant le buste de Napoléon Ier (avec son bicorne en guise de bouchon); l'Arc de Triomphe en porcelaine de Hine; le château en modèle réduit de Château Paulet; l'ancre, la balle de golf et le Napoléon de Godet, etc. De même, les carafes de cristal provenant de manufactures plus ou moins célèbres dans lesquelles les firmes productrices de cognac aiment à présenter leurs boissons se caractérisent par une grande profusion de formes (... et de prix). En général, elles sont d'un luxe classique, certaines cependant plus curieuses comme le précieux vêtement en verre de Louis XIII de Rémy Martin. Il est vrai que celui-ci copie un modèle historique. Quels que soient leur forme et leur style, les carafes sont réutilisables à volonté (ne serait-ce que comme carafons à vin), de sorte qu'une flasque de cognac est peut-être une excellente idée de cadeau. À l'occasion des festivités de son centième anniversaire, le grand hôtel parisien « Intercontinental » offrit à ses invités une exclusivité de cognac : 2 500 fûts miniatures en porcelaine de Limoges, décorés artisanalement et numérotés. Pour les grands amateurs de cognac, ce produit spécial aurait été tout aussi intéressant sans le fût de porcelaine. Mais il se trouve que ce type de conditionnement de luxe a une clientèle de longue date. C'est un marché particulièrement florissant en Asie, où la qualité commercialisée est meilleure et plus chère que pour les produits exportés vers l'Europe ou l'Amérique du Nord. D'après certaines statistiques, rien que pour fabriquer leurs bouteilles

spéciales, les firmes de cognac absorbent environ un cinquième de la production de porcelaine de Limoges. Par ailleurs, à l'occasion des fêtes de fin d'année, il existe des entreprises françaises qui ne se contentent pas d'offrir à leurs clients des bouteilles de cognac de marque : il n'est pas rare qu'elles se fassent livrer par des Maisons spécialisées des lots de bouteilles spéciales.

En règle générale, les vieux cognacs présentés dans des carafes de luxe, qui font monter considérablement leur prix, n'existent pas dans le commerce sous forme de bouteilles. Que ces carafes ne se vendent qu'à un petit nombre d'exemplaires, voilà qui n'embarrasse nullement les producteurs; en effet, les réserves de vieux cognacs nobles étant limitées, le prix joue le rôle de régulateur entre l'offre et la demande – c'est bien connu. Il en résulte que bon nombre de ces cognacs dépassent les 1 500 francs, plafonnant vers les 3 000 francs. Comparé aux nombreux vins de Bourgogne et de Bordeaux dont le prix d'une bouteille dépasse depuis belle lurette les 600 francs (en magasin, bien sûr, pas dans les restaurants), le vieux cognac représente néanmoins un très bon rapport entre la qualité, la rareté et la chèreté. Mais attention : il n'est pas rare que le contenu d'une carafe vendue au prix fort soit d'une qualité seulement passable, voire médiocre. Pour éviter ce genre de mauvaise surprise, choisissez et repérez votre cognac lors d'une dégustation dans un café ou un restaurant, et recherchez le même produit.

Puisque nous en sommes à la question de savoir quand et comment boire le cognac, on pourrait aussi s'intéresser à une autre facette du problème : quel cognac ? Plus avant dans ce livre (pages 67 et suivantes), nous étudierons ce thème de façon plus approfondie, mais, dès maintenant, il ne serait pas inutile d'en avoir un bref aperçu. Ce n'est pas du choix de la marque que je veux parler, cela étant affaire tant de goût personnel que d'éventail de choix disponible chez le négociant ou le restaurateur. Je fais plutôt allusion à la gamme de qualités à l'intérieur d'une même marque. Ce niveau de qualité est déterminé essentiellement par l'âge (concernant les autres facteurs qui influent sur la qualité, voir pages 57 et suivantes). À cet effet, il existe divers signes et indications. Plus l'âge indiqué est grand, plus le contenu de la bouteille devrait en principe être noble, d'un goût tout en rondeur. Par ailleurs, il faut savoir qu'il ne continue pas à vieillir dans cette bouteille. N'escomptez pas qu'en le gardant longtemps, vous le rendrez meilleur. Une fois la bouteille débouchée, il est déconseillé de la conserver des années – tout au plus quelques mois. L'oxygène que vous avez laissé pénétrer dans cette bouteille en l'ouvrant et, forcément, en servant votre premier verre, est l'ennemi juré de votre chère boisson alcoolisée, qu'il mine inexorablement. Mais ce n'est quand même pas une raison pour vous ronger les sangs tandis que vous servez un deuxième, puis un troisième verre de votre précieux cognac, car l'oxygène ne l'anéantira pas en quelques heures. Pensez plutôt à votre plaisir et à celui de vos convives...

Il est vrai que plus le niveau de la bouteille baisse, plus il y a urgence à abréger l'agonie de votre cognac, en proie aux attaques de l'oxygène – qui a toujours le dessus. Si vous prévoyez que votre bouteille fera de l'usage encore plusieurs mois, vous serez bien inspiré de transvaser son contenu dans une autre bouteille, plus petite; la proportion entre le volume d'air et le volume de cognac y sera moins préjudiciable à ce dernier. On a toujours quelques petites bouteilles en réserve, si bien qu'il est inutile de se mettre en frais pour cela.

C'est justement à Cognac (un comble !) que j'ai vu un serveur verser dans mon verre un vieux fond de bouteille de la spécialité locale. Si bien que ce qui se trouvait dans mon verre n'avait tout bonnement plus grand-chose de commun avec le contenu original de la bouteille – sûrement excellent, je n'en doute pas. « On n'en vend pas tous les jours... », me dit le serveur en manière d'excuse. Pourtant, selon moi, les restaurateurs qui se soucient un tant soit peu de donner satisfaction à leur clientèle en lui offrant des produits de première qualité devraient toujours prendre soin de transvaser leur cognac, plutôt que de le laisser dépérir; et en tout état de cause, ils ne devraient pas facturer au prix fort un breuvage en piètre état de conservation.

À propos des cocktails et « long drinks », j'ai déjà mentionné le cognac 3 étoiles, souvent baptisé également « VS ». Dans l'éventail des produits légalement commercialisables, il s'agit de la qualité la plus jeune. Si vous voulez boire votre cognac pur, par exemple après le repas, optez plutôt pour un VSOP, lequel aura séjourné quelques années de plus dans le fût. Plus mûr encore, il y a le Napoléon, suivi du XO (certaines firmes renversent l'ordre de ces deux derniers cognacs); puis, au sommet de la gamme vient l'Extra. Certaines Maisons utilisent d'autres dénominations, toutefois équivalentes. La signification exacte de ces termes est expliquée dans la section de ce livre relative aux catégories d'âge du cognac (voir pages 86 et suivantes); quant à la description que les différentes firmes donnent de leurs produits, elle est exposée dans le cadre du Répertoire, à partir de la page 119.

Un vieux cognac de caractère noble laisse derrière lui, dans le verre, des parfums exquis et très durables. Du reste, d'aucuns évaluent la qualité et l'âge d'un cognac d'après le nombre de jours durant lequel le verre garde l'empreinte de ces parfums. À coup sûr, pour ces connaisseurs, les parfums doivent être encore présents le lendemain de la dégustation.

Dans son livre publié en 1900, le professeur Ravaz, spécialiste du cognac (par sa formation, expert viticole), écrivait qu'on pouvait humer un bon cognac pendant au moins cinq ou six jours dans un verre vide, et que le bouquet des meilleurs cognacs restait vivace pendant une huitaine de jours. J'en ai fait moi-même l'expérience : c'était rigoureusement exact. (Dans les vieux cognacs, les parfums et les arômes sont beaucoup plus concentrés que dans les jeunes. Par conséquent, un vieux cognac, quelle que soit sa qualité, doit laisser dans le verre un parfum plus durable.) Mais attention : il ne faut pas confondre les composantes stables et si persistantes du bouquet avec celles, beaucoup plus volatiles, qui s'évanouissent très vite lorsque l'on sert le cognac. Sur ce sujet, reportez-vous au début de ce chapitre.

De ce bref aperçu des différentes qualités du cognac, sur lesquelles j'aurai l'occasion de revenir de façon plus approfondie, se dégage un autre conseil important : ne buvez jamais un cognac de grande qualité avant un autre, plus jeune. Cela vaut également pour nombre d'autres boissons, mais, dans le cas précis du cognac, c'est une erreur que l'on regrette encore plus amèrement. Même votre VSOP préféré, après un XO et certainement après un Extra, vous décevra. En revanche, dans l'ordre inverse, tous vous apporteront du plaisir.

Pont sur la Charente.

Le Paradis coûte cher…

Le prix du cognac

« Beaucoup trop élevé… », disent non seulement les consommateurs, mais aussi les producteurs. De fait, pour une bonne part, le prix ne dépend pas de ces derniers : les taxes sont exorbitantes. Chacun sait en effet que, concernant les spiritueux, il n'en va pas autrement que pour le pétrole et ses dérivés, l'essence et le mazout – c'est le fisc qui fait monter les prix.

Dans la mesure où les taxes sur les alcools ne tiennent pas compte de la qualité, elles grèvent avant tout le bas de l'échelle des prix. De toute évidence, cela est le fruit d'une curieuse conception « sociale » à propos de laquelle il règne un consensus entre tous les gouvernements au pouvoir, qu'ils soient socialistes, sociaux-démocrates, libéraux ou conservateurs.

En France, sur un cognac 3 étoiles, les impôts prélevés par l'État peuvent représenter à eux seuls plus de la moitié du prix.

Cela dit, même si l'on fait abstraction du régime de taxation, le cognac reste un produit coûteux. Cela s'explique par diverses raisons que le grand public ignore généralement.

Il ressort clairement, de tout ce qui précède, qu'un producteur de cognac doit beaucoup investir. Les

Lorsque le séjour dans le fût ne peut plus l'améliorer, le vieux cognac est transvasé dans de grosses bouteilles, les bonbonnes. Notre photo montre quelques-unes de ces bonbonnes, au « Paradis » d'Otard.

barriques, dont le bois doit reposer pendant plusieurs années avant d'être utilisé pour la construction – artisanale, de surcroît –, ne sont pas vraiment bon marché. De même, la distillerie, avec ses beaux alambics et ses cols-de-cygne en cuivre rouge, qui nécessitent d'être entretenus et nettoyés en permanence, n'est pas exactement ce qu'il convient d'appeler un investissement à haute rentabilité. La distillation du cognac ne peut avoir lieu qu'entre le mois de novembre (après les vendanges et après l'arrêt de la fermentation) et le 31 mars – passé cette date, on considère que le vin n'est plus d'assez bonne qualité pour faire du cognac. Il en résulte que, durant plus de la moitié de l'année, la distillerie reste inutilisée.

Le cognac provenant de la distillerie disparaît pour au moins deux ans et demi dans le fût avant de pouvoir être mis en vente. Mais ce n'est là qu'une durée minimale, s'appliquant uniquement au cognac de grande consommation.

Un cognac de qualité supérieure reposera cinq, dix, vingt ans et plus (cette question est étudiée plus en détail dans la partie Hiérarchie).

Lorsqu'un producteur décide de donner le jour à un cognac de première qualité, il a peu de chances d'être encore là pour le mettre en vente, peut-être même pour le déguster, car ce cognac devra séjourner au moins quarante ou cinquante ans dans le fût. Mais attention, pas tout le temps dans le même. Ayant passé sa prime jeunesse dans un premier fût, généralement neuf, le cognac devra être transvasé à plusieurs reprises. Ce processus n'est pas bon marché

Ces fûts assurent le vieillissement du cognac, dans le chai de Camus. ▷

non plus. Les exemples ne sont pas rares de fameux cognacs ayant séjourné plus de soixante-dix ans dans le chai...

Autrement dit, c'est un capital important qui sommeille dans chaque chai, immobilisé pendant de longues années sans être amorti. Encore faut-il que la Maison puisse se permettre un tel investissement... Or, depuis le milieu des années 1970, il règne une surproduction. Auparavant, pendant deux décennies, le cognac n'avait cessé d'élargir sa clientèle et de conquérir des marchés. Les vignerons n'avaient aucune difficulté à écouler leur produit – ce qui les incitait d'autant à planter de nouveaux vignobles. Quiconque souhaitait faire vieillir son cognac pouvait financer plus facilement cette opération par l'achat de réserves de vin ou de jeune cognac. Mais, aujourd'hui, la situation n'est plus aussi florissante. Les chais sont pleins à craquer, personne n'est assuré de vendre à profit, alors que, dans un même temps, de lourdes dettes contractées à l'époque de l'expansion se font de plus en plus pressantes.

Jusqu'au milieu des années 1970, un volume important de vieux cognac était absorbé par les grandes Maisons; celles-ci s'approvisionnaient abondamment afin

Dans le chai de Hennessy, ces réserves sont déjà une page d'histoire.

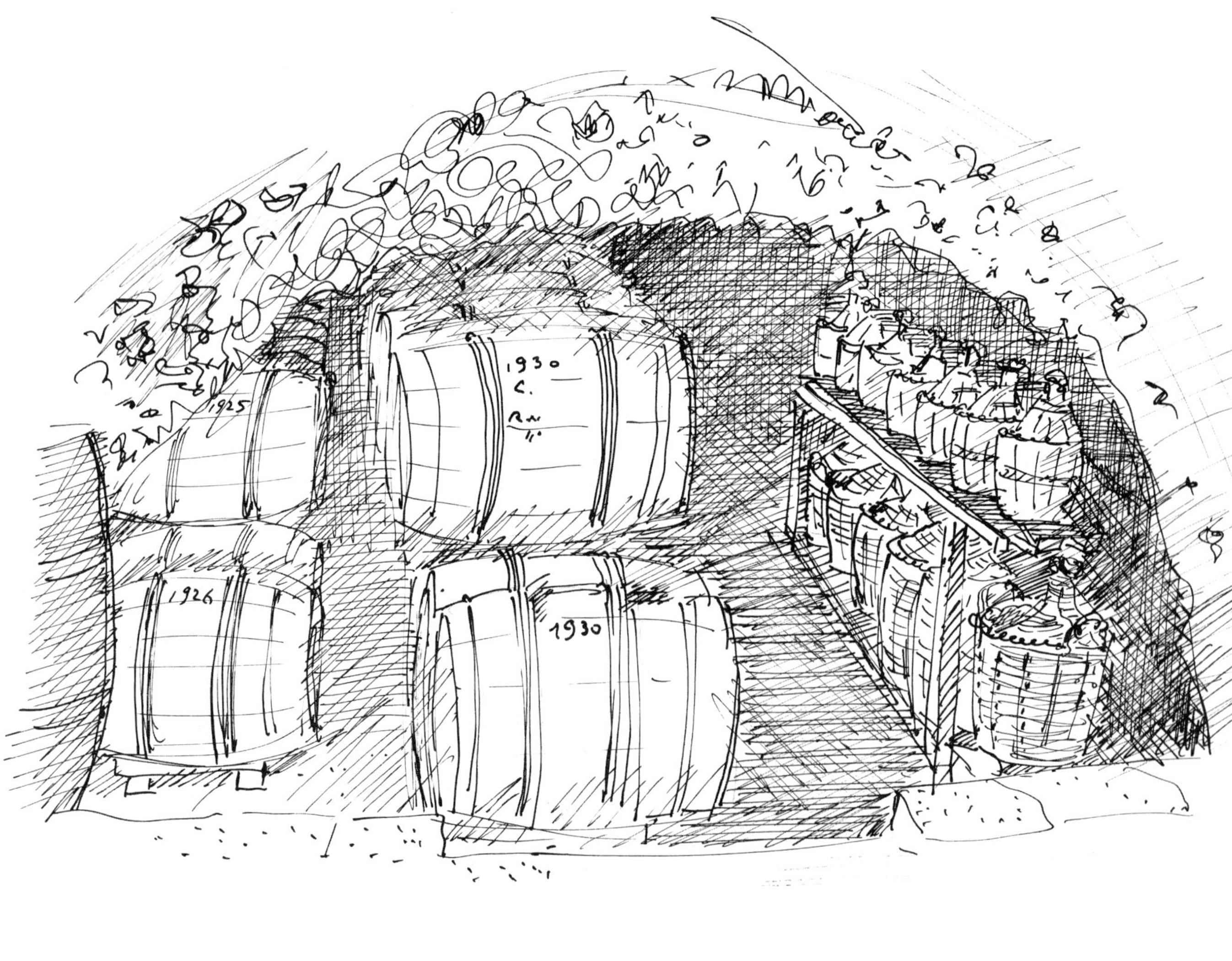

d'être sûres de pouvoir répondre à la demande en cognac de haut de gamme. Marcel Ragnaud fut à l'époque un des rares petits producteurs à ne pas se trouver en difficulté, notamment grâce à la prestigieuse qualité de son vieux cognac. Vers la fin des années 1970, il me confia avec une satisfaction non dissimulée que le volume de ses réserves représentait l'équivalent de quinze fois son débit annuel. Or, en 1983-1984, les réserves des chais Ragnaud atteignaient dix-huit fois le volume annuel de vente, si bien que Marcel Ragnaud commençait à se demander où diable il allait bien pouvoir stocker le nouveau produit des vendanges. Dans ses barriques et bonbonnes (les grosses bouteilles dans lesquelles on conserve le vieux cognac au terme de son séjour dans la barrique) reposent des trésors de soixante, soixante-dix ans d'âge, parfois plus; ces vieux cognacs deviennent rares chez les petits producteurs, et seuls quelques producteurs prestigieux et ayant les reins suffisamment solides peuvent se permettre un tel investissement.
C'est pourquoi, dans le contexte actuel, pratiquement tous les vignerons revendent aux grandes Maisons leurs produits les plus nobles – ce qui, évidemment, n'est pas pour faire baisser les prix. Il est vrai, cependant, que les grandes firmes sont tenues d'avoir un éventail de produits le plus large possible, beaucoup plus diversifié que celui de leurs fournisseurs.
Vu leur débit important, on pourrait penser que les grandes Maisons sont en mesure de pratiquer des prix intéressants.
C'est parfois le cas – mais pas plus souvent que dans les autres sec-

Début 1978, Marcel Ragnaud, grand prêtre du cognac noble au cœur de la Grande Champagne, avait de bonnes raisons de se montrer satisfait lorsqu'il me fit visiter son chai. Mais, en 1983, il déchantait : les ventes devenaient plus difficiles et les réserves s'accumulaient.

teurs d'activité. D'autant que le prix de revient du cognac est six fois plus élevé que celui des alcools les plus chers, comme le whisky pur malt (Bruno Sepulchre, *Le Livre du Cognac*, Paris 1983, p. 10), sans parler des autres spiritueux. Pourtant, comme nous l'avons vu, nombre de cognacs ont un rapport qualité/prix bien supérieur à maint grand rouge de Bourgogne ou de Bordeaux. Une vieille eau-de-vie capable de supporter la comparaison avec un vieux cognac pour ce qui est de la richesse du bouquet et du goût, c'est quelque chose qui reste à inventer (même si les amateurs d'armagnac, dont il m'arrive de faire partie, aimeraient pouvoir prétendre le contraire).
Au bout du compte, la diminution des ventes fait que les grandes Maisons achètent moins. En conséquence, nombre de petits producteurs se trouvant en difficulté ont été conduits à vendre directement leurs produits – non seulement en fûts, mais également en bouteilles habillées de l'étiquette de la marque – aux petits négociants, aux restaurants de la région, aux touristes (il y a quelques années, les panneaux signalant les producteurs de cognac ne foisonnaient pas comme aujourd'hui au bord des routes) et à l'un ou l'autre client étranger.
Dès lors que les grandes marques leur achetaient un volume moindre, les distilleries elles aussi furent amenées à lancer leurs propres marques. C'est ainsi que de nouveaux cognacs, jeunes ou vieux, au demeurant d'excellente qualité, ont fait leur apparition; achetés sur place, directement au producteur, ils sont quelquefois meilleur marché que ceux des grandes marques, et ce à qualité égale. Néanmoins, le touriste qui fait ici ou là une trouvaille (notre liste d'adresses donnée dans le Répertoire sera très utile à cet effet) ne doit pas perdre de vue qu'une telle « bonne affaire » ne saurait soutenir la comparaison avec une grande marque dès lors qu'il s'agit de l'exportation, de la disponibilité de stocks importants ou de la garantie d'une qualité toujours égale à elle-même.
Quoi qu'il en soit, ce qui pèse le plus lourdement sur le prix du cognac, avant même de faire l'acquisition d'une bonne bouteille, c'est ce que les producteurs appellent poétiquement mais non sans une certaine ironie résignée « la part des anges » – autrement dit, l'évaporation.
Les fameuses barriques en chêne du Limousin et du Tronçais, qui font la personnalité du cognac, sont constituées d'un bois très poreux – celui du Limousin plus encore que celui du Tronçais. Dans

Plus un cognac est vieux, plus la quantité de vin — et donc de raisin — nécessaire pour obtenir un litre de ce cognac est importante. Ainsi, un cognac de vingt ans d'âge, comme celui de la photo de droite, aura nécessité une bonne dizaine de kilos de raisin.

quelle proportion et avec quelle rapidité le cognac, titrant au début un fort degré d'alcool, s'y volatilise : cela dépend des conditions de stockage dans le chai. Toutefois, l'évaluation moyenne ordinairement admise – de façon d'ailleurs quasiment officielle, dans la mesure où elle émane des services de la Station viticole – donne un volume de 2 à 4 % par an et, pour ce qui est du titre d'alcool, de 2 à 3,5 %.

Au fil du temps, les pertes diminuent. Lors d'un séjour de cinquante ans dans le fût, le titre tombe généralement de 70 à environ 46 % volume. Lorsque le séjour dure plus de soixante-dix ans, le cognac risque de passer sous la barre des 40 % volume, perdant ainsi son droit à l'appellation Cognac (exception : voir le Répertoire, A.E. DOR).

Pour l'ensemble des crus de cognac, on estime que, chaque année, c'est l'équivalent de 18 à 22 millions de bouteilles qui s'évaporent ainsi – « un mal nécessaire, mais coûteux », m'a dit il y a quelques années, d'un ton résigné, le patron de la Station viticole, F. Gay-Bellile. Dans une atmosphère chargée d'humidité, le degré d'alcool diminue plus vite que le volume, d'où il résulte que le cognac titrera moins. Dans un lieu sec, le liquide s'évapore plus vite, de sorte que, proportionnellement, il reste plus longtemps fortement alcoolisé – son titre régressant plus lentement (encore qu'inexorablement). Nombre de Maisons estiment à 4 % le volume de cognac ainsi perdu chaque année dans leurs chais.

Dans la mesure où ce processus d'évaporation entraîne également la disparition d'éléments volatils et indésirables, comme l'éthanol, on se garde bien d'essayer d'éviter ces pertes (même si elles sont déductibles des impôts). Néanmoins, les barriques doivent rester pleines, si bien que leur niveau doit être complété continuellement.

Les pertes par évaporation peuvent également être exprimées en d'autres termes. Pour un jeune cognac de qualité 3 étoiles, présenté dans la bouteille classique de 0,7 litre, il faut environ 4,2 kg de raisin. Une bouteille identique, mais de VSOP (c'est-à-dire obligatoirement d'au moins 4 ans d'âge), aura nécessité 5,5 kg. Pour un cognac de 50 ans d'âge, il aura fallu jusqu'à 12 kg de raisin. (Ces estimations ont été établies pour un vin titrant 8 % volume.) Selon un autre mode de calcul faisant intervenir un titre légèrement différent, tant pour le vin (9 % volume) que pour le cognac (43 % volume), la quantité de raisin nécessaire pour une bouteille de cognac de 12 ans d'âge serait de 6,8 kg, et de 10,4 kg pour un cognac de 23 ans d'âge.

Pierre Voisin (Cognac Gourmel), qui a établi ce calcul, précise en outre qu'après douze ans, sur une quantité de cognac correspondant à l'origine à 10 bouteilles, il n'en restera plus que 6. Après vingt-trois ans, elles ne seront plus que 4. Si bien qu'au bout du compte, une bouteille de cognac de 12 ans d'âge équivaut à près de 7 bouteilles de vin du même âge. En termes de quantité de raisin, une bouteille de 23 ans d'âge équivaudrait à 10 ou 11 bouteilles de vin du même âge. « C'est pourquoi, conclut Pierre Voisin, comparé à un vin de qualité, le cognac est mal rémunéré. » Ces chiffres, même s'ils sont variables selon les entreprises et les cas particuliers, constituent un facteur de coût littéralement invisible pour la clientèle mais néanmoins très important. L'évaporation est bel et bien un mal nécessaire, comme le dit fort justement M. Gay-Bellile – nécessaire parce que seul ce coûteux processus de maturation permet au cognac d'atteindre le summum de sa qualité. Ce qui fait monter le prix du cognac est ici encore le mieux ennemi du bien, tant pour le cognac lui-même qu'en comparaison avec d'autres eaux-de-vie.

D'après le calcul assez récent établi par un spécialiste, la production du cognac nécessite une immobilisation de capital plus importante que celle de toute l'industrie automobile française réunie; ainsi, en 1985-1986, les stocks représentaient environ six années du volume des ventes.

Un cognac Courvoisier 3 étoiles figurait au menu des passagers du dirigeable Zeppelin *Deutschland* à la date du 9 avril 1911, et ce au prix de 1 mark. À coup sûr, pour l'époque, ce n'était pas spécialement bon marché, même déduction faite du supplément afférent à ce moyen de transport d'un genre tout à fait particulier. En comparaison, les prix n'ont pas tellement augmenté depuis ce temps-là. Toutefois, depuis quelques années, ces prix sont devenus plus fluctuants, et il y a peu de chances, lorsque vous lirez ces lignes, que les prix mentionnés ci-après soient encore exactement les mêmes.

Début 1987, dans les supermarchés, les cognacs 3 étoiles des grandes marques coûtaient en moyenne 90 francs, et les cognacs 3 étoiles bon marché dans les 70 francs. Les VSOP se situaient entre 90 et un peu plus de 180 francs. Chez les négociants en spiritueux et dans les épiceries fines, le niveau de prix était sensiblement plus élevé.

On peut toujours se consoler en se disant que des cognacs de haut de gamme, par leur rondeur et leur force, font beaucoup plus vite le bonheur de l'amateur, comparés à une qualité plus jeune. De plus, après un repas, même pour l'amoureux du cognac le plus insatiable, un seul verre suffit généralement. Sur ce point, Gault et Millau ont même conseillé aux restaurateurs de France et de Navarre de laisser tranquillement la bouteille de cognac sur la table après avoir servi leurs clients, le risque que ceux-ci se resservent abondamment étant, selon eux, tout à fait minime. Cela corrobore ma propre expérience: ces bouteilles ont la vie longue.

Le cognac du petit producteur (souvent appelé « cognac du propriétaire ») est en règle générale nettement moins cher quand on l'achète sur place; la plupart du temps, son prix est fonction du cru. Le particulier qui achète directement au propriétaire un cognac de première qualité le paiera souvent la moitié, voire le tiers de ce qu'il lui aurait coûté chez un commerçant; cela vaut également pour les autres qualités de cognac. Très souvent, les crus de ces petits producteurs sont à la hauteur de ceux des grandes Maisons sur le plan du rapport qualité/prix. La grande différence réside dans la capacité de production.

Notre Répertoire des marques et adresses vous indiquera par où faire un crochet…

Quand le cognac n'est pas comme d'habitude

La chimie et ses aléas

Justement parce que le cognac est tellement précieux, il doit satisfaire à certaines exigences. J'attends de « ma » marque qu'elle m'offre un produit de qualité constante. C'est pourquoi il me semble opportun d'attirer l'attention sur un type de situation qui, s'il n'a de prime abord rien à voir avec le cognac – encore qu'il ne soit pas sans répercussions sur celui-ci –, peut vous concerner directement.
Le directeur des relations publiques du BNIC, Gérard Sturm, rapporte volontiers l'anecdote qui suit :
Alors qu'il ne tenait pas en haute estime le cognac Tartempion (un produit cher et très sophistiqué) de la marque Une telle, il se trouva qu'un jour, à l'issue d'un repas de voyage d'affaires, on lui servit un verre de ce cognac. À son grand étonnement, il le trouva excellent. De retour chez lui, il goûta de nouveau ce cognac et le trouva nettement moins satisfaisant. Franchement perplexe, il en vint à se demander s'il n'y avait pas un lien entre le goût du cognac en question et le repas qui l'avait précédé : on lui avait servi un plat de poisson

◁ Un vignoble de Grande Champagne (à droite de la N 114 depuis Cognac, juste avant Jarnac).

qu'il n'avait pas mangé souvent auparavant.
Pour le coup, notre homme demanda à son épouse de lui confectionner ce même plat de poisson. Sitôt dit, sitôt fait. À la fin du repas, il se servit un verre de l'énigmatique cognac Tartempion – derechef, il le trouva excellent.
Cela dit, on connaît des exemples analogues avec le vin et la bière. J'ai rapporté l'anecdote de Gérard Sturm à un professeur de mes amis, un fin gourmet; quelques jours plus tard, il me communiqua un document d'expert, que je me dois de porter à la connaissance du lecteur :

« La biochimie des plaisirs du cognac

1. L'assimilation de l'alcool dans l'organisme humain est le fait d'une oxydation (« combustion ») par étapes successives, due à l'action de divers enzymes. Ce processus se solde par la production (comme toujours dans la décomposition des molécules alimentaires comme les glucides, l'albumine et les lipides) de gaz carbonique et d'eau. L'assimilation de l'alcool, dans la première étape de ce processus d'oxydation, produit de l'acétone; mais normalement, en l'espace de quelques millisecondes tout au plus, l'acétone est décomposée.
2. Les différents enzymes « oxydants » (ne sont pas seulement concernés ceux contenus dans la salive et le suc gastrique : l'estomac assure seulement la digestion, tandis que, pour l'essentiel, l'oxydation se produit dans toutes les cellules de l'organisme – le sang, les muscles, etc.) agissent de façon très complexe lors du processus d'oxydation des molécules alimentaires.
Ainsi, il peut arriver que, *dans le cas d'une absorption de graisses en quantité excessive*, les enzymes assurant l'oxydation et l'assimilation de ces graisses saturent, avec pour conséquence que l'oxydation de l'alcool alors présent dans l'organisme reste inachevée.
Dans un cas extrême, la première phase (l'acétone) peut se prolonger (par exemple, de 1/10e de seconde

à 1 seconde). Or, dans la mesure où l'acétone présente dans l'organisme trouve sa place non seulement dans l'estomac, mais également dans tout le corps, elle gagne aussi les poumons, le nez et le palais, où elle sera détectée par les fonctions gustatives.

Étant donné que le processus d'oxydation lui-même, mais aussi la diffusion dans les tissus cellulaires sont extrêmement rapides, le consommateur peut parfois y être sensible de façon pratiquement instantanée. Son cognac lui apparaît alors insipide, voire, à la limite, imprégné d'un arrière-goût d'acétone.

3. Un phénomène similaire peut se produire dans d'autres situations. Ce sera par exemple le cas si le consommateur souffre d'une carence en insuline : l'oxydation du sucre, qui, comme pour l'alcool, fait intervenir une phase intermédiaire de sécrétion d'acétone, peut rester bloquée dans cette phase. Ainsi, le diabétique ayant atteint un stade critique, précédant le coma, sécrète de l'acétone non décomposée, et ce en quantité tellement abondante que notre odorat y est sensible dès que l'on entre dans la chambre du malade.

Mais il y a également d'autres substances chimiques et phases transitoires très complexes qui influent sur le goût. L'effet conjugué de l'alcool (outre la grande diversité des essences aromatiques déjà contenues dans le cognac lui-même) et de la composition du repas (peu ou beaucoup de graisses, peu ou beaucoup de sucre) influe fortement sur la durée et la portée des différents processus biochimiques, de sorte qu'au plan purement *chimique* (et non pas seulement au niveau psychologique ou par ses qualités intrinsèques), *le goût du cognac est effectivement variable.* »

Voilà pour ce document d'expert. Partant, il ne me semble guère judicieux de boire du cognac *pendant le repas*. Même si les Chinois, eux, le font.

L'heure du digestif chez de Lotherie, au cœur du meilleur cru de cognac (à Juillac-le-Coq, en Grande Champagne).

Liqueur, pineau, etc.

Ce que l'on fait d'autre avec le cognac

Même lorsque la région délimitée n'était pas en difficulté au niveau des ventes de cognac, elle produisait déjà à partir de cette boisson des apéritifs et des liqueurs. Le célèbre Grand Marnier, dont le fabricant, Marnier-Lapostolle, produit également du cognac, absorbe chaque année l'équivalent de 14 millions de bouteilles de cognac. Nombre de Maisons de cognac produisent elles aussi des liqueurs à base de cognac, la plupart par l'entremise de leurs filiales.

Une autre boisson originale, produite exclusivement dans cette région, est le pineau des Charentes, en apéritif ou au dessert.

Longtemps réduite à l'usage local, la production du pineau fut réglementée en 1945. Le rendement à l'hectare est limité, les moûts et les cognacs doivent provenir exclusivement de cépages sélectionnés.

Le pineau est préparé par mutage en une seule fois des jus de raisins frais par du cognac rassis, c'est-à-dire provenant au moins de la campagne de distillation précédente. Il doit titrer au minimum 16,5 % volume, au maximum 22 %. Ce qui le pénalise, car il ne peut être reconnu comme vin cuit

La maison d'un producteur, à Ambleville, en Grande Champagne.

et se trouve taxe comme alcool. La production du pineau se situait aux environs de 5 000 hectolitres en 1955, dépassait les 50 000 en 1980, l'objectif des 100 000 hectolitres étant maintenant atteint et même dépassé. Il peut être consommé en apéritif, servi frais ou comme vin de dessert, ou même sur un foie gras. Il n'y a pour ainsi dire pas un seul producteur de cognac qui ne produise également du pineau, mais le volume à l'exportation est encore faible.

Le brandy représente une part beaucoup plus forte des revenus du secteur producteur de cognac : ses exportations équivalent à environ 34 % de l'ensemble des exportations françaises en eau-de-vie.

Enfin, le secteur produit une spécialité destinée principalement à la République fédérale allemande : le « vin viné », transformé en eau-de-vie seulement une fois parvenu à destination. Sa fabrication consiste à ajouter au vin, après fermentation, de l'eau-de-vie de vin ou du cognac. Son titre, plus faible, le rend meilleur marché à l'importation. Pour être complet, il convient de mentionner encore un produit qui en France n'est pas considéré comme un cognac, mais comme un « esprit de cognac » : une eau-de-vie à 80 ou 85 %, produite par une troisième distillation. Celle-ci doit être réalisée dans le traditionnel alambic charentais. L'esprit de cognac sert uniquement à enrichir les vins mousseux et certaines liqueurs d'exportation. Sa fabrication requiert l'autorisation du BNIC.

II. LE COGNAC POUR LES CONNAISSEURS

La hiérarchie du cognac (1)

Les crus

Le cognac n'est pas seulement une boisson unique. Ce qui surprend aussi à première vue, c'est combien il paraît compliqué de définir ce qui fait sa qualité.

Concernant celle-ci, il existe deux hiérarchies qui se recoupent, tout en étant distinctes, ce qui rend le choix difficile pour qui n'en a pas déjà une bonne connaissance. Mais la combinaison des différentes possibilités est justement ce qui donne au cognac sa remarquable diversité, à laquelle il doit sa supériorité comparé aux autres eaux-de-vie.

D'une part, il y a la hiérarchie des origines, un peu similaires à celle des castes hindoues. D'autre part, il y a la hiérarchie de l'âge, dont on sait qu'elle est discutée dans nos régions; dans les autres pays, sauf en Amérique du Nord, elle reste valable.

L'ensemble du secteur producteur de cognac est divisé en six régions (ou « crus »). Mais puisque Cognac constitue l'« appellation contrôlée », ces régions sont, à une exception près, des « sous-appellations ». Leurs noms pourraient parfaitement figurer sur les étiquettes, dans la mesure où il ne s'agit pas de mélanges portant atteinte à l'intégrité du cru – et certains y figurent en effet. Puisque tout cela est affaire de hiérarchie, les « sous-appellations » dont les noms apparaissent sur les étiquettes sont celles des régions productrices de la meilleure qualité – d'où l'intérêt de faire figurer ces indications, dès lors qu'elles mettent en valeur la qualité supérieure du produit.

Les régions productrices de cognac se distinguent les unes des autres par la qualité respective de leurs produits, amplement tributaire de la composition du sol, laquelle influe évidemment toujours sur la qualité du vin. C'est au centre du secteur producteur que les conditions climatiques sont le plus favorables; cette région est en effet plus à l'abri des vicissitudes d'un climat océanique à l'ouest et continental à l'est. Les crus s'échelonnent à peu près en cercles concentriques, avec pour centre la ville de Cognac; celle-ci se trouve à la limite de deux d'entre eux et elle est légèrement plus proche du troisième. Par conséquent, Cognac est bel et bien la capitale de l'ensemble du secteur producteur. Partant du vin le plus noble de la production et descendant graduellement l'échelle de qualité, nous rencontrons les crus suivants :

I. Grande Champagne : situé au sud du cours de la Charente et au sud-est de Cognac, ce secteur a pour centre la bourgade de Segonzac. Réunissant 27 communes, soit environ 12 000 hectares de vignobles, il produit environ un cinquième du volume total de cognac. Le sol est très riche en craie et en calcaire, friable, souvent de teinte grisâtre.

II. Petite Champagne : un secteur formant une couronne autour de la Grande Champagne au sud-ouest, sud et sud-est, avec une minuscule enclave septentrionale à l'ouest de Jarnac. 60 communes représentant environ 14 000 hectares de vignobles. Production : pas tout à fait 20 % de la production totale de cognac. La composition du sol est très semblable à celle de la Grande

Champagne, mais moins riche. La couleur est légèrement plus claire.
III. Borderies: par sa superficie, c'est la plus petite sous-appellation, au nord et au nord-ouest de Cognac. 10 communes avec plus de 3 500 hectares de vignobles. Production : 5 à 6 % de la production totale de cognac. Ici, au cours de l'évolution géologique, les strates supérieures ont perdu une grande partie de leur calcaire (seules les couches très profondes sont encore riches en calcaire); beaucoup de silex et d'argile. Sol de teinte brunâtre.
IV. Fins Bois: en forme de couronne, ce secteur s'étire principalement au nord et à l'est autour des trois précédents. 278 communes réunissant près de 30 000 hectares produisent environ 40 % du volume total de cognac. Riche en argile et de teinte plutôt rougeâtre, le sol est en partie densément calcaire, en partie sablonneux. Dans l'ensemble, sa composition est d'une grande diversité.
V. Bons Bois: un secteur lui aussi en forme de couronne entourant les autres. 276 communes réunissant environ 10 000 hectares; plus de 10 % de la production totale de cognac. Sol assez fortement calcaire et argileux, avec une humidité supérieure à celle des autres secteurs.
VI. Bois Ordinaires (anciennement Bois Communs et Bois à Terroir) : ce coin du sud-ouest de la région ne se trouve plus dans le département de la Charente, mais en Dordogne. Une autre partie constitue une avancée au nord dans le département des Deux-Sèvres. Mais le secteur le plus vaste s'étire à l'ouest des Bons Bois jusqu'au littoral, et il inclut les îles d'Oléron et de Ré. La surface cultivée est nettement inférieure à 2 000 hectares. L'apport à la production totale de cognac est à peine mesurable. Le climat océanique y est dominant et

◁ Les pieds de vigne qui produiront un bon cognac poussent sur une roche calcaire et friable. Ci-contre, ces vignobles de Grande Champagne surplombent une carrière.

Grande Champagne

Petite Champagne

Borderies

Fins Bois

Bons Bois, riches en silicates

le sol est chargé d'humidité. Le législateur ne s'est pas donné la peine de recenser les communes de ce secteur.
Comme leur nom le laisse entendre, les secteurs des Bois étaient autrefois couverts de forêts ou, dans le cas des Fins Bois, de broussailles. Ici, le nom « Champagne » n'est pas celui de la prestigieuse boisson; il dérive de « campagne », « champs » ou « champaigne ». Son sol est également excellent pour d'autres cultures, étant riche en humus et abondamment irrigué jusque vers le mois de juillet, grâce à la présence de nappes phréatiques qui, s'asséchant, facilitent le mûrissement de la vigne. Le cognac et le vin qui sert à sa fabrication bénéficient de cultures riches en levures, particulièrement propices à la fermentation du moût.
La hiérarchie des crus découle de cette gradation des différents secteurs, chacun présentant les qualités suivantes :
I. Grande Champagne: c'est le cru le plus raffiné. Son bouquet est le plus riche, mais il est le plus lent à mûrir; dans sa prime jeunesse, il est relativement « agressif ». Jouissant d'une extraordinaire longévité et d'une remarquable aptitude au vieillissement, il voit sa qualité atteindre des sommets au terme de plusieurs dizaines d'années en fût.
II. Petite Champagne: par sa qualité, ce cru talonne de près le cognac de la Grande Champagne (aussi pour ce qui est des qualités du sol). Bien que le vieillissement ne lui permette pas d'atteindre à la perfection, il est quand même excellent.
III. Borderies: un bouquet moins prononcé mais riche. Il n'est pas aussi fin que les précédents et il vieillit plus vite. Il possède cependant la propriété très appréciable de permettre d'enrichir et d'arrondir d'autres cognacs. Il jouit également d'une excellente longévité.
IV. Fins Bois: un cru robuste. Il vieillit vite, sans pour autant « s'éteindre » prématurément. Souvent, dans sa jeunesse, il présente un goût plus fin qui le rend supérieur aux grands; il est cependant un peu moins richement nuancé. Il est particulièrement apprécié comme ingrédient principal des cognacs à boire très jeunes; toutefois, dès le début, même non mélangé, il est excellent. Il en existe de vieilles bouteilles tout à fait remarquables.
V. Bons Bois: par sa dominante, ce cru se différencie nettement des crus I à IV, encore qu'il ressemble à certains Fins Bois. Bien que vigoureux, il n'a pas la finesse des autres. Il présente souvent un goût très particulier, pas de bois, mais évoquant plutôt la terre humide du bord de mer. Parfois, il me semble y déceler un arrière-goût de métal.
Le vocabulaire de la dégustation du cognac est loin d'être aussi développé que celui du vin; il lui manque une terminologie riche en nuances et acceptée par tous (ces propos ne sont pas de moi – encore qu'ils s'accordent avec mon point de vue –, mais du directeur technique de Courvoisier, M. Dumon).
Les cognacs de cette région, surtout en raison de leur faible prix, ne sont nullement négligés lorsqu'il s'agit de réaliser les mélanges.
VI. Bois Ordinaires: plus terne pour ce qui est du goût typique du cognac (mais pas plus pauvre en alcool), plus fruste, plus limité dans ses nuances. Ces crus ne vieillissent pas très bien; les anciens sont sans intérêt; les plus récents sont éventuellement un peu meilleurs. De nombreux spécialistes du cognac leur trouvent un goût assez imprégné de senteurs marines, d'algues, et même d'iode. Certains ont en revanche un goût tout à fait neutre, car on aura fait en sorte d'éliminer par la distillation toutes ces composantes, supprimant par la même occasion celles qui étaient bénéfiques; pendant longtemps, concernant les crus des îles d'Oléron et de Ré, la distillation est restée assujettie à des normes beaucoup moins strictes que pour les autres crus.

La qualité détermine le prix, ou, plus justement, le prix reflète ce que la clientèle considère comme le meilleur et le moins bon cognac. Prenons l'exemple du début de l'année 1987. Fixé par le marché, le prix moyen de l'hectolitre – après conversion en alcool pur – du jeune produit de distillation (récolte 1984) s'établissait comme suit :

Grande Champagne	entre 4 965 et 5 710 francs
Petite Champagne	entre 4 500 et 5 175 francs
Borderies	environ 4 515 francs
Fins Bois	3 955 francs
Bons Bois	3 335 francs
Bois Ordinaires	environ 3 000 francs

(dans ce cru, seuls des cognacs de 3 ans d'âge ont été commercialisés).

À mesure que l'âge augmente, les prix eux aussi augmentent, mais l'échelle de proportion reste la même. Le fait que certaines Maisons cassent les prix ne modifie en rien la hiérarchie.
Maintenant, avant que les cognacs

Une ferme charentaise typique.

ne se trouvent rabaissés dans votre estime au fur et à mesure que l'on descend l'échelle, je me dois de souligner quelques exceptions importantes et de vous mettre en garde, dans tous les cas, contre une généralisation trop facile.

Mais, au préalable, il faut encore – puisque nous avons déjà fait référence à la dénomination « Champagne » – présenter d'autres sous-appellations légales. Car ce sont des termes que l'on rencontre fréquemment.

Fine Champagne : il ne s'agit pas d'une région, ni d'un cru, mais d'un mélange de Grande Champagne et de Petite Champagne, dans lequel la part du cru Grande Champagne doit représenter au moins 50 %.

Grande Fine Champagne : désigne un cognac constitué à 100 % d'eau-de-vie de Grande Champagne et n'est rien d'autre qu'une « Grande Champagne ».

Petite Fine Champagne (sous appellation autorisée seulement depuis 1978) : cognac produit à partir du cru de la seconde catégorie, c'est-à-dire de la Petite Champagne.

Toutefois, la hiérarchie qui précède est à considérer avec une certaine distance. Certes, dans ses grandes lignes, elle est exacte. Mais quiconque voudrait s'y tenir au pied de la lettre se priverait inutilement de nombreux plaisirs.

Tout d'abord, nous descendrons quelque peu de leur piédestal les sous-appellations Champagne. C'est entendu : ces cognacs se bonifient en vieillissant et, après quarante, cinquante ans en fût, ils sont quasiment imbattables. Mais il se trouve qu'à peu près personne ne peut s'offrir le luxe de les y laisser aussi longtemps, du moins pas dans leur totalité. Même la respectable Maison Ragnaud est contrainte, outre ses vieux cognacs de première qualité conservés dans des fûts parfois centenaires, de vendre une quantité beaucoup plus importante de cognacs plus jeunes, mais qui proviennent également de Grande Champagne. C'est pourquoi, souvent – pour ne pas dire la plupart du temps –, les cognacs de Grande et de Petite Champagne sont encore loin d'avoir atteint le summum de leur qualité. Quand on se souvient que l'eau-de-vie la plus jeune entrant dans la composition d'un cognac 3 étoiles doit obligatoirement avoir trente mois de vieillissement, on comprend que l'on est loin du compte... Les producteurs ne possédant pas d'autres crus résolvent le problème, lorsque c'est possible, en faisant vieillir leurs « petits derniers » plus longtemps que ne l'exige la réglementation pour cette qualité de cognac. À cet égard, des informations sont données – à condition que les producteurs aient bien voulu nous les communiquer – dans notre Répertoire. Les producteurs qui sont en mesure de le faire réalisent des mélanges avec des eaux-de-vie d'autres secteurs, que l'on ne regarde alors plus tout à fait d'aussi haut...

Si regrettable que cela soit pour certains producteurs, en Grande Champagne non plus, tout n'est pas parfait, malgré les efforts des vignerons et des distillateurs. En raison de son sol plus sablonneux, le coin nord-est de la région est défavorisé en comparaison des autres crus du secteur producteur, et ce même là où la vigne croît à flanc de coteau. Cette zone est limitrophe des Fins Bois, et justement d'un des meilleurs endroits de ce cru – il n'y a pas qu'entre les peuples que les frontières sont imprécises...

Les coteaux qui entourent Segonzac ou des communes comme Ambleville, Bouteville, Juillac-le-Coq, Lignières, Malaville, Saint-Preuil (cette liste n'est pas exhaustive) produisent bel et bien ce que la Grande Champagne a de mieux à offrir. Rares sont les autres producteurs qui parviennent à compenser leur handicap, comparé à ce secteur – à moins d'un effort considérable. Cela dit, il est bien évident que même les plus grands cognacs ne sont pas à l'abri d'une détérioration suite à une mauvaise conservation ou faute de soins.

En Petite Champagne, la région autour d'Archiac et d'Arthenac est particulièrement réputée. Maint cognac de cette région est supérieur à nombre de ses homologues de Grande Champagne, et, bien que n'étant pas une dénomination légale, la « Petite Champagne d'Archiac » désigne cependant une qualité hautement appréciée par les gens du métier. Le sol calcaire et crayeux des alentours de Barbezieux apporte là aussi à la Petite Champagne un caractère plutôt apparenté à celui de la Grande Champagne.

Pour ce qui est de la partie sud-est des Fins Bois, les cognacs des alentours de Blanzac sont très cotés; ici également, le sol ressemble à celui de la Grande Champagne.

De la même façon, le secteur des Fins Bois, au nord de la Champagne, formant une large bande de terre un peu au nord de Jarnac jusqu'aux Borderies à l'ouest et se prolongeant jusqu'aux environs de Moulidars à l'est et de Sigogne au nord, produit certains cognacs capables de rivaliser avec des cognacs mieux cotés.

Même dans les Bons Bois, on trouve des crus supérieurs à la moyenne, comme par exemple tout autour de Montguyon (au sud de la région de Cognac) et, de là, le long d'une bande de terre qui longe la limite sud des Fins Bois, très étroits dans ce secteur, vers l'ouest, jusqu'à un secteur plus à l'ouest encore de Baignes-Sainte-Radegonde.

C'est pourquoi il faut se garder de porter un jugement par trop simpliste, d'autant que les exceptions que je viens de mentionner ne sont certainement pas les seules. Même dans la zone littorale, les Bois Ordinaires, j'ai trouvé d'excellents cognacs. Quiconque a déjà séjourné sur l'île d'Oléron ou l'île de Ré en aura très certainement fait

Des vignobles près de Bouteville, un site privilégié.

l'expérience. Dans le Répertoire, dans la troisième partie de ce livre, j'ai inclus tout exprès des adresses de petits producteurs des crus V et VI.

Beaucoup de Maisons de cognac utilisent pour leurs mélanges d'importantes quantités de Bons Bois. C'est probablement surtout le cas pour les cognacs bon marché et destinés aux supermarchés et autres chaînes de magasins. Ceux-ci déçoivent bien souvent l'amateur de cognac, au point que le novice risque fort de se demander ce que le cognac a de si extraordinaire pour jouir d'une telle réputation. D'autres en revanche ne sont pas à dédaigner.

Car la qualité du produit contenu dans la bouteille n'est pas seulement l'affaire du cru, mais aussi du maître de chai, le grand prêtre qui réalise les coupes, exerçant ainsi une influence décisive sur le style du cognac. Comme je l'ai déjà dit, la grande majorité des cognacs se composent d'un mélange de différents crus, et cela vaut pour la qualité la plus haute comme pour la plus modeste. C'est pourquoi les Maisons à fort débit sont littéralement contraintes de procéder à des mélanges afin de maintenir constante la spécificité de leurs produits à succès. Plusieurs millions de bouteilles chaque année, d'une qualité et d'un goût toujours parfaitement immuables : jamais un seul cru ne pourrait produire une quantité suffisante pour approvisionner un gros producteur. Nous abordons là un thème très controversé.

La qualité du cognac d'un petit producteur peut être fameuse et supérieure à celle de n'importe quel « grand ». À coup sûr, le passionné de cognac est friand de ce genre de trouvailles; notre Répertoire en recèle quelques-unes. Mais le point faible d'un tel petit producteur réside dans le fait qu'il n'est pas en mesure d'offrir de façon suivie à un grand nombre de passionnés disséminés à travers le monde un plaisir toujours égal. D'une année sur l'autre, le cognac peut être plus ou moins bon, et il n'est pas exactement identique d'un fût à l'autre : c'est une règle à laquelle nul n'échappe. Seules les grandes Maisons sont à même de garantir que leurs produits garderont de longues années une qualité toujours semblable et un goût parfaitement fidèle à lui-même.

D'aucuns déplorent une telle standardisation, mais, à mon sens, ils sont dans l'erreur. Pratiquement toutes les grandes Maisons ainsi que nombre de Maisons de moyenne importance proposent également des produits de haute qualité et parfaitement dignes de se

Gonzague Hériard-Dubreuil, de la Maison Gautier (à Aigre), prélève un échantillon de cognac. En 1984, la Maison a lancé une nouvelle qualité sur le marché (Cristal Extra).

mesurer aux meilleurs produits des légendaires petits producteurs, alors que plus d'un cognac dit « de prestige », du haut de gamme (du moins pour ce qui est du prix et de l'âge annoncés), peut se révéler tout à fait décevant.

S'il est une « qualité » – si l'on peut encore appeler cela ainsi – qui m'apparaît contestable, c'est bien celle de nombreux cognacs de supermarché. À n'en pas douter, leurs prix sont calculés au plus juste, et quant à leur goût, il est vraiment le minimum que l'on puisse offrir. Bien souvent, ils sont nettement moins chers que les moins chers – et, donc, les plus jeunes – des marques connues, et, même parmi les cognacs de supermarché de qualité supérieure, l'écart reste important par rapport aux grandes marques. Ce qui n'empêche qu'ils proviennent à peu près invariablement de ces mêmes grandes Maisons dont la qualité standard jouit d'un bon prestige. Seule l'étiquette arbore un autre nom.

Vous trouverez un bon nombre de ces contre-marques dans notre Répertoire, attribuées à leurs « Maisons mères » respectives.

Là encore, il faut se garder de toute généralisation. Si les Maisons mères assurent sous d'autres dénominations ce commerce dont aucune grande Maison n'estime pouvoir se passer, ce n'est pas nécessairement parce qu'elles ont honte – ou devraient avoir honte – de leurs produits. Bien souvent, le supermarché ou la chaîne de grands magasins choisissent de commander un cognac portant une étiquette que l'on trouvera exclusivement chez eux, pour des raisons bien compréhensibles et plutôt flatteuses pour le cognac. Ce faisant, les chaînes de grands magasins initient au cognac une nouvelle frange de la clientèle, dont on peut espérer que, ce premier pas franchi, une partie sera tentée de monter ensuite d'un cran sur l'échelle de qualité.

Pendant longtemps, l'unanimité faite autour de l'appréciation des différentes sous-appellations, jointe à la nécessité de mélanger différents crus, ont empêché les grandes Maisons d'utiliser les noms de crus dans leurs campagnes publicitaires. Mais il y a quelques dizaines d'années, cet état de choses a changé, déclenchant une des rares discordes dans le camp des producteurs de cognac.

Autrefois, les étiquettes n'étaient pas toujours aussi standardisées qu'aujourd'hui (ces deux bouteilles proviennent du musée de Cognac).

Rémy Martin donna le coup d'envoi avec une campagne publicitaire

visant à établir l'équation suivante : Les meilleurs cognacs proviennent du cru Champagne. Rémy Martin utilise uniquement du cognac de Champagne – d'où il s'ensuit que le cognac Rémy Martin...

Les autres géants, à savoir Martell, Hennessy et Courvoisier, et aussi, évidemment, les Maisons un peu moins gigantesques prirent cela très mal, ce qui peut se comprendre aisément. Leurs produits qui se vendaient le mieux comportaient au moins une bonne part de cru des Borderies ou des Bois, et ils n'étaient pas plus mauvais pour autant. Pour finir, le différend fut résolu. Les slogans publicitaires visant à dévaloriser les produits concurrents sous prétexte de la supériorité de tel ou tel cru sur tel autre disparurent.

Paradoxalement, c'est justement l'immense succès de son cognac (plus particulièrement en République fédérale d'Allemagne) qui devait mettre Rémy Martin dans une situation vraiment fort difficile.

La capacité de production de la Grande Champagne, qui doit entrer au moins pour moitié dans la composition de tous les cognacs Rémy Martin (hormis le 3 étoiles VS, lancé ultérieurement sur le marché), n'est certes pas illimitée. À une époque où les affaires étaient particulièrement florissantes, le cognac produit par la Champagne n'y suffisait pas – d'autant qu'à eux seuls, les trois grands concurrents de Rémy Martin, Martell, Hennessy et Courvoisier, absorbaient régulièrement environ 70 % de la production. En raison même de son succès, Rémy Martin avait besoin de toujours plus de cognac vieux...

Pour réaliser une « coupe », on mélange dans un grand fût — un « tonneau » — des cognacs de différents âges et, souvent, de différents crus. Ici, le chai de Brugerolle, à Matha.

La hiérarchie du cognac (2)

L'âge

Nous abordons maintenant la hiérarchie de l'âge, qui joue un rôle important dans la détermination de la qualité et, plus encore, dans l'appréciation de cette qualité par le connaisseur. Selon moi, c'est l'élément qui prime, même si nombre de gens de la profession ne sont pas tout à fait d'accord sur ce point. Cette hiérarchie nous aide également à déchiffrer mainte inscription mystérieuse figurant sur l'étiquette. Concernant cette boisson sévèrement réglementée, les données relatives à l'âge sont elles aussi réglementées officiellement, encore que d'une façon assez confuse, dans la mesure où elles ne le sont que jusqu'à un certain point, lui-même controversé, et où, paradoxe, les informations trop précises sont frappées d'interdiction.

L'attribution de trois étoiles à un cognac a une vocation très précise, laquelle a été réaffirmée et redéfinie officiellement à la date du 23 août 1983. Ces trois étoiles n'ont rien à voir avec les étoiles attribuées par le guide Michelin aux restaurants de qualité, elles signifient que les eaux-de-vie composant ce cognac doivent avoir séjourné au moins trente mois dans le même fût.

Le jour qui sert de point de départ au calcul de l'âge est le 1er avril, c'est-à-dire le premier jour suivant la fin de la période de distillation (la « campagne »). La distillation est entamée sitôt la fermentation terminée; autrement dit, pour les cépages de la première récolte, elle commence fin octobre - début novembre, et prend fin le 31 mars. Pour les eaux-de-vie distillées jusqu'à cette date, la première année de leur séjour en fût commence officiellement au 1er avril. Durant cette première année, elles sont inscrites sur ce que l'on appelle le « compte 0 ». Chaque stock de cognac fait systématiquement l'objet d'une déclaration à l'administration, condition nécessaire pour la reconnaissance de la qualité, pour l'homologation de l'étiquette, ainsi que pour l'accomplissement des diverses autres formalités administratives.

A l'expiration de l'année du compte 0 (la première année du séjour en fût), de nouveau le 1er avril, c'est-à-dire le jour de son premier « anniversaire », le cognac est transféré au compte 1. Le laps de temps que le cognac aura passé en fût avant d'entamer sa première année officiellement reconnue (sachant qu'il peut très bien avoir été distillé dès la mi-novembre, ce laps de temps peut dépasser quatre mois) ne compte pas. On enregistre seulement sur un compte 00 le cognac fraîchement distillé.

Un an après son passage au compte 1, le 1er avril de l'année suivante, soit de nouveau le jour anniversaire, le cognac accède au compte 2, au terme, donc, d'un séjour de deux ans en fût. Encore une année plus tard, c'est le compte 3 qui commence, etc. La condition première est que les justificatifs soient toujours transmis en bonne et due forme; quiconque ne fournit pas à l'administration les documents afférents perd virtuellement tout l'acquis au niveau de la maturation de son cognac. Celui-ci est déclassé, exactement comme s'il était plus jeune ou tout juste sorti de la distillation. En conséquence, le prix que l'on peut demander pour ce cru baisse aussitôt.

L'âge est donc établi exclusivement au vu du nombre d'années de séjour dans le bois. Le principe fondamental servant de base à ce calcul est que, dans la bouteille, le cognac n'évolue plus — si ce n'est que, dans une bouteille débouchée, il se dégrade peu à peu. Un cognac de 1950 mis en bouteilles après un séjour de trois ans dans le bois reste un cognac de 3 ans d'âge. Aussi, pour prévenir toute désillusion : un cognac présenté dans une vénérable bouteille dont l'étiquette indique un millésime de 1811 peut certes être très intéressant à maints égards. Mais, tant que l'étiquette ne précise pas également l'année de la mise en bouteilles, il peut parfaitement s'agir d'un cognac de 2 ou 3 ans d'âge — autrement dit, il ne vaudrait guère mieux que le cognac de 1950 mentionné plus haut.

Pour un cognac 3 étoiles, l'État français nous garantit donc un séjour minimum de trente mois en bois (compte 2). Voici les degrés d'âge contrôlés officiellement :

★★★, *VS* (= Very Special), *Sélection, de Luxe* et autres termes

équivalents (sur les produits destinés au marché français, la terminologie anglaise doit être traduite) : au moins trente mois en fût.

Plus de 5 étoiles, Cuvée Supé-

rieure, Grande Sélection et termes équivalents : au moins trois ans en fût.

Vieux, VO (= Very Old), *VSOP* (= Very Superior Old Pale), *Réserve, VVS* et autres : au moins quatre ans et demi en barrique.

VVSOP, Grande Réserve, Private Réserve et autres dénominations comportant le mot « Réserve » : au moins cinq ans en fût.

Extra, XO, Napoléon, Royal, Très Vieux, Vieille Réserve, Impérial, dénominations comportant le mot « or », comme, par exemple, *Âge d'Or*, etc. : au moins six ans en bois.

Vous trouverez à la fin de ce chapitre une liste plus complète des dénominations autorisées et de leurs significations respectives.

S'il est vrai que le label ★★★ représente le chiffre d'affaire le plus élevé, en fait, c'est également avec cette catégorie de cognac que les producteurs ont le plus de fil à retordre. L'enrichissement du goût et de la « robe » par le bois du fût est un processus trop lent pour que justement le très jeune cognac puisse en bénéficier. C'est pourquoi, dans la limite autorisée de 2 %, il est « arrondi » avec du sucre et foncé avec du caramel. De loin le plus prospère, le Fins Bois est le cru qui, dans sa jeunesse, donne les meilleurs résultats — c'est pourquoi il est également tant prisé comme additif dans les mélanges.

Un bon nombre de bouteilles de cognac portent sur leur étiquette la dénomination « Napoléon ». Il ne faudrait pas en déduire pour autant que l'Empereur était un buveur particulièrement fidèle, voire enthousiaste, de cognac. Bien au contraire, il semble qu'il ait été un homme plutôt sobre en matière d'alcool. En revanche, son neveu, Napoléon III, témoigna plus d'appétit pour le cognac, et il apporta même sa quote-part à l'essor de toute la région productrice. Son traité de commerce de 1860 avec les Anglais leva pour le cognac de difficiles barrières douanières, entraînant un considérable développement des exportations.

Pour sa part, le premier empereur du nom n'était certes pas le meilleur ambassadeur en vins et spiritueux pour la plus grande partie de l'Europe — autrement dit, auprès d'une clientèle aujourd'hui très importante —, pas plus qu'il n'était le meilleur conseil pour les gens de Cognac eux-mêmes : son blocus continental contre l'Angleterre avait tout bonnement privé la Charente de ses plus importants débouchés, portant par là même un rude coup à l'ensemble de l'économie française. Mais le temps efface toutes les erreurs passées, même les guerres impérialistes et les razzias auxquelles se livrèrent les armées napoléoniennes, et le culte de l'Empereur continue gaillardement

Casiers à étiquettes de la vénérable Maison A.E. Dor, à Jarnac. Pour la plupart, ces étiquettes sont conservées uniquement à titre de souvenir; toutefois, la Maison est de celles qui possèdent encore de très vieilles réserves. ▷

Ce bicorne de Napoléon (à coup sûr, un parmi tant d'autres) est exposé chez Courvoisier. Les firmes qui se font de la publicité avec la mémoire de l'Empereur ne sont pas rares.

son chemin. Dans le grand hall de la Maison Courvoisier, on peut contempler un bicorne et une mèche de cheveux de l'empereur des Français. La mémoire de Napoléon Ier est célébrée tout particulièrement par Courvoisier — dont le slogan international est : « The Brandy of Napoléon ». Pourtant, l'anecdote sur laquelle tout cela s'appuie est franchement mince. En 1815, dit-on, l'Empereur caressa l'idée d'aller trouver refuge en Amérique du Nord. Deux navires furent affrétés, chargés de vivres. Mais finalement, Napoléon résolut de se livrer aux Anglais. Ses biens et la cargaison des navires furent débarqués et convoyés vers Plymouth, où l'ensemble fut rembarqué à bord du *Northumberland*, en partance pour Sainte-Hélène, où l'Empereur finirait ses jours. Les officiers d'escorte britanniques ne tardèrent pas à jeter leur dévolu sur le stock de cognac, qu'ils surent apprécier à sa juste valeur — ce que l'on veut bien croire. Ils baptisèrent la boisson en question : « The Brandy of Napoléon ». En tout cas, nulle part il n'est dit que l'Empereur lui-même ait jamais goûté ce cognac.

De la même façon, la société Camus et nombre d'autres sacrifient au culte de l'Empereur; mais, le nom de celui-ci sert actuellement à désigner un niveau de qualité bien déterminé. Qui n'est ni français ni admirateur de Napoléon ne peut que se réjouir du fait qu'au moins le nom de l'Empereur ne représente pas le sommet de l'échelle de qualité et que, de surcroît, comme pour tous les produits en vente dans le commerce, ce nom désigne du bon comme du moins bon. Il existe même une firme portant le nom de Napoléon, sans pour autant qu'elle jouisse d'un prestige démesuré ou qu'elle soit au contraire dédaignée par les républicains. Les propriétaires de la Maison Nicolas Napoléon (voir le Répertoire) ne vivent pas seulement du cognac, mais en partie de lui – quant à savoir dans quelle mesure ce nom leur est préjudiciable ou bénéfique, c'est difficile à évaluer.

Un autre vocable afférent à la qualité du cognac me semble plus significatif. Le chai, ou le coin du chai dans lequel les plus vieilles réserves sont conservées est baptisé par les gens de la région « le Paradis ». Il en existe d'immenses, tout à fait impressionnants, chez Hennessy, Rémy Martin et Martell, et d'autres, modestes, baignés par une douce pénombre, très romantiques, comme chez Otard, Croizet, Delamain ou A.E. Dor. Âgés de plusieurs dizaines d'années, les cognacs qui y reposent sont de ceux qui font battre le cœur de tout amateur qui se respecte : c'est à bon droit que *Le Paradis* est devenu la

Le Château du Plessis, propriété de la famille Camus, est sis dans le cru des Borderies, au nord-ouest de Cognac.

dénomination du nec plus ultra en matière de cognac de qualité. Le plus vieux cognac portant cette dénomination est très probablement Le Paradis, Héritage Madame Gaston Briand (voir le Répertoire, rubrique Ragnaud Marcel). Le Paradis de Hennessy est une exclusivité mondiale relativement protégée – car, au Japon, Château Paulet (cf. le Répertoire) avait fait enregistrer cette prestigieuse dénomination. Un jour ou l'autre, Hennessy parviendra peut-être à convaincre les gens de Château Paulet de changer d'avis. De même, à l'origine, la meilleure qualité du cognac Léopold Gourmel (cf. le Répertoire) avait été mise en vente sous cette dénomination. Hennessy et Gourmel trouvèrent un terrain d'entente, si bien que, depuis, cette qualité porte un nom tout aussi prometteur: « Quintessence »…

Lorsqu'une entreprise se fait prendre en flagrant délit (ce qui s'est déjà produit) pour avoir mis en vente un cognac n'ayant pas l'âge indiqué sur l'étiquette, aussi richement ornée soit-elle, cette entreprise n'encourt pas seulement de désagréables poursuites judiciaires assorties de lourdes amendes. Une partie de ses stocks peut être déclassée sur décision administrative, perdant ainsi de sa valeur marchande. S'il est établi qu'il s'agit bel et bien d'une fraude, la firme se gardera bien de récidiver, sachant que sans relâche elle aura à dos les contrôleurs venus prélever des échantillons, vérifier l'état des

Le fait qu'elle conserve de vieilles réserves est une garantie que telle ou telle Maison reste capable de produire des cognacs de haut de gamme. La photo du haut a été réalisée au « Paradis » du Château Paulet. Ci-contre, le « Paradis » d'A.E. Dor.

stocks, passer au peigne fin les livres de comptes, etc.
Soit dit en passant, le système d'autosurveillance et de garantie est autofinancé par les producteurs de cognac. Son fonctionnement constitue lui aussi un facteur de coût, que je considère, pour ma part, très rassurant. Les débats engagés en Allemagne (en 1986-1987) à propos de la garantie d'authenticité de la bière m'ont souvent rappelé le refus de tout compromis, refus qui de tout temps a permis de conserver au cognac sa spécificité. Le 14 mai 1791, plusieurs Maisons de cognac firent bloc, dans une déclaration publique de protestation, contre les initiatives consistant à couper les eaux-de-vie de la région (à l'époque, les provinces de la Saintonge et de l'Angoumois) avec celles d'autres régions; c'est une tentative avec une eau-de-vie espagnole qui avait déclenché leurs foudres. La déclaration commune se terminait ainsi : « Par une suite de nos principes, nous avons arrêté et nous nous sommes engagés, sur notre honneur et conscience, de n'acheter ni d'employer à notre su d'autres eaux-de-vie que celles qui seront prouvées être des crus des cidevant provinces de Saintonge et d'Angoumois. »
Certaines signatures apposées au bas de cette déclaration nous sont encore bien connues aujourd'hui : Augier frères; Vve Martell, Lallemand et Co; Arbouin et Zimmerman; Hennessys et Turner; Ranson et Delamain; Guérinet et Robin...

Pierre Frugier, maître de chai de Martell, dans son « Paradis » — un des plus ordonnés que j'aie visités et, aussi, un des plus riches. Celui d'Otard, romantique et plus modeste, se trouve au Château de Cognac.

Mais revenons à la garantie d'âge et aux indications figurant sur l'étiquette. Il s'agit là, comme je l'ai déjà dit, d'une garantie portant sur un âge minimum.

Un 3 étoiles doit avoir séjourné au moins trente mois en fût – mais, en vérité, beaucoup sont nettement plus vieux, certains considérablement, comme vous pourrez le constater dans notre Répertoire. Un VSOP doit avoir vieilli au moins quatre ans et demi en fût; mais, dans les Maisons de prestige, un cognac ayant reposé « seulement » quatre ans dans le bois est pratiquement l'exception. Il n'est pas rare que les VSOP atteignent 8, 10 ou 12 ans d'âge. Le Napoléon ou le XO, avec 6 ans d'âge garantis, auraient plutôt 15 ou 20 ans, l'Extra 25, 40 et plus.

C'est pourquoi la garantie est souvent une information faussement modeste. Elle a trait au plus jeune cognac entrant dans la composition du mélange – lorsqu'il s'agit effectivement d'un mélange (ce qui est le cas la plupart du temps). On pourrait se demander pourquoi cette garantie porte précisément sur six ans – pourquoi pas dix, vingt ou quarante? C'est dans l'Histoire qu'il faut chercher l'explication. Il n'y a en effet pas bien longtemps que les règlements concernant les indications d'âge sont devenus aussi stricts. En 1940 seulement, une décision de justice décréta que la loi de 1905, portant sur la protection des indications relatives à la qualité et à la provenance du cognac, s'appliquerait dorénavant aussi aux indications relatives à l'âge. Jusqu'alors, on avait traité avec la plus grande désinvolture ces indications d'âge, qui figuraient souvent sur l'étiquette avec le millésime. Dans les chais de Cognac, un nombre considérable

Une étiquette aussi détaillée apporte vraiment des informations concernant le contenu de la bouteille. Sur ce cognac Hine mis en bouteilles en Angleterre figurent les millésimes des différents composants mélangés (blended) pour réaliser la coupe.

Les Ménard, de Saint-Même-les-Carrières, sont satisfaits de leur Grande Champagne (de gauche à droite : Pierre, père de Philippe — au centre —, et l'oncle de celui-ci, Guy).

Dans la salle des échantillonnages de Frapin : le maître de chai Guy Jeanneteau, à son poste depuis 1947.

Une étiquette millésimée, de celles désormais interdites en France. Harvey, de Bristol, s'en tient résolument à ce système.

de fûts (et, avec eux, leur contenu) sont beaucoup plus anciens que l'administration compétente actuellement en place. Partant, celle-ci ne dispose d'aucun document qui lui permettrait de déterminer si le contenu d'un fût est correctement daté. Le problème de la garantie fut résolu par une mesure draconienne : depuis 1946, les producteurs sont tenus de prouver l'exactitude de toute indication d'âge figurant sur l'étiquette; mais, pour cela, la seule preuve admise est le Registre du BNIC, lequel fut lui aussi mis en service en 1946. C'est précisément ce registre qui permet de suivre l'évolution d'un cognac, depuis le compte 0 jusqu'au compte 6.

Toutefois, jusqu'en 1962, on pouvait encore trouver sur le marché des bouteilles de cognac habillées d'une étiquette indiquant le millésime. Puis cette inscription fut définitivement proscrite. L'argument justifiant cette interdiction était que, l'autorité compétente ne disposant d'aucun document ancien, elle ne pouvait contrôler les vieux stocks, de sorte qu'aucune garantie n'était possible. Des firmes parfaitement dignes de confiance seraient à même d'apporter une telle garantie, du moins pour les cognacs datant de notre siècle ou, mieux encore, d'après la Seconde Guerre mondiale; les autorités compétentes en la matière ne cachent d'ailleurs pas que, selon elles, « la confiance, c'est bien, le contrôle, c'est mieux » – or, celui-ci est impossible...

La réglementation présente un inconvénient très regrettable, en ce sens qu'elle porte préjudice à la plupart des petites entreprises naguère spécialisées dans les cognacs millésimés (en anglais : « vintage cognac »); dans leur cas, un contrôle eût été facile. En effet, nombre de petits producteurs ont un seul chai et ne réalisent pas d'assemblages. En revanche, cette réglementation sert bien évidemment les intérêts de tous ceux qui effectuent des mélanges plus ou moins complexes, et tout particulièrement les grandes Maisons. On s'y heurte encore aujourd'hui à la réprobation lorsque l'on tente d'aborder ce sujet, tandis qu'auprès des Maisons auparavant très réputées pour leurs cognacs millésimés, comme par exemple Hine, on rencontre un écho nettement plus positif. Lorsque vous découvrez dans le Répertoire d'abondantes informations concernant les millésimes, vous pouvez en déduire que beaucoup de producteurs en parlent ouvertement et que d'aucuns ont quelque peu tendance à fanfaronner – c'est du moins mon avis... Mais l'étiquette n'en mentionnera rien.

Il faut reconnaître que l'argumentation de l'administration et des « grandes Maisons » (mais aussi de nombreuses petites) du cognac tient debout : il serait bien impossible de contrôler avec toute la rigueur nécessaire un si grand nombre de distilleries, de chais, de firmes et, moins encore, de fûts. C'est d'autant plus vrai que l'on ne saurait mettre sur pied une réglementation d'exception destinée aux seules firmes facilement contrôlables, lesquelles seraient susceptibles de l'exploiter à des fins publicitaires. Mais ne s'agit-il pas là d'arguments remontant à une époque antérieure à l'ordinateur et

Vignobles près de Bouteville, en Grande Champagne.

au microprocesseur ? Malgré tout le respect que l'on peut avoir pour la tradition de la fabrication du cognac, on ne voit pas très bien ce qui, en cette aube du XXIe siècle, empêche d'imposer un contrôle et une surveillance plus sévères. Les dépenses à prévoir se réduisent à chacune des évolutions des « puces » et des ordinateurs.

Fin 1985, un tournant assez intéressant semblait se dessiner, ou, du moins, une tentative dans ce sens. Certaines petites Maisons entreprirent en effet de se consacrer à la production de cognacs millésimés; c'était notamment le cas de la jeune Maison Les Antiquaires du Cognac et de la Maison Croizet (Eymard). Meukow lança son « Borderies 1937 ». Pour sa part, Moyet avait mis sur le marché dès 1984 de vieux « assemblages » dont les étiquettes fournissaient des renseignements précis concernant le cru et l'âge des différents composants. Et Prunier, beaucoup plus important, lança en 1987 un « 20 Years Old » « Fins Bois ».

Au terme de l'actuelle réglementation faisant appel au système des « comptes », l'âge du plus jeune ingrédient serait naturellement déterminant aussi pour les indications relatives à l'âge figurant sur les mélanges – mais rien n'empêcherait d'énumérer en clair tous les différents composants... Il n'existerait cependant aucune obligation légale dans ce sens, et l'on peut raisonnablement avancer qu'il ne se trouverait personne pour lire sur une étiquette de cognac une liste de plusieurs dizaines de noms différents dont le mélange compose le contenu de la bouteille. En revanche, rien n'interdirait de présenter une étiquette à la façon de celle reproduite à la page 74, du fabuleux chai de la Maison Grashoff : « T. Hine & Co Cognac-Vintage 1872, 1875, 1878 - Blended 1887 » (suit le nom de la firme qui assura la mise en bouteilles). Nous aurons l'occasion de nous intéresser de plus près au système anglais.

Un autre argument volontiers utilisé consiste singulièrement à objecter qu'une telle profusion d'informations risque de créer la confusion dans l'esprit de la clientèle. Pourtant, cette confusion n'est-elle pas tout aussi grande lorsque le consommateur apprend que, pour un cognac de qualité ★★★, il existe au total une bonne soixantaine de dénominations différentes, parmi lesquelles des sigles dont le public est censé raffoler, comme « EL » ou « GCS », des noms prétentieux, comme le « Prestige », des dénominations prétendant invariablement à un très haut niveau de qualité – lequel n'est souvent qu'illusoire –, comme la « Sélection du Domaine », et ainsi de suite ? (Sur ce thème, je vous renvoie à la fin du présent chapitre.) Comment diable ce consommateur peut-il savoir qu'un VVS a plus de valeur

Nous avons fait cette belle trouvaille en 1977, à Londres. Entre-temps, ce cognac de 1904 (ainsi que quelques autres millésimes ultérieurs qui, à l'époque, existaient encore) a cessé d'être disponible — sauf, bien sûr, chez les amoureux qui en avaient acheté des bouteilles. Certains spécimens font parfois leur apparition lors des ventes aux enchères.

Un monastère près d'Aigre.

qu'un VSS et qu'une « Réserve Spéciale du Maître de Chai » – autrement dit du responsable suprême, pour le cognac, d'une entreprise – ne saurait rivaliser pour ce qui est de l'âge avec une modeste « Vieille Réserve » ? Ce n'est même pas une consolation – au contraire, cela ne fait qu'accroître la confusion – de savoir que l'on ne peut empêcher personne de faire vieillir le cognac le plus jeune en âge – considérant que c'est quand même un minimum de garantie – plus longtemps qu'un autre cognac, théoriquement plus haut classé.

Pour l'amateur de cognac qui s'intéresse aux millésimes, la Grande-Bretagne, à laquelle la Charente doit tant, est une véritable île au trésor : depuis de nombreuses décennies, elle est son plus gros client, sans compter qu'elle est également la patrie d'origine de célèbres familles de producteurs aujourd'hui établies dans la région de Cognac. En Angleterre, donc, on trouve encore le « vintage cognac », c'est-à-dire le millésimé.

Il ne date pas pour autant de l'époque de Mathusalem, mais d'un passé beaucoup plus récent. Souvent, l'étiquette ne donne pas qu'une seule date, mais également la durée du séjour dans le fût. Il s'agit d'un cognac importé en fût, mais qui reste stocké sous douane avant d'être mis en bouteilles, sous un contrôle administratif très strict. Il y a des tentatives en France pour imposer au cognac un embouteillage directement chez le producteur, autrement dit d'écarter du circuit la spécialité britannique. De tels efforts ne peuvent que desservir la glorieuse réputation du cognac et de sa mère patrie.

Le stockage, sous un climat maritime comme le climat anglais, présente des effets particuliers. Dans les barriques fortement poreuses, le cognac continue à respirer, subissant d'autant l'influence de ce climat. Au fil du temps, il acquiert un goût plus moelleux, légèrement différent et d'autant plus marqué que ce stockage en fût a duré longtemps; les cognacs de première qualité deviennent tout aussi sublimes que leurs meilleurs homonymes ayant mûri dans les chais français. C'est ainsi que s'est créée une nouvelle aristocratie dans les règles du grand art : l'*early landed late bottled* (« arrivé tôt, mis en bouteilles tard »). Cet « arrivage de bonne heure » ne se réfère pas à un débarquement du produit aux premières lueurs du jour, mais au fait que le cognac contenu dans le fût était encore jeune lorsqu'il a traversé la Manche. En revanche, la « mise en bouteilles tardive » parle de soi – le nombre d'années étant indiqué sur l'étiquette. Le client ne pourrait espérer être mieux renseigné.

On peut faire encore aujourd'hui plus d'une trouvaille historique : des cognacs millésimés de firmes encore en exercice et qui, théoriquement, ne devraient plus vendre leurs produits sous une étiquette rédigée ainsi (à supposer qu'elles possèdent encore de telles réserves), et des qualités de cognac qui, pour une raison ou une autre, ne sont plus produites en France. Certains clients britanniques traditionnels ont leurs propres marques, pour le compte desquelles un producteur élabore le cognac selon la formule désirée – lequel sera ensuite stocké durant une longue période en dépôt de douane. Les cognacs de Harvey's, à Bristol, ou encore de Berry Brothers & Rudd, à Londres, comptent depuis fort longtemps parmi les plus remarquables ambassadeurs du produit français. A cet égard, vous trouverez également dans le Répertoire toute une série d'adresses anglaises dignes d'être mentionnées.

Pour récapituler, je dirai ceci : la pratique montre – et les producteurs de cognac s'affairent activement dans ce sens – que la hiérarchie de l'âge est plus importante que celle de l'appellation, du cru. Un grand âge et un grand cru peuvent donner une boisson magnifique. Un cognac de Grande Champagne de 40, 50 ans d'âge ou plus, dès lors qu'il a toujours été impeccablement soigné, est difficilement surpassable. Néanmoins, il existe un bon nombre de « coupes » de cet âge qui ont leur place dans une classe de qualité tout aussi noble. Et un Borderies ou un Fins Bois très vieux et non coupé de chez un bon producteur peuvent parfaitement évincer de vieux cognacs de crus classés plus haut dans la hiérarchie – a fortiori, ceux plus jeunes que lui. Autrement dit, d'abord l'âge, puis le cru...

Pour le cognac, dont la qualité est tellement dépendante de la durée du séjour en bois, l'année de naissance (le millésime) est loin d'être aussi importante que, par exemple, pour un bordeaux ou un bourgogne. Toutefois, on connaît des années plus ou moins bonnes pour le cognac – encore qu'évidemment, l'impact de ces variations de qualité se trouve atténué par le fait que la plupart des cognacs sont obtenus par le mélange de produits d'années différentes. Vous trouverez ci-après un récapitulatif des « millésimes » – à considérer cependant sous toutes réserves –, que j'ai pu constituer à partir de différentes sources (Guy Renvoisé : *Eaux-de-vie et liqueurs*; Lafon/Couillaud/Gay-Bellile : *Le Cognac*; et Jacques Boursaud, dans le *Bottin Gourmand* de Jean Didier) :

Très bonnes années :
1929 – 1937 – 1939 – 1946
1947 – 1948 – 1957 – 1964

Ces bouteilles proviennent de la chambre au trésor de la Maison Castillon-Renault (dont un des ancêtres était la Maison Pinet, Castillon & Co, fondée en 1814).

La vieille ville de Cognac : une ruelle longeant le château. ▷

Bonnes années :
1893 – 1924 – 1928 – 1940
1941 – 1942 – 1943 – 1950
1952 – 1954 – 1958 – 1961
1962 – 1967

Années relativement bonnes à moyennes :
1938 – 1944 – 1951 – 1953
1955 – 1956

Années médiocres à mauvaises :
1934 – 1936 – 1945 – 1949
1959 – 1960 – 1963 – 1965
1966 – 1968 – 1972

L'année 1969 est jugée relativement mauvaise par Boursaud, et bonne par Lafon/Couillaud/Gay-Bellile.

Un bon nombre d'années sont absentes de cette liste. Cependant, je suis heureux de pouvoir certifier que les cognacs des années 1893 et 1929 sont aujourd'hui excellents, de même, je ne puis qu'applaudir avec enthousiasme le millésime 1914, tant pour les cognacs de Grande Champagne que pour ceux des Fins Bois. Mais il y a aussi l'année 1904 qui a donné, après une mise en bouteilles au terme de quelque soixante-treize ans en fût, le « Grande Champagne des Héritiers », de Berry Brothers & Rudd, un des tout grands cognacs (malheureusement épuisé aujourd'hui). Au fil de son long séjour dans le fût, son titre était tombé à 38,85 % volume, de sorte qu'au terme de la législation française, il ne pouvait plus être commercialisé sous l'appellation Cognac. De même, ces dernières années, il existait encore un excellent cognac Delamain de 1920.

Ces quelques remarques ne signifient pas que le « mariage » de différents millésimes, tel que le pratiquent la plupart des grandes Maisons, ne produise pas des cognacs de toute première qualité – même si ces Maisons ne peuvent faire figurer sur l'étiquette un millésime donné.

À cet égard, j'ajouterai un mot sur la question de savoir s'il existe encore des cognacs très vieux et parfaitement authentiques, comme ceux qui font parfois (encore que très rarement) leur apparition dans les ventes aux enchères ou en d'autres occasions. Un « Roi de Rome 1811 », ainsi que d'autres millésimes affichant un âge tout aussi vénérable ont soulevé, surtout en France et en Grande-Bretagne, des controverses passionnées. De fait, en France, au milieu des années 1930, un scandale éclata, qui engendrerait par la suite une solide méfiance : un très jeune cognac présenté dans de vieilles bouteilles toutes poussiéreuses était vendu dans le commerce sous l'étiquette « Grande Champagne 1811, Réserve de l'Empereur », en particulier chez les antiquaires. Or, il s'agissait en réalité d'une eau-de-vie de 1930-31.

Lorsqu'un très vieux cognac millésimé fait surface, on sait d'emblée que, dans le meilleur des cas, seule la bouteille peut s'enorgueillir de son grand âge. Car, pour ce qui est du cognac lui-même, il n'a jamais que l'âge de son séjour en bois. Et quand on vante un cognac ayant séjourné quatre-vingt-dix, cent ans ou plus dans le bois, il faut savoir

Dommage que les fûts ne puissent pas profiter de la vue depuis cette fenêtre (en principe fermée)... Nous sommes ici au chai « Renard » de Courvoisier, au bord de la Charente, à Jarnac.

La Maison Gautier, à Aigre : riche d'une longue tradition, c'est une grosse Maison parmi les « petites » du monde du cognac.

qu'en raison de l'évaporation, il ne reste pratiquement plus rien du contenu original du fût : il ne peut s'agir que du cognac d'appoint qui aura été rajouté au fil du temps pour compléter le niveau des fûts. Même si cognac d'origine et cognac d'appoint avaient été du même âge – ce qui est tout à fait concevable pour une Maison disposant d'énormes réserves –, il n'en reste pas moins qu'au plan gustatif, le cognac en résultant n'aurait sans doute pas de quoi faire se pâmer les amateurs : ce cognac serait plutôt fade et fortement imprégné du goût de bois. En règle générale, passé soixante-quinze, quatre-vingts ans en barriques, un cognac cesse de se bonifier – au contraire, il commence à se dégrader. Dans plusieurs Maisons, j'ai goûté du cognac de cet âge à la tireuse. Si on le conservait, ce n'était pas tant pour sa qualité gustative que parce qu'un très vieux cognac, ajouté à très faible dose dans un fort volume de cognac plus jeune, peut rehausser à merveille le bouquet et le goût de ce dernier. Chez Otard, j'ai encore trouvé en 1983 un cognac de 1873 dans son fût : il avait beaucoup de nez et restait excellent pour les mélanges, mais, bu tout seul, il était tout juste passable. Durant son séjour dans le bois, son degré d'alcool était tombé à seulement 26 % volume. Chez Martell, on conserve dans de grandes bonbonnes de verre (où il a été transvasé en 1961) un cognac de 1830, c'est-à-dire qu'il a séjourné cent trente et un ans en bois : à l'évidence, il n'est plus buvable tel quel. Mais quel nez ! Encore vraiment fabuleux...

Pratiquement toutes les vieilles Maisons conservent de tels trésors, avec lesquels elles ennobliront leurs cognacs de haut de gamme – encore que la plus grande partie de ces trésors ne soit pas conservée dans des fûts. Mes diverses dégustations m'ont appris que les cognacs du siècle dernier abondent encore à l'heure actuelle, et qu'ayant été mis en bouteilles après un séjour de cinquante à soixante-quinze ans en fût, ce sont de grands cognacs (l'un des plus grandioses, chez Martell, est un cognac de 1875, mis en bonbonne quarante-neuf ans plus tard, en 1924, et qui titrait encore 45 %). Mais ces cognacs ne sont plus commercialisés tels quels : ils servent à améliorer les produits actuels de haut de gamme.

Les merveilleuses bouteilles anciennes, dont on ne voit malheureusement plus guère que l'étiquette millésimée et qui ne sont pratiquement plus jamais utilisées pour la consommation, peuvent, quand on est en veine, contenir un produit d'une très grande qualité. J'ai eu l'occasion de goûter, voilà quelques années, le « Roi de Rome 1811 » acheté aux enchères par Jürgen Schmidt pour le compte de la Maison Grashoff de Brême – il était fabuleux. Au demeurant, Grashoff possède encore quelques spécimens de « Réserve de l'Empereur 1811 ». Rien ne prouve que ces cognacs ne soient pas authentiques. Il y a quelque temps, le critique gastronomique du *Monde*, Courtine, a découvert une bouteille de cette série dans la cave à vins de l'*Hôtel de Paris*, à Monte-Carlo, lequel existe depuis 1863 (à l'époque, une telle acquisition n'était sûrement pas aussi précieuse qu'aujourd'hui). D'autres restaurants aussi ont ce genre de bouteilles dans leurs caves; « La Tour d'Argent », à Paris, en a de plus vieilles encore. On peut toujours contempler la vénérable antiquité en se tenant à une distance respectable – mais pour ce qui est de déguster, pour ma part je n'ai pas eu cette chance...

En 1984, la « Pyramide », à Vienne, possédait encore un Château Paulet de 1811; « Taillevent », à Paris, un Logis de Marville de 1860; Alain Chapel, de Mionnay, un Nicolas Grande Champagne de 1858. Un autre restaurant où l'on peut voir un nombre fantastique de précieuses bouteilles – et même en déguster – est l'Auberge Hosman Frères à Schiedam, près de Rotterdam. Aux enchères, pour les cognacs du siècle dernier, il faut compter pas moins de 3 000 à 15 000 francs la bouteille.

Dans tous les cas, il convient d'être particulièrement pointilleux concernant le bouchon. Au fil du temps, celui-ci rétrécit, n'étant pas fait pour résister au pouvoir corrosif de l'alcool durant une aussi longue période. C'est pourquoi il aura été nécessaire de le changer à plusieurs reprises. Un bouchon ratatiné laisserait passer l'air, ce qui, pour le cognac, signifierait une ruine lente et inexorable.

Cela dit, pour ma part, en matière de vieilles bouteilles, j'ai eu jusqu'à présent plus de chance que de malchance. D'ailleurs, pourquoi le cognac, qui demande tant d'années avant d'atteindre le summum de sa qualité, ne pourrait-il pas, une fois dans sa bouteille, faire pendant longtemps le bonheur de celui qui le conserve ? À condition, bien sûr, que cette bouteille ne repose jamais couchée, mais debout.

L'étiquette du cognac et les inscriptions autorisées relatives à l'âge

L'âge indiqué doit se rapporter uniquement au composant le plus jeune.
(Les différents termes sont ici présentés dans l'ordre conforme au classement du BNIC.)

COMPTE 2

Au moins deux ans en fût à partir du 1er avril suivant la distillation. Ce compte englobe les cognacs suivants :

« ★★★ », « 3 ÉTOILES », « SÉLECTION », « DE LUXE », « VS », « GRAND CHOIX » ou « SURCHOIX », ainsi que :

★	(1 Étoile)
★★	(2 Étoiles)
★★★	(3 Étoiles)
★★★★	(4 Étoiles)
★★★★★	(5 Étoiles)

AMBASSADE
ANNIVERSAIRE
ARMOIRIES

BLASON
BLOND

CARTE BLANCHE
CHOIX DE LA MAISON
CONSTELLATION
COURONNE
CREST[1]
CROWN[1]

DIPLOMAT[1]
DRAPEAU
DRY[1]

ÉCHANSON
ÉCUSSON
ÉCUSSON ROUGE
EL
ÉLÉGANCE

FESTIVAL
FIN
FLEURONS

GALA
GASTRONOMIE
GCS

MAISON
MAJOR
MONDIAL
MON GÉNÉRAL
MONOPOLE
MONSIEUR

ONE CLUSTER[1]
ONE SHIELD[1]

PAVILLON
PRÉDILECTION
PRESTIGE
PRIVILÈGE
PROMOTION

QUALITÉ SPÉCIALE

RASSIS
RECORD
RÉGAL
RÉGAL DES GOURMETS

SANS SOUCI
SE SPÉCIAL EUROPE
SÉDUCTION
SELECT[1]
SÉLECTION ★★★
SÉLECTION DU DOMAINE
SÉLECTION DU LYS
SÉLECTION SPÉCIALE
SL SPECIALLY LIGHT[1]
SIGNATURE
SOLEIL
SOUVENIR
SPÉCIAL
SPÉCIAL ★★★
SPÉCIAL DRY[1]
SPÉCIAL GASTRONOMIE
SPÉCIAL POUR CUISINE
SPÉCIAL POUR FRUITS
SPÉCIAL PROPRIÉTAIRE
SPECIAL SELECTION[1]
SPLENDID SELECTION[1]

THREE CLUSTERS[1]
THREE CROWNS[1]
THREE SHIELDS[1]
TROIS COURONNES
TROIS DIAMANTS
TROIS ÉTOILES LUXE
TROIS POIGNARDS
TROPICAL DE LUXE
TWO CLUSTERS[1]
TWO SHIELDS[1]

VERY SPECIAL[1]
VL
VSS

de même que tous les termes et abréviations équivalents.

COMPTE 3

Au moins trois ans en fût. Entrent dans cette catégorie les qualités suivantes de cognac :

« SUPÉRIEUR », plus de cinq étoiles.

CUVÉE SUPÉRIEURE
CUVÉE TRÈS BONNE
GRANDE SÉLECTION
QUALITÉ SUPÉRIEURE

et tous les termes et abréviations équivalents.

COMPTE 4

Au moins quatre ans en fût :

« VIEUX », « VO », « VSOP », « RÉSERVE », ainsi que :

QUALITÉ RARE
RARE
VERY SUPERIOR OLD PALE[1]
VOP, VSO,
VVS

de même que tous les termes et abréviations équivalents.

COMPTE 5

Au moins cinq ans en fût :

« VVSOP », « GRANDE RÉSERVE », ainsi que :

PRIVATE RESERVE[1]
RÉSERVE DE MA CAVE
RÉSERVE DU CHÂTEAU
RÉSERVE DU DOMAINE
RÉSERVE FAMILIALE
RÉSERVE DU LOGIS
RÉSERVE MAISON
RÉSERVE PARTICULIÈRE

Trois marques de cognac disparues. Ces bouteilles sont exposées au musée du Cognac.

[1] Si les bouteilles sont destinées au marché français, ces noms doivent être traduits ou écrits en français.

RÉSERVE PERSONNELLE
RÉSERVE (DU) PRODUCTEUR
RÉSERVE DU PROPRIÉTAIRE
RÉSERVE DE LA PROPRIÉTÉ
RÉSERVE SPÉCIALE DU MAÎTRE DE CHAI
RÉSERVE SUPÉRIEURE
RÉSERVE DU VIEIL ALAMBIC
RÉSERVE DU VITICULTEUR
SOUVENIR VSOP

et tous les termes et abréviations équivalents.

Ce millésime 1865 provient de la chambre au trésor de Jürgen D. Schmidt : il s'agit d'un cognac Dessandier, une marque aujourd'hui disparue. Nous avons retrouvé les dernières traces de ce cognac dans un registre des exportations de l'année 1894 : via les grands ports de transit du cognac, la Maison avait expédié un chargement équivalant à environ 70 000 bouteilles.

COMPTE 6

Au moins six ans en fût :

« EXTRA », « XO », « NAPOLÉON », « ROYAL », « TRÈS VIEUX », « VIEILLE RÉSERVE »; ainsi que tous les noms comportant le mot « OR » et les dérivés de celui-ci, tous les noms se référant à un personnage historique, et toutes les bouteilles numérotées.
Autres dénominations :

ÂGE D'OR
ANCESTRAL
ANCESTRALE RÉSERVE DE FAMILLE

CASQUE D'OR
CONSUL
COUR IMPÉRIALE

DIRECTOIRE

EXCELLENCE
EXTRA VIEILLE OR
EXTRA VIEUX

FLAMME D'OR

GOLD[1]
GOLD RESERVE[1]
GOUTTE D'OR
GRAND ÂGE
GRAND AIGLE
GRAND SIÈCLE
GRANDE ARMÉE

HÉRITAGE
HORS CLASSE

HORS PAIR

IMPÉRIAL

MARÉCHAL
MATHUSALEM
LE MEILLEUR DE LA MAISON

NEC PLUS ULTRA

OLD VINTAGE[1]

RÉGENCE
RÉSERVE DES ANCÊTRES
RÉSERVE DES GRANDS DUCS
RÉSERVE LIMITÉE
RÉSERVE PERSONNELLE LIMITÉE
ROYAL QUALITY[1]

SANS ÂGE
SANS RIVAL
SÉLECTION DES ANCÊTRES
SUPRÊME

TRADITION IMPÉRIALE
TRÈS RARE
TRÈS VIEILLE RÉSERVE
TRÈS VIEUX

VÉNÉRABLE
VIEILLE RÉSERVE
VIEILLE RÉSERVE ANCESTRALE

XL

et tous les termes et abréviations équivalents.

Le Château Courvoisier, à Jarnac, vu depuis la rive opposée de la Charente.

Cette ancienne affiche publicitaire est exposée au musée de Cognac.

III. LE COGNAC POUR LES PROFESSIONNELS

Un produit international

Le cognac jouit d'une vieille tradition internationale, non seulement parce que la grande majorité des consommateurs de cognac vit hors de France, mais également grâce aux producteurs eux-mêmes. Martell était originaire de l'île de Jersey, Hennessy d'Irlande, Hine d'Angleterre, et les ancêtres Delamain avaient vécu de longues années en Angleterre et en Irlande avant de revenir en France pour s'installer à Jarnac et se lancer dans la production de cognac. Des immigrants scandinaves comme Braastad et Larsen sont maintenant des familles françaises à part entière. L'Allemand A.J. Beimert s'est établi en Charente au lendemain de la guerre; depuis 1983, sa distillerie, à Merpins, produit son propre cognac, Baron de Montignac. De surcroît, une part importante du négoce de cognac appartient à des entreprises sises à l'étranger.

La plus ancienne firme de cognac existant à l'heure actuelle, Augier, est devenue voici plusieurs décennies une filiale du consortium américano-canadien des spiritueux, Seagram. Par l'entremise de Hiram Walker Gooderham & Worts Ltd., Courvoisier et Salignac appartiennent au consortium britannique

Une affiche publicitaire du bon vieux temps.

Allied-Lyons (51 %); les 49 % restants sont détenus par GW Ltd. (anciennement Gulf Canada). Hine, Denis Mounié, Comandon et Guy Gautier font partie du groupe britannique Guinness; fin 1986, le cognac Otard est passé sous le contrôle du consortium anglais de la brasserie Bass Charrington (via la société Alexis Lichine de Bordeaux).

Une création particulièrement prospère du groupe italien Martini & Rossi est le cognac Gaston de Lagrange; outre le fait qu'ils sont actionnaires majoritaires de la firme Saint-Raphaël, apéritifs et spiritueux, les Italiens détiennent également une part minoritaire de la Maison Otard. De même, le groupe italien Cynar a longtemps été propriétaire de l'AMAD et de sa marque principale, Laroche, jusqu'en 1986, année où l'AMAD est passée sous le contrôle de Prunier.

La firme allemande Asbach de Rüdesheim est non seulement propriétaire d'un gros producteur d'eaux-de-vie charentaises, le Domaine du Chillot – lequel produit ses propres cognacs : Guy de Bersac, Cognac des 3 Empereurs, de Martignac –, mais également, depuis le début 1987, à la tête de la Maison de cognac Monnet (depuis que Seagram a pris le contrôle de Scharlachberg, ancien propriétaire de Monnet).

CHÂTEAU D'ARTIGNY
Veigné

EAUX-DE-VIE DE COGNAC

A.E. Audry,
vieille fine champagne «Memorial». 70 f
A.E. Audry,
très vieux cognac fin bois. 115 f
A.E. Audry,
très ancienne petite champagne. 155 f
A.E. Audry,
très ancienne grande champagne. 200 f
A.E. Dor,
«Hors d'âge». 75 f
A.E. Dor,
très vieille grande champagne «Age d'or». 200 f
A.E. Dor,
très vieille grande champagne «Excellence». 200 f
A.E. Dor,
très vieille grande champagne «Prince Impérial». 200 f
A.E. Dor,
très vieille grande champagne «Napoléon III». 250 f
A.E. Dor,
très vieille grande champagne «Louis-Philippe». 250 f
Barclay,
fine champagne «Old gold card». 100 f
Camus
«Napoléon». 55 f
Camus
«Napoléon Extra». 110 f
Camus
«X.O.». 120 f
Courvoisier,
fine champagne. 40 f
Courvoisier,
«Napoléon». 55 f
Courvoisier,
«Extra vieille». 110 f
Croizet,
fine champagne «Bonaparte». 60 f
De Lagrange,
grande champagne très vieille «Prestige». 65 f
Delamain,
grande champagne «Pale and dry». 50 f
Delamain,
fine champagne «Vesper». 70 f
Delamain,
grande champagne «très vieux». 100 f
Denis Mounié,
très vieille fine champagne «Edouard VII». 80 f
De Salignac,
très vieille grande champagne. 120 f
Duboigalant,
fine champagne vieille. 50 f
Duboigalant,
grande fine champagne très vieille. 65 f
Duboigalant,
grande fine champagne très vieille réserve. 115 f
Frapin,
«V.S.O.P.». 40 f
Frapin,
grande champagne «Château de Fontpinot». 50 f
Frapin,
grande champagne «Très vieille grande réserve». 70 f
Godet,
grande fine champagne. 75 f
Hennessy,
fine champagne «V.S.O.P.». 40 f
Hennessy,
«Napoléon bras d'or». 45 f
Hennessy,
«X.O.». 65 f
Hennessy
«Extra». 100 f
Hennessy,
«Paradis». 160 f
Hine,
très vieille fine champagne «Antique». 55 f
Hine,
très vieille grande champagne «Triomphe». 100 f
Leyrat,
vieille réserve «Domaine de chez Maillard». 50 f

Quelques cartes de cognac

Rien n'oblige les restaurants et les bars à nous présenter des cartes de cognacs aussi rébarbatives que celles que l'on voit trop souvent. Les quelques exceptions suivantes sont là pour en témoigner (fort heureusement, il en existe une poignée d'autres). Les cartes reproduites ici ont été ramenées à un format identique pour répondre aux exigences de la mise en pages; mais il est bien évident que les originaux peuvent différer considérablement, tant par leur format que par leur présentation.

Concernant le restaurant parisien 3 étoiles « Taillevent », nous donnons seulement un choix de ses très vieux cognacs (l'adresse de Taillevent : 15, rue Lamennais, 75008 Paris; tél. 45 61 12 90).
Dans les bons restaurants parisiens, on vous sert généralement une dose de 4 à 7 cl (et sans doseur !); dans les restaurants américains, cette dose est de 4 ou 5 cl.
Dans certains pays, en revanche, la dose est seulement de 2 cl.
Les prix donnés étaient ceux pratiqués au printemps 1986.

Leyrat,
brut de fût «Hors d'âge». 75 f
Leyrat,
très vieille réserve «sélection Edgard Leyrat». 105 f
Maine Brun,
vieille réserve. 40 f
Marchive
«Napoléon». 45 f
Marchive
«très vieille réserve». 80 f
Martell
«Médaillon». 40 f
Martell
«Cordon bleu». 50 f
Martell
«Extra». 125 f
Merlin,
fine petite champagne «Réserve». 45 f
Merlin,
fine petite champagne «hors pair». 90 f
Meukow,
«très vieux, rarissime». 110 f
Normandin,
grande champagne réserve. 40 f
Normandin,
très vieille grande champagne. 50 f
Normandin,
vieille fine champagne. 120 f
Otard,
fine champagne «V.S.O.P.». 40 f
Otard,
vieille fine champagne «Princes de Cognac». 55 f
Otard,
«X.O.». 75 f

Polignac,
grande fine champagne «Dynastie». 65 f
Ragnaud Marcel,
Domaine de la Voûte à Ambleville.
Ragnaud Marcel,
grande champagne «réserve spéciale». 45 f
Ragnaud Marcel,
grande fine champagne «grande réserve Fontvieille». 75 f
Ragnaud Marcel,
grande champagne «Héritage Mme Paul Ragnaud». 170 f
Ragnaud Marcel,
grande fine champagne «Héritage Mme Gaston Briand». 220 f
Ragnaud Raymond,
le Château à Ambleville.
Ragnaud Raymond,
grande champagne «Tierçon André Paul». 105 f
Ragnaud Raymond,
grande champagne «réserve familiale». 100 f
Ragnaud Raymond,
grande champagne «réserve ancestrale». 100 f
Rémy Martin,
fine champagne, «V.S.O.P.». 40 f
Rémy Martin,
fine champagne, «Centaure Napoléon». 65 f
Rémy Martin,
fine champagne, «Centaure X.O.». 75 f
Rémy Martin,
grande champagne, «Louis XIII». 350 f

Service 15 % inclus
Dégustation de 3 cognacs à votre choix 115 f

à l'exception de
A.E. Dor, «Napoléon III» et A.E. Dor «Louis-Philippe»
Ragnaud «Héritage Briand» et Rémy Martin «Louis XIII» 160 f

L'hôtel de luxe « Château d'Artigny » est situé à 2 km de Montbazon, sur la D 17, à environ 12 km au sud de Tours. Adresse postale : 37 250, Veigné. Tél. 47 26 24 24. Membre des « Relais et Châteaux ».

Une dégustation de trois (petites) doses de cognac — une excellente idée.

GRASHOFF'S BISTRO
Brême

	Preis 4cl DM
COGNAC GRASHOFF	
Grande Champagne · *40%*	8,—
Grande Champagne · *très vieille · 40%*	12,—
TIFFON (Sélection Grashoff)	
Fins Bois	8,—
RANSON (Sélection Grashoff)	
Très vieille Grande Champagne	15,—
CHATEAU PLESSIS 1945 (Sélection Grashoff)	
Borderies · *très vieille Réserve No. 39 · 40%*	35,—
NORMANDIN-MERCIER (Sélection Grashoff)	
Grande Champagne · *très vieille Réserve No. 91 · 40%*	40,—
CROIZET (Sélection Grashoff)	
Grande Champagne · *Lot 33 · 40%*	50,—
BRIAND GASTON Mme.	
Grande Champagne · *46%*	45,—
COURVOISIER	
Grande Fine Champagne · *extra vieille · 40%*	30,—
DELAMAIN	
Grande Fine Champagne · *Vesper · 40%*	17,50
Grande Champagne · *très vieille · Réserve de la Famille · 43%*	50,—
FRANSAC	
Extra Exception · 43%	30,—
GASSIES	
Fine Champagne · *Napoléon · 40%*	20,—
Fine Champagne · *VAT 93 · 40%*	40,—
GOURMEL	
Fins Bois · *Quintessence · 43%*	25,—
HENNESSY	
XO · 40%	22,50
Paradis · 40%	45,—
HINE	
Grande Champagne · *Family Reserve · 45%*	30,—
LEYRAT, Edgard	
très vieux · 43%	30,—

Une affiche publicitaire du musée du Cognac. Comandon existe toujours, après avoir maintes fois changé de propriétaires. ▷

Une bouteille de cognac Napoléon 1811... dont il ne reste malheureusement que quelques sœurs.

	Preis 4cl DM
MAXIM'S	
Grande Fine Champagne · *Réserve du Prince Eugène · 40%*	20,—
MARTELL	
Cordon Argent Extra · 44%	35,—
MEUKOW	
Rarissime · 41,3%	30,—
OTARD	
Extra · 40%	30,—
PEUCHET	
Fine Champagne · *40%*	12,—
Grande Champagne · *Réserve de L'Empereur · 40%*	15,—
Grande Fine Champagne · *très vieille · 40%*	14,—
Grande Champagne · *Tierçon vénérable · 40%*	15,—
RAGNAUD MARCEL	
Grande Champagne · *Réserve Spéciale · 43%*	10,—
Grande Champagne · *Fontvieille · 44%*	20,—
Grande Champagne · *Héritage Madame P. Ragnaud · 41%*	60,—
REMY MARTIN	
Centaure XO · 40%	25,—
ROYER	
Grande Fine Champagne · *Extra · 40%*	25,—
SALIGNAC	
Grande Fine Champagne · *très vieille · 43%*	30,—

ERNO'S BISTRO
Francfort

	4 cl DM
Bisquit Dubouché *Extra Vieille* *Grande Fine Champagne*	30,–
Bouju Daniel *Très Vieux* *Grande Champagne*	32,–
Camus *Napoléon* *Grande Champagne*	28,–
Château de Fontpinot *Fine Champagne*	24,–
Courvoisier **** Luxe* *Fine Champagne*	12,–
Courvoisier *Extra Vieille* *Grande Fine Champagne*	32,–
Delamain *Pale & Dry* *Très Belle Grde Champagne*	18,–
Delamain *Extra Vieux* *Grande Champagne*	28,–
Delamain *Réserve de la Famille* *Très Vieille Grde Champagne*	42,–
Dubreuil J. Heriard *Très Vieux Réserve* *Grande Fine Champagne*	30,–
Dudognon Raymond *Réserve des Ancêtres* *Grande Fine Champagne*	38,–
Dudognon Raymond *Extra Hors d'Age* *Grande Fine Champagne*	28,–
Gassies & Co. *Vat 93* *Fine Champagne*	22,–
Giraud Paul *Vieille Réserve* *Grande Fine Champagne*	18,–
Gourmel Léopold *à l'âge d'Epices* *Fins Bois*	24,–
Gourmel Léopold *Quintessence* *Extra Fins Bois*	30,–
Hardy A. *Noces d'Or Très Vieille* *Grande Champagne*	24,–
Hennessy *VSOP* *Fine Champagne*	15,–
Hennessy *Napoléon* *Fine Champagne*	24,–
Hennessy *XO* *Fine Champagne*	30,–
Hennessy *Paradis* *Grande Champagne*	45,–
Hine *Antique* *Vieille Fine Champagne*	32,–
Hine *Triomphe* *Très Vieille Fine Champagne*	40,–
Legier Elisée *Hors d'Age* *Fine Champagne*	18,–
Leyrat Edgard *Très Vieux* *Fins Bois*	30,–
Martell *Extra* *Grande Fine Champagne*	38,–
Martell *Cordon Bleu* *Fine Champagne*	32,–
Martell *Cordon Argent* *Grande Fine Champagne*	44,–
Denis-Mounié *Edouard VII* *Très Vieille Fine Champagne*	32,–
Normandin-Mercier *Très Vieille* *Grande Champagne*	35,–
Otard *Princes de Cognac* *Vieille Fine Champagne*	24,–

Le domaine de la famille Hériard-Dubreuil (Rémy Martin).

Erno's Bistro : Liebigstraße 15. Tél. 069-72 19 97.

	4 cl DM		4 cl DM
Paulet *Très Vieille* *Borderies*	24,–	Rémy Martin *Age Inconnu* *Grande Fine Champagne*	30,–
Polignac *Dynastie* *Grande Fine Champagne*	34,–	Rémy Martin *Centaure Napoléon* *Grande Fine Champagne*	30,–
Ragnaud Marcel *Fontvieille Réserve* *Grande Fine Champagne*	24,–	Rémy Martin *Centaure Cristal* *Fine Champagne*	34,–
Ragnaud Marcel *Héritage Madame Gaston Briand* *Grande Fine Champagne*	50,–	Rémy Martin *Centaure Extra* *Fine Champagne*	44,–
Ragnaud Héritage G. Briand *Le Paradis* *Grande Fine Champagne*	60,–	Rémy Martin *Louis XIII* *Grande Champagne*	60,–
Rémy Martin *VSOP* *Fine Champagne*	15,–	Ricard Gilbert *Hors d'Age* *Grande Champagne*	24,–

RESTAURANT GRAF ZEPPELIN
Stuttgart

	4 cl DM
Cognac VSOP (Hardy, Martell, Courvoisier)	11,—
Rémy Martin VSOP	11,50

	Âge	4 cl DM
Borderies		
Château Paulet	env. 80	29,—
Fine Champagne		
Martell Cordon Bleu	env. 30	14,50
Rémy Martin Centaure Extra	env. 50	29,50
Grande Champagne		
Hardy Noces d'Or	env. 50	15,—
Exshaw Age d'Or	env. 30	15,—
Courvoisier Extra Vieille	20–30	24,50
Martell Extra	50–60	29,—
Delamain Très Vieux	50–60	29,—
Hennessy Paradis	50–70	34,—
Héritage Ragnaud	70–80	49,—

Graf Zeppelin : Arnulf-Klett-Platz. Tél. 0711-29 98 81.

LA CAGOUILLE

Paris

Propriétaire : Gérard Allemandou

LES MARQUES

Grand et petit négoce, Cognac et Fine.

		F
Croizet	Napoléon	40,–
Renault	XO	50,–
Paulet	Age inconnu	60,–
Tiffon	VSOP	30,–
	Extra	45,–
Hennessy	VSOP	35,–
	XO	50,–
Normandin Mercier	Vieille Fine	35,–
Hine	Antique	50,–
Salignac	VSOP	35,–
Martell	VSOP	35,–
	Napoléon	45,–
Courvoisier	VSOP	35,–
	Napoléon	45,–
Denis Mounié	Edouard VII	45,–
Delamain	Vesper	45,–
Moyet	Fine Champagne	35,–
Audry	Mémorial	35,–

LES CRUS

Bois d'Oléron, Fins Bois, Borderies, Petite et Grande Champagne.

Bois d'Oléron		
Coulon	VSOP	30,–
Tardet	Napoléon	40,–
Fins Bois		
C.V.L.S.	Vieuboizé	35,–
Brard Blanchard	VSOP	30,–
	Vieille Réserve	40,–
Castaigne	VSOP	30,–
	Réserve	40,–
	Extra	50,–
Gacon	VSOP	35,–
Renaud	Hors d'Age	40,–
Boutinet	Napoléon	35,–

Restaurant La Cagouille :
89, rue Daguerre, 75014 Paris.
Tél. 43 22 09 01.

MA COLLECTION PERSONNELL

	F
Ragnaud Raymond	
Héritage	120,–
Dubreuil	
Grande Champagne	100,–
Rémy Martin	
Exceptionnelle	300,–
Philipon	
Réserve	250,–
Moyet	
Grande Fine	120,–
Grande Champagne	100,–
Ragnaud Marcel	
Héritage	120,–
Paradis	150,–
Audry	
Exceptionnelle´	– *
Dubiny, 1951	
Borderies	80,–
Les Antiquaires du cognac, 1949	
Fins Bois	100,–
Porchaire, 1939	
Fins Bois	– *
Bitaud, 1937	
Grande Champagne	80,–

	F
Robin, 1920	
Grande Champagne	250,–
Cheauveau, 1918	
Bons Bois	– *
Renaud, 1914	
Fins Bois	100,–
Normandin, 1893	
Très Vieille	80,–
Vallantin Dulac, 1893	
Grande Champagne	140,–
Cheauveau, 1893	
Bons Bois	– *
Nicolas, 1858	
Grande Champagne	250,–
Hivert, 1840	
Cognac	– *
Ferrand, 1820	
Fins Bois	– *
Bisquit, 1811	
Grande Champagne	– *
X..., 1811	
Grande Champagne	– *
Bréard, 1805	
Grande Champagne	– *

* Prix sur demande.

		F
Borderies		
Gestraud	VSOP	35,–
Baron	Extra	40,–
Dubiny	VSOP	35,–
Rouyer Guillet	Vieux	50,–
Petite Champagne		
Merlin	Réserve	45,–
Estève	Hors d'Age	40,–
Rivière	Réserve	40,–
Philippon	Très Vieille	50,–
Robin	Très Vieille	45,–
Grande Champagne		
Fillioux	Cep d'Or	35,–
Ragnaud Sabourin	VSOP	30,–
	Réserve	45,–
Dupuy	Hors d'Age	45,–
Jobit	Vieux	50,–
Bitaud	Extra	45,–
	Vieille Réserve	40,–
Frapin	Fontpinot	45,–
Couprie	Réserve	50,–
Sauvaget	Vieux	60,–
Beau	Hors d'Age	50,–

LES GRANDES EAUX-DE-VIE

Négoce ou propriétaire, assemblage ou crus, les «Grands»...

Frapin	Très Vieille	60,–
Courvoisier	Très Vieille	80,–
Hennessy	Paradis	100,–
Martell	Cordon Argent	90,–
Hine	Family Réserve	100,–
Salignac	Très Vieille	80,–
Merlin	Hors Pair	60,–
Robin	Extra	60,–
Delamain	Réserve	100,–
Audry	Fins Bois	60,–
	Petite Champagne	80,–
	Grande Champagne	80,–
Moyet	Grande Champagne	45,–
Normandin Mercier	Petite Champagne	45,–
	Grande Champagne	45,–
Cartais Lamaure	Fins Bois	60,–
Robin	Fins Bois	45,–
Marchive	Vieille Réserve	65,–
Château Paulet	Borderies	80,–

CHATEAU-HOTEL DE NIEUIL

Nieuil (Charente)

	5 cl F
Raymond RAGNAUD «Réserve Haute Roche» 40° (Petite Champagne)	25,–
André BAUDY «Réserve» 40° (Grande Champagne)	30,–
André BAUDY «Réserve» 45° (Grande Champagne)	30,–
Marcel DUBREUIL «Vieille Réserve» 43° (Grande Champagne)	30,–
CHATEAU MONTIFAUD (Vallet) «Napoléon» 40° (Petite Champagne)	30,–
J.L. PASQUET «Napoléon» 40° (Grande Champagne)	30,–
Raymond RAGNAUD «Vieille Réserve» 41° (Grande Champagne)	30,–
Rémi LANDIER «Vieille Réserve» 40° (Fins Bois)	32,–
André BAUDY «Vieille Réserve» 44° (Grande Champagne)	35,–
J. DELPECH-FOUGERAT «Vieille Réserve» 40° (Petite Champagne)	35,–
Georges FRANSAC «Extra Pale» 40°	35,–
J.P. MENARD «Tradition Impériale» 40° (Grande Champagne)	35,–
R. MARCHIVE «Vieux Cognac de Propriétaire» 40° (Fins Bois)	38,–
J. ANTOINE «Extra» 40°	40,–
CHATEAU MONTIFAUD (Vallet) «Hors d'Age» 40° (Petite Champagne)	40,–
A.E. DOR «Vieux Cognac Napoléon» 40°	40,–
E. LEYRAT «Napoléon» 42° (Fins Bois)	40,–
Raymond RAGNAUD «Extra Vieux» 42° (Grande Champagne)	40,–
CHATEAU de FONTPINOT (Frapin) 41° (Grande Champagne)	40,–
DOMAINE du MAINE BRUN (M. Ménager) «Vieille Réserve» 40° (Fins Bois)	45,–
A.E. DOR «Vieille Fine Champagne Napoléon» 40° (Fine Champagne)	45,–
E. LEGIER «Hors d'Age» 40° (Grande Champagne)	45,–
J.P. MENARD «Vieille Réserve Extra» 42° (Grande Champagne)	45,–
J.L. PASQUET «Grande Réserve» 40° (Grande Champagne)	45,–
Marcel RAGNAUD «Réserve Spéciale« 43° (Grande Champagne)	45,–
Jacques RANSON «Grande Fine Champagne» 42° (Grande Champagne)	45,–
J. DELPECH-FOUGERAT «Réserve Ancestrale» 45° (Petite Champagne)	50,–
CROIZET «Bonaparte» 40° (Grande Champagne)	55,–
DUBOIGALANT «Vieille» 40° (Fine Champagne)	55,–
L. GOURMEL «Age des Fleurs» 41° (Fins Bois)	55,–
E. LEYRAT «Vieille Réserve» 42° (Fins Bois)	55,–
Maxime TRIJOL «X.O.» 40,5°	55,–

Le château de Nieuil est situé à environ 45 km au nord-est d'Angoulême. Sur la N 141 Angoulême-Limoges, quelques kilomètres après Chasseneuil, prendre à gauche en direction de Saint-Claud. Adresse postale : 16270 Nieuil. Tél. 45 71 36 38. Membre des « Relais et Châteaux ».

Le Château de Nieuil.

Chateau-Hotel de Nieuil
Nieuil (Charente)
(suite)

	5 cl F
DOMAINE du MAINE-BRUN (M. Ménager) «Hors d'Age» 47° (Fins Bois)	60,–
J. ORDONNEAU «Fines Borderies» 40° (Borderies)	60,–
Georges RENAUD «Hors d'Age» 40° (Fins Bois)	60,–
E. AUDRY «Mémorial» 42° (Fine Champagne)	65,–
Marcel DUBREUIL «Très Vieux» 43° (Grande Champagne)	65,–
Georges FRANSAC «Extra» 40° (Grande Champagne)	65,–
J.P. LAMBERT «Vieille Réserve» 40,5° (Borderies)	65,–
J.P. MENARD «Ancestrale» 45° (Grande Champagne)	65,–
Cl. CHARPENTRON «Réserve Spéciale» 40,5° (Grande Champagne)	70,–
L. GOURMEL «Age des Epices» 43° (Fins Bois)	70,–
Marcel RAGNAUD «Grande Réserve Fontvieille» 43° (Grande Champagne)	75,–
CROIZET «Réserve Royale» 40° (Grande Champagne)	80,–
Rémi LANDIER «Vieux Cognac» 40° (Fins Bois)	80,–
A.E. DOR «Hors d'Age» «N°7» 42° (Grande Champagne)	85,–
Georges FRANSAC «Extra Très Vieille Réserve» 43° (Grande Champagne)	85,–
E. LEYRAT «Brut de Fûts» «Hors d'Age» 45° (Fins Bois)	90,–
Maxime TRIJOL «Très Vieille Réserve» 40,5°	90,–
J. ANTOINE «Hors d'Age» 40°	95,–
CROIZET «Grande Fine Champagne» 47° (Grande Champagne)	95,–
Raymond RAGNAUD «Hors d'Age» 43° (Grande Champagne)	95,–
L. GOURMEL «Quintessence» 43° (Fins Bois)	100,–
R. MARCHIVE «Très Vieille Réserve» 45° (Fins Bois)	110,–
J.L. PASQUET «Très Vieux Cognac» 42° (Grande Champagne)	110,–
Georges RENAUD «Hors d'Age Très Vieux» 40° (Fins Bois)	110,–
CHATEAU MONTIFAUD (Vallet) «Extra Vieille» 45° (Petite Champagne)	120,–
Maxime TRIJOL «Extra» 40,5°	120,–
FRAPIN «Très Vieille Grande Réserve» 40° (Gde Champagne)	140,–
A.E. DOR «Hors d'Age» «N°9» 40°	150,–
E. AUDRY « Très Anciens Fins Bois » 49° (Fins Bois)	160,–
Georges FRANSAC «Extra» «Lot 34» 45,5° (Grande Champagne)	160,–
E. LEYRAT «Sélection Edgard Leyrat» 43° (Fins Bois)	160,–
J.P. MENARD «Très Vieux Cognac» 43° (Grande Champagne)	160,–

Le portail de Brugerolle, à Matha.

	5 cl F
Marcel RAGNAUD «Héritage Madame Paul Ragnaud» 41° (Gde Champagne)	175,–
Raymond RAGNAUD «Héritage» 45° (Grande Champagne)	190,–
E. AUDRY «Très Ancienne Grande Champagne» 48° (Grande Champagne)	200,–
CHATEAU PAULET «Borderies Très Vieilles» 47° (Borderies)	210,–
Marcel DUBREUIL «Très Vieux Cognac» 41° (Grande Champagne)	220,–
Marcel RAGNAUD «Héritage Madame Briand» «Le Paradis» 41° (Grand Champagne)	250,–
CONCOURS D'ANGOULEME «Grand Prix d'Honneur» (Borderies)	300,–
A.E. DOR «Excellence» «N°2» 36° (Grande Champagne)	360,–
A.E. DOR «Age d'Or» «N°1» 35° (Grande Champagne)	420,–
A.E. DOR «Louis Philippe» «N°5» 34° (Grande Champagne)	520,–

TAILLEVENT
Paris

	F
Fine Champagne *Réserve André Vrinat* *70 ans...*	220,–
Fine Champagne *Réserve Taillevent* *110 ans...*	280,–
Grande Champagne *Héritage Gaston Briand* *50 ans...*	160,–
Grande Champagne *Héritage Ragnaud* *60 ans...*	170,–
Grande Champagne *Gaston Briand Le Paradis* *70 ans...*	220,–
Grande Champagne *Logis de Marville* *1917*	210,–
Grande Champagne *Logis de Marville* *1906*	230,–
Grande Champagne *Logis de Marville* *1860*	300,–

Bistrot/Auberge Hosman Frères
Schiedam (Hollande)

	3,5 cl. Holl. Gulden
Réserve de St. Amant, 1789	185,00
Palais Compiègne l'Empereur, 1802	175,00
Napoléon Grande Réserve, 1802	165,00
Champagne l'Empereur Joséphine, 1807	165,00
Naturelle, 1808	145,00
Premier Empire, 1809	145,00
M. Amédée Edouard Dor. Roi de Rome, 1811	185,00
Roi de Rome, 1811	175,00
Château Fontainebleau, 1811	155,00
Château St. Même L. Croizet, 1811	160,00
Napoléon, 1811	155,00
Napoléon Impériale, 1811	155,00
H. de Clermont, 1811	145,00
Impériale, 1811	140,00
Impériale, 1811	140,00
Bisquit Dubouché, 1811	165,00
Napoléon Impériale, 1812	130,00
Napoléon Impériale, 1812	130,00
Caves Hôtel de Paris Monte Carlo, 1818	145,00
Réserve Pierre Chabanneau, 1820	135,00
Naturelle, 1820	110,00
Gabriel Marchant, 1822	125,00
Réserve Royale, 1825	125,00
Cave du Pavillon Royal, 1827	115,00
J. Sicard, 1830	120,00
Réserve Louis Philippe Roi de France, 1830	110,00
Réserve Louis Philippe Roi de France, 1830	110,00
Réserve Louis Philippe Roi de France, 1830	110,00
Raynal & Cie., 1834	100,00

	3,5 cl. Holl. Gulden
M. Amédée Edouard Dor Louis Philippe, 1834	165,00
Otard Dupuy, 1836	110,00
Naturelle, 1838	70,00
P. Hall, 1838	85,00
Hivert Pellevoisin, 1840	95,00
M. Amédée Edouard Dor Prince Albert, 1840	135,00
Roullet et Delamain, 1845	95,00
Frapin Médaille d'Or, 1848	95,00
Champagne des Héritiers, 1848	95,00
Réserve Particulière René Briand, 1848	90,00
Réserve Pierre Chabanneau, 1850	85,00
L. Ducasse et Cie., 1858	70,00
M. Amédée E Dor Napoléon III Empereur, 1858	125,00
Réserve du Château Chasseneuil, 1865	85,00
Bisquit Dubouché, 1865	85,00
Château de la Fot Marquis Vasselot, 1865	80,00
Coutanseaux Aîné, 1865	75,00
Louis de Salignac, 1865	85,00
Otard Dupuy, 1865	90,00
Jules Gilson Reine Victoria, 1865	85,00
René Briand, 1865	75,00
Bisquit Dubouché, 1868	75,00
Augier Frères, 1868	70,00
Roullet et Delamain, 1869	75,00
Réserve Naturelle, 1870	60,00
A. Terrail la Tour d'Argent, 1870	90,00
Naturelle, 1875	55,00
Barnett et Fils, 1875	65,00
Bisquit Dubouché, 1875	75,00
Courvoisier, 1875	75,00

On peut déguster ces cognacs à l'auberge, au premier étage. L'en-tête de la carte précise qu'en raison de la rareté de ces trésors, il peut arriver que tel ou tel cognac soit épuisé ...

Bistrot/Auberge Hosman Frères
Korte Dam 8-10
Schiedam (Hollande)
00 311 0-26 40 96
(Fermé le dimanche et le lundi)

	3,5 cl. Holl. Gulden		3,5 cl. Holl. Gulden
Réserve de Sazerac de Forge, 1875	75,00	Martell, 1906	60,00
		Naturelle, 1906	37,50
Réserve de J. V. C. Aumasson, 1875	70,00	René Briand, 1910	40,00
		Hine, 1911	45,00
M. A. E. Dor Prince Impérial, 1875	100,00	Hennessy, 1912	45,00
		J. Calvet et Cie, 1914	42,50
Otard Dupuy et Cie., 1878	70,00	Barnett et Fils, 1914	40,00
A. de Luze et Fils, 1878	65,00	Louis de Salignac, 1914	65,00
Bisquit Dubouché, 1878	70,00	Croizet, 1914	42,50
Augier Frères, J & B, 1878	60,00	Croizet, Early Bottled, 1914	49,50
J. J. Mortier, Lafite Rothschild, 1878	80,00	Hennessy, 1914	55,00
		Naturelle, 1916	40,00
Naturelle, 1878	50,00	Maison Godet Réserve, 1916	39,50
Bisquit Dubouché, 1884	70,00	Naturelle, 1920	35,00
M. A. E. Dor, Excellence, 1889	90,00	J. & F. Martell, 1921	40,00
		Alain Delamain, 1922	45,00
Boutillier Reserve Private, 1893	55,00	Barriasson, 1922	37,50
		Otard, 1922	40,00
Louis Baron, 1893	55,00	Alain Delamain, 1924	45,00
Maison Prunier, 1893	60,00	Averey Réserve, 1928	35,00
J. Calvet et Cie, 1893	55,00	Hine, 1928	37,50
M. A. E. Dor, Age d'Or, 1893	80,00	Croizet, 1928	35,00
		Prunier Réserve, 1928	35,00
Pinet Castillon, 1895	50,00	Naturelle, 1929	30,00
Hine, 1896	49,50	Louis de Salignac, 1929	35,00
Naturelle, 1898	39,50	Alain Delamain, 1930	65,00
J. Calvet, 1898	45,00	Hine, 1935	35,00
Hennessy, 1899	65,00	Pellisson, 1935	35,00
Martell, 1900	60,00	Borderies, 1936	32,50
Barnett et Fils, 1900	50,00	Denis Mounié, 1937	39,50
M. A. E. Dor, Entente Cordiale, 1900	65,00	Otard, 1937	42,50
		Hine, 1938	35,00
Verrières, 1904	45,00	Alain Delamain, 1940	60,00
Champagne des Héritiers, 1904	45,00	Harvey, 1940	35,00
		Frapin, 1942	35,00
Bisquit Dubouché, 1904	60,00	Frapin, 1946	37,50
Alain Delamain, 1906	75,00	Alain Delamain, 1947	55,00
Champagne des Héritiers, 1906	46,50	Otard, 1948	35,00
		Hine, 1948	32,50

Bistrot/Auberge Hosman Frères

Schiedam (Hollande)
(suite)

	3,5 cl. Holl. Gulden
Frapin, 1949	30,00
Alain Delamain, 1950	45,00
Pellisson, 1951	30,00
Hine, 1953	27,50
Hine, 1956	26,50
Denis Mounié, 1961	27,50
Hine, 1962	19,50
Martell Extra	27,50
Rémy Martin, Versailles, 100 ans	55,00
Martell, Réserve du Fondateur, Très vieux	65,00
Martell, Mr. G. Stonehill, 30 ans	35,00
J. Denis Mounié, 30 ans	27,50
Fauchon Marquis de Lys, Très vieux	32,50
Martell, Silver Jubilee, 1952–1977	32,50
Martell, Jubilee, 1906 – 1981	45,00
Renault, Extra vieille	24,50
Bisquit, Extra vieille	27,50
Courvoisier, Extra vieille	26,50
Martell, Extra vieille	27,50
Hennessy, Extra vieille	27,50
M. A. E. Dor, Hors d'Age	24,50
Gaston de la Grange, Prestige Très vieux	24,50
Hennessy, Paradis	35,00
Delamain, Selection, Très vieux	27,50
Hine, Très vieille	24,50
A. C. Meukow, V. R. X. O.	22,50
Hennessy, X. O.	19,50
Delamain Vesper	16,50
Courvoisier, X. O.	17,50
Rémy Martin, Vieille Réserve	19,50

	3,5 cl. Holl. Gulden
Gaston de la Grange, X. O.	17,50
Camus, X. O.	19.50
Bisquit Napoléon	15,00
Hennessy, Napoléon	15,00
Courvoisier, Napoléon	15,00
Château Fontpinot, Frapin	17,50
Martell, Cordon Bleu	16,50
Martell, Cordon Rubis	13,50
Hine, V. S. O. P.	10,50
Bisquit, V. S. O. P.	12,50
Martell, V. S. O. P.	12,50
Hennessy, V. S. O. P.	12,50
Courvoisier, V. S. O. P.	12,50
Rémy Martin, V.S.O.P.	12,50
Delamain, Pale and Dry	12,50
Hennessy, * * *	8,50
Bisquit, * * *	8,50
Courvoisier, * * *	8,50
Martell, * * *	8,50
Delamain, * * *	8,50
Sélection, Haute Roche, Raymond Ragnaud	8,50
Vieille Réserve, Raymond Ragnaud	12,50
Réserve Extra, Raymond Ragnaud	19,50
Hors d'Age, Raymond Ragnaud	24,50
A. E. Dor, Grand Cognac	8,50
A. E. Dor, Très Grand V. S. O. P.	12,50
A. E. Dor, Vieille Fine Champagne, Napoléon	18,50
A. E. Dor, Réserve no. 7, 40 ans	24,50
A. E. Dor, Réserve no. 9, 70 ans	45,00

Une vieille affiche publicitaire pour le cognac.

THE JULIUS CASTLE
San Francisco

	$		$
Salignac *VS*	4,—	Ragnaud *Réserve Fontvieille*	10,—
Logis de la Mothe *VSOP*	4,—	Rémy Martin *Centaure Royal*	10,—
Martell *VS*	4,—	Monnet *Anniversaire*	10,—
Hennessy *VS*	4,—	Logis de la Mothe *Trois Ecussons*	12,—
Courvoisier *VS*	4,—	Delamain *Très Vénérable*	14,—
Bisquit *VSOP*	4,—	Hennessy *XO*	14,—
Camus *VSOP*	4,50	Camus *Napoléon*	15,—
Martell *VSOP*	4,50	Rémy Martin *Centaure Napoléon*	15,—
Ragnaud *Grande Fine*	4,50	Denis-Mounié *25 Years Old*	15,—
Hennessy *VSOP*	5,—	Courvoisier *Grande Fine*	17,—
Ragnaud *VSOP*	5,—	Château Paulet *Très Rare*	22,—
Rémy Martin *VS*	5,—	Gaston Briand *Grande Fine*	22,—
Hennessy *Bras d'Or*	6,—	Camus *Extra*	25,—
Château Fontpinot	6,—	Martell *Extra*	25,—
Rémy Martin *VSOP*	6,—	Hennessy *Paradis*	30,—
Salignac *Napoléon*	6,—	Louis Royer *Extra*	35,—
Delamain *Pale & Dry*	8,—	Gaston Briand *Le Paradis*	50,—
Martell *Cordon Bleu*	8,—	Ragnaud *Héritage*	50,—
Ragnaud *Réserve Spéciale*	8,—	Rémy Martin *Louis XIII*	50,—
Courvoisier *Napoléon*	9,—	Logis de la Mothe *Très Vieille*	50,—
Hennessy *Napoléon*	9,—	Logis de la Mothe *Extra Vieille*	75,—
Delamain *Vesper*	10,—		

LES FRÈRES TROISGROS
Roanne

	F
Sélection Troisgros 43°	
Grande Champagne	50,–
Petite Champagne	44,–
Fins Bois	40,–
Jules Robin	
Grande Champagne 1845 41°	340,–
Très Vieille Borderies 47°	62,–
Vieux Cognac 58°	72,–
T. Hine	
Grande Champagne Lot 1051 50°	56,–
Grande Champagne Lot 1054 40°	62,–
Grande Champagne Lot 1055 43°	92,–
Grande Champagne 48,4°	50,–
Petite Champagne 60,8°	50,–
Croizet	
Grande Fine Champagne Réserve Troisgros 47°	46,–
Fine Champagne Lot 33 42°	96,–
Grande Champagne Lot 42 46°	120,–
Fine Champagne Lot Piton 44°	127,–
Grande Champagne Vintage Lot 97 45°	112,–
Fine Champagne des Héritiers Croizet 47°	162,–
Delamain	
Borderies Réserve Exclusive Troisgros 45°	66,–
Grande Petite Champagne Lot 713	76,–
Extra Très Vieille Petite Champagne 40°	87,–
Très Vieux Cognac Grande Champagne 47°	102,–
Gourmel	
Fins Bois à l'Age des Fleurs 41°	52,–
Fins Bois Quintessence 43°	82,–
Audry	
Grande Champagne 48°	200,–
Petite Champagne 49°	182,–
Fins Bois 49°	122,–
Marchives	
Cognac Très Vieille Réserve 45°	48,–

Cette carte comporte des cognacs « maison », pas nécessairement disponibles auprès des différents producteurs.

« Troisgros », classé 3 étoiles au guide Michelin, a toujours été digne d'un pèlerinage gastronomique, non seulement pour le fin gourmet, mais également pour l'amateur de cognac. Un des frères Troisgros, Jean (décédé en 1983), s'était spécialisé dans les cognacs titrant un fort degré d'alcool – le genre de

cognac que vous pouvez seulement humer, car il vous brûle la langue. La maison propose également un large choix de cognacs en bouteilles. Adresse : 22, cours de la République (en face de la gare) 42300 Roanne. Tél. 77 71 66 97.

Hennessy	
Cognac 40°	54,–
Grande Fine Champagne Réserve Troisgros	95,–
Hennessy XO	95,–
Hennessy Paradis	200,–
Frapin	
Grande Fine Champagne 50°	88,–
Martell	
Extra 44°	112,–
Leyrat	
Fins Bois 43°	87,–
Pellisson	
Grande et Petite Champagne 48°	84,–
Laurent Merlin	
Petite Champagne 48°	84,–
Moyet	
Grande Champagne	
Commandon	
Grande Champagne 45°	88,–
Grand Prix d'Angoulême	
Petite Champagne	320,–
Château Paulet	
Très Vieux Cognac	150,–
Grande Champagne Extra Vieille 46°	210,–
John Exshaw	
Cognac	45,–
Gaston Briand	
Grande Champagne 1er Cru 44°	74,–
Grande Champagne Gaston Briand «Le Paradis» 41°	200,–
A. E. Dor	
Très Vieille Grande Champagne	
Louis Philippe 1840 Lot 5 34°	320,–
Napoléon III 1858 Lot 4 37°	320,–
Prince Impérial 1875 Lot 3 36°	310,–
Excellence 1889 Lot 2 36°	330,–
Age d'Or 1893 Lot 1 35°	360,–
A. E. Dor	
Cognac Lot 7 42°	56,–
Cognac Lot 6 40°	58,–

Les Trois Marches
Versailles

	F
Cognac Guy Testaud	30,–
Leyrat Brut de Fûts	80,–
Cognac V.S.O.P. *(Hennessy)*	36,–
Cognac Leyrat Vieille Réserve	50,–
Cognac Leyrat Napoléon	40,–
Cognac XO *(Hennessy)*	85,–
Fins Bois *(Sélection des Toques Gourmandes)*	90,–
Cognac Paradis *(Hennessy)*	120,–
Fine Champagne Napoléon *(Prince de Polignac)*	60,–
Grande Fine Champagne Dynastie *(Prince de Polignac)*	60,–
Grande Champagne Age d'Or *(Exshaw)*	75,–
Fine Champagne Vesper *(Delamain)*	60,–
Vieille Petite Champagne *(Hine)*	60,–

	F
Grande Champagne* *(Château de Fontpinot)*	70,–
Grande Champagne* Logis de la Mothe *(Madame Julien)*	70,–
Grande Champagne Hors d'Age No 7 *(A.E. Dor)*	70,–
Grande Champagne Age d'Or No 2 *(A.E. Dor)*	95,–
Grande Champagne Excellence No 3 *(A.E. Dor)*	110,–
Grande Champagne Louis-Philippe *(A.E. Dor)*	160,–
Grande Champagne Prince Impérial *(A.E. Dor)*	150,–
Grande Champagne Napoléon III Empereur *(A.E. Dor)*	160,–
Fine Champagne Réserve *(Laurent Merlin)*	50,–
Fine Champagne Hors Pair *(Laurent Merlin)*	80,–

Les Trois Marches : un autre fameux établissement pour les fins gourmets, membre des « Relais et Châteaux ». Adresse : 3, rue Colbert, 78000 Versailles. Tél. 39 50 13 21.

De vieux stocks de cognac du siècle dernier, au « Paradis » de Croizet – rarement mis en vente. ▷

ZUR TRAUBE
Grevenbroich

4 CL DM

Cognac de la Maison Hine

Hine VSOP
Fine Champagne
Classique, rond, 40 % — 9,50

Hine Très Vieille
Fine Champagne Antique
Beaucoup de corps et de race, 40 % — 16,50

Hine Très Vieille
Grande Champagne
« Old Vintage »
Beaucoup de finesse, 40 % — 22,50

Hine Très Vieille
Fine Champagne
Triomphe
Beaucoup de maturité et d'élégance, 40 % — 28,50

Hine Très Vieille
Grande Champagne
Family Reserve
Assez extraordinaire — 60,00

Cognac de la Maison Bisquit

Bisquit Fine Champagne VSOP
Vigoureux, beaucoup de force, 40 % — 9,50

Cognac de la Maison Monnet

Monnet Grande Fine Cognac
VSOP
Aromatique, plein de force, 40 % — 9,50

Cognac de la Maison Polignac

Prince Hubert de Polignac
Fine Champagne VSOP
Un beau bouquet, bien en bouche, 40 % — 11,60

Cognac de la Maison Marcel Ragnaud

Ragnaud Grande Champagne
1er Cru de Cognac
Réserve spéciale, 43 %
Plein de force et de finesse — 19,00

4 CL DM

Ragnaud Grande Fine Champagne
Grande Réserve
1er Cru de Cognac
Un arôme dense, velouté — 24,00

Ragnaud Héritage
Madame Gaston Briand
Vigoureux, avec un bouquet délicat, 40 % — 38,00

Ragnaud Très Vieux
Cognac Héritage
Le Paradis
Très noble, beaucoup de maturité — 58,00

Cognac de la Maison Courvoisier

Courvoisier VSOP
Fine Champagne
Racé, avec beaucoup de corps, 40 % — 9,50

Courvoisier Napoléon
Fine Champagne
Harmonieux, fleuri, 40 % — 16,00

Courvoisier Extra
Vieille Grande Fine Champagne
Beaucoup de maturité et d'élégance, 40 % — 26,00

Cognac de la Maison Delamain

Delamain Très Vieux Cognac
Grande Fine Champagne
Noble, atteignant à la perfection, 40 % — 48,00

Delamain Très Vieille
Réserve de la Famille, 40 % — 60,00

Cognac de la Maison Gassies

Gassies Fine Champagne
Vat 93
Doux, harmonieux, 40 % — 16,00

Gassies Grande
Fine Champagne
Un beau bouquet, beaucoup de finesse, 40 % — 28,00

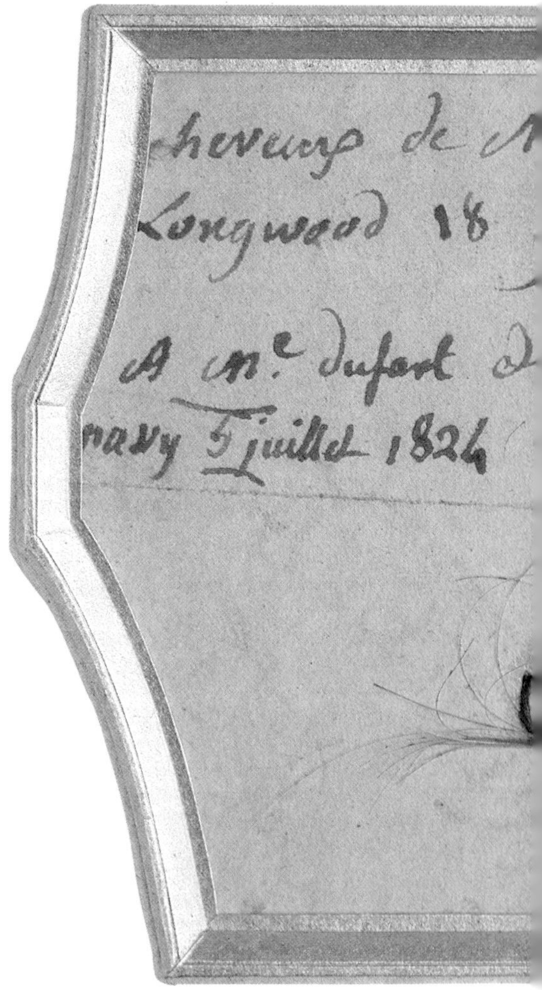

Cette mèche de cheveux de Napoléon est exposée da

Vieux Cognacs millésimés

4 CL DM

1956 Frapin
Grande Champagne
Mis en bouteilles par John Harvey — 24,00

1928 Croizet, Bonaparte
Fine Champagne
Mis en bouteilles par
Berry Bros & Ruld — 38,00

1921 Martell,
Grande Champagne
Mis en bouteilles en 1966 — 58,00

1919 Monnet,
Petite Champagne
Mis en bouteilles pour M. Prunier
Paris — 48,00

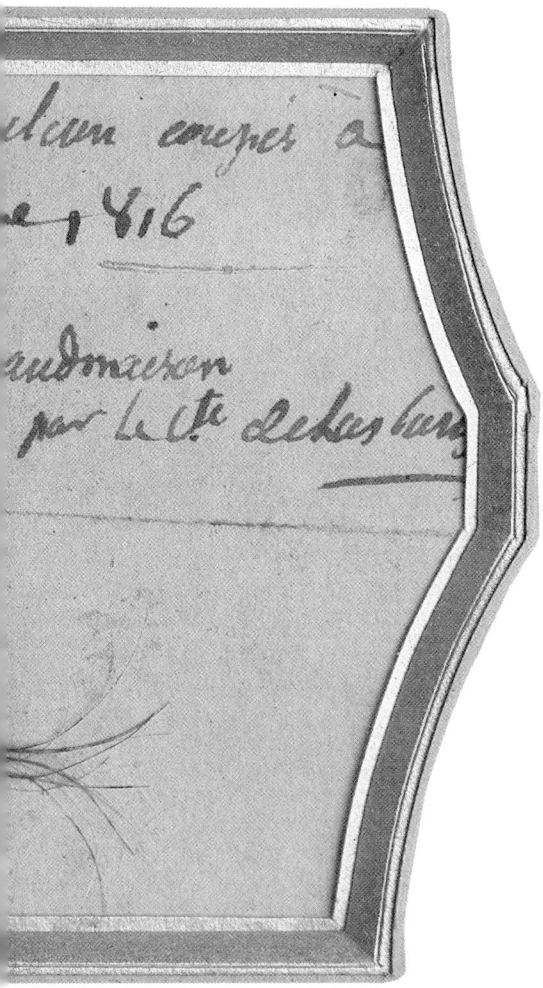

sous-verre au Château Courvoisier, à Jarnac.

1904	Grande Champagne des Héritiers *Mis en bouteilles par Berry Bros & Rudd, 1977*	4CL DM 64,00
1896	P. Gaisse & Co. Grande Champagne *Mis en bouteilles par Gaisse*	*Sur demande*
1894	Croizet Fine Champagne *Réserve Royale*	*Sur demande*
1865	Chabanneau Grande Fine Champagne *Très Vieille Réserve*	*Sur demande*
1811	Cognac Napoléon Réserve *Grande Fine Champagne*	*Sur demande*

	4 CL DM
Cognac de la Maison Rémy Martin	
Rémy Martin VSOP Fine Champagne *Un cognac doux, harmonieux, 40 %*	9,50
Centaure Napoléon Fine Champagne *Vigoureux, avec un bouquet très mûr, 40 %*	13,50
Centaure XO Fine Champagne *Bien en bouche, avec un caractère très prononcé, 40 %*	18,50
Centaure Extra Fine Champagne *Élégant et vigoureux, beaucoup de finesse, 40 %*	28,50
Louis XIII Grande Champagne *Noble et atteignant la perfection, 40 %*	60,00
Cognac de la Maison Martell	
Martell VSOP Fine Champagne *Un bouquet harmonieux et délicat, 40 %*	14,00
Martell Cordon Bleu *Grande Fine Champagne* *Une élégance pleine de charme, bien en bouche, 40 %*	24,00
Cognac de la Maison Otard	
Baron Otard VSOP Fine Champagne *Harmonieux, avec un beau bouquet, 40 %*	12,00
Otard XO Vieille Fine Champagne *Un beau bouquet élégant, beaucoup de finesse, 40 %*	16,00

	4 CL DM
Otard Extra Vieille Fine Champagne *Un bouquet harmonieux, beaucoup d'élégance, 40 %*	22,00
Cognac de la Maison Hennessy	
Hennessy VSOP Fine Champagne *Un bouquet délicat, de la maturité, 40 %*	14,00
Hennessy XO Fine Champagne *Vigoureux, avec un caractère très prononcé, 40 %*	18,00
Hennessy *Le Paradis* Grande Champagne *Un bouquet incomparable, mûr et doux, 40 %*	36,00
Cognac de la Maison L. Gourmel	
Léopold Gourmel Paradis Fins Bois *Racé, vigoureux, 40 %*	18,00
Léopold Gourmel Extra Fins Bois *Harmonieux et très fleuri, 40 %*	22,00
Cognac de la Maison Maurice Gourry	
Chadeville 1er Cru Grande Fine Champagne *Vigoureux, avec un caractère très prononcé, 40 %*	9,50
Très Vieux Grande Fine Champagne *Vigoureux, avec un beau bouquet, 40 %*	14,00

Sa magnifique carte des digestifs, dont nous donnons ici un extrait, a valu au « Traube » — un des meilleurs restaurants allemands — de remporter en 1983 le concours des meilleures cartes, parrainé par Rémy Martin. Adresse : Bahnstraße 47, 4048 Grevenbroich, Tél. 02181-68767.

Le cognac pour les professionnels

Les millionnaires de la bouteille

Pour ce qui est de l'envergure des différentes Maisons, de leur débit et, bien souvent, des marques qu'elles commercialisent, l'univers du cognac est entouré d'une solide discrétion, on pourrait même dire d'une aura de mystère. Les très grandes Maisons sont généralement plus ouvertes au monde extérieur car, leurs actions étant en partie cotées en Bourse, elles sont astreintes à une certaine publicité, de sorte que l'on a plus d'informations sur leurs chiffres annuels. En revanche, il est déjà plus difficile d'établir un classement de ces grandes entreprises, non seulement par leur rang de qualité, mais également par leur volume de production et leur débit.

S'abritant derrière le secret professionnel, les services officiels qui détiennent ces chiffres invoquent la protection des données et refusent de vous les communiquer. De même, nombre de Maisons préféreront vous parler du débit de la Maison concurrente. En revanche, elles se gardent bien de dévoiler le volume de leur propre production… Grâce aux informations qui leur sont fournies par le BNIC, elles connaissent très exactement leur propre position sur le marché. Elles vous la donneront, mais sans autre précision.

Cependant, il n'est pas inintéressant de pouvoir mettre un peu d'ordre dans les produits qui sont proposés à l'étal du négociant et de se familiariser avec les marques qui ont le vent en poupe; et cela vaut certainement pour les professionnels de la branche, importateurs et négociants y compris. J'ai donc tenté d'établir quelque chose qui ressemble à un classement (mais, comme je l'ai déjà précisé, non pas au plan de la qualité, mais de l'importance des entreprises).

Un bon nombre de firmes m'ont effectivement communiqué des renseignements – que vous trouverez dans le Répertoire. Malheureusement, ces firmes se sont montrées beaucoup plus prodigues en informations à propos de leurs marques de prestige que concernant leurs sous-marques; elles n'aiment guère parler de ces dernières, pas plus au niveau qualitatif que quantitatif.

Dans la liste qui suit, je ne pense pas être trop loin de la réalité. Certaines Maisons, si l'on regroupait l'ensemble de leurs secteurs d'activité, gagneraient sans doute des places au classement. Mais, en matière de comparaison, je m'en suis tenu au volume de cognac, sans faire entrer en ligne de compte la production de vin (brandy), de liqueurs, de pineau, ni même d'armagnac – sachant que nombre d'importantes firmes d'armagnac appartiennent à des Maisons de cognac, alors que l'inverse est rarement vrai.

Un vieux pèse-fût chez Normandin-Mercier, près de La Rochelle. Le volume étant variable d'un fût à l'autre, c'est la balance qui permet de déterminer la quantité de cognac contenue dans le fût.

◁ Tonneaux au Château Paulet (Cognac).

Les Très Grands

Plus de 20 millions de bouteilles par an

1. Hennessy
2. Martell

Deux autres Grands

15 à 20 millions

3. Rémy Martin
4. Courvoisier

Les Grands

3 à 6 millions

5. Camus
6. Unicoop (avec le Prince Hubert de Polignac)
7. Bisquit
8. Le Groupe Hine (avec Denis-Mounié, Comandon et G. Gautier)
9. Royer
10. Les Grands Chais de France

Les Moyens

1 à 3 millions

11. CCG (Brugerolle, Réau, Richard, Meukow et autres)
12. Gaston de Lagrange
13. Prunier
14. Otard (avec Exshaw)
15. Charentaise Vinicole (La)
16. Unicognac
17. Salignac
18. Hardy
19. Castillon-Renault
20. Didonne

Les Grands « Petits »

400 000 à 1 million

21. Monnet
22. Rouyer Guillet
23. Bache-Gabrielsen/Dupuy
24. Bonnemie
25. Adet Seward
26. Brugerolle
27. Delamain
28. Marnier-Lapostolle
29. Frapin
30. Castaigne/Favraud
31. Croizet
32. Gautier (Aigre)
33. Godet

En 1984, les plus gros exportateurs parmi les Maisons de cognac étaient, par ordre d'importance : Hennessy – Martell – Rémy Martin – Courvoisier – Camus – Unicoop – Domaine du Chillot – Hine – Castillon-Renault – Otard. Précisons toutefois que ce classement a été établi d'après le chiffre d'affaires total à l'exportation (et non pas le volume), donc tous spiritueux compris.
Au total, les 33 firmes répertoriées ont commercialisé, toujours en 1982, un volume de cognac avoisinant 120 millions de bouteilles, soit 88 p. cent de l'activité du secteur. Les 12 p. cent restants représentent environ 650 négociants et producteurs. Mais la chute des ventes depuis le milieu des années 1970 a conduit là aussi à une plus grande concentration – de petites entreprises sont passées sous le contrôle de grosses Maisons. Parmi les anciennes Maisons, de moyenne ou de plus grande importance, datant du siècle dernier, il n'en reste plus beaucoup entre les mains des familles de propriétaires qui les créèrent. En revanche, face à la stagnation générale, on a vu, ces deux dernières années, deux nouvelles entreprises s'assurer une place tout à fait honorable : la CCG de Michel Coste, de Bordeaux, et Les Grands Chais de France, de l'Alsacien Joseph Helfrich, de Kirrweiler.
Le volume des ventes de certaines Maisons de cognac est notablement tributaire du monopole d'État sur les alcools en Scandinavie et au Canada – ces pays passant chaque année de nouvelles commandes aux producteurs de cognac. C'est ainsi que ces entreprises sont tantôt représentées dans ces pays, tantôt ne le sont pas, suivant les années.

Le pont sur la Charente, à Cognac. À droite de la tour du Château (Otard), un pan de façade de la Maison Hennessy.

26

Le cognac pour les professionnels

Le répertoire des marques et adresses

Le lecteur trouvera dans ce répertoire un bon millier de marques, ainsi que plus de 3 000 cognacs différents; outre les adresses auxquelles on pourra trouver chacun de ces cognacs, nous avons inclus dans ce répertoire les noms et adresses d'un certain nombre de magasins spécialisés français, allemands et anglais qui nous ont semblé particulièrement intéressants. Bien évidemment, un choix est toujours subjectif; sachant cela, il nous a paru souhaitable de placer l'accent sur les crus et les appellations dont la valeur est amplement éprouvée. Vous ne trouverez nulle part un répertoire plus complet.

Ce catalogue des marques et adresses est aussi utile à l'amateur qu'au professionnel. Quiconque fait un crochet par la région de Cognac n'aura qu'à le compulser pour y découvrir l'adresse de telle Maison, de tel producteur : sachant que vous ne trouverez pas à tous les coins de rues un panneau vous indiquant la bonne direction, il vous faudra vous munir également d'une carte routière bien détaillée. Chez pratiquement tous les producteurs, vous pourrez acheter directement, et chez presque tous vous obtiendrez des échantillons.

Le cognac repose derrière ces murs — comme l'indiquent les noircissures dues à la prolifération des champignons.

Nombre de Maisons possèdent encore de très vieilles bouteilles, comme celles-ci, de chez Croizet. Toutefois, l'essentiel du chiffre d'affaires est assuré par la vente des jeunes cognacs.

Les noms et adresses figurant au répertoire ont été dûment vérifiés (y compris l'adresse postale). Lorsque la Maison ou le producteur n'ont pas leur siège en ville, toutes les indications nécessaires pour les trouver sont données (bourgade, lieu-dit, etc.). Ces noms figurent fréquemment sur de petits écriteaux le long de la route principale.

Le second groupe d'indications figurant dans la liste des adresses est le nom de la commune, suivi généralement de l'adresse postale, qui peut souvent être très éloignée. Naturellement, vous avez plus de chances de trouver rapidement en cherchant d'emblée la commune.

Les informations relatives à l'âge des différentes qualités de cognac sont celles fournies par les producteurs eux-mêmes.

L'âge mentionné est généralement une moyenne : un cognac donné pour 10 ans se compose souvent aussi bien de cognac de 7 ans que de cognac de 15 ans – tout dépend des proportions du dosage. Ces indications sont souvent plus claires dans le cas des petits producteurs car, en général, leurs « coupes » ne sont pas bien compliquées. Ils mélangent moins, éventuellement deux ou trois millésimes différents, voire pas du tout. En revanche, chez les grands, qui assemblent parfois plusieurs dizaines de cognacs pour produire une qualité voulue, les choses sont plus complexes.

Les sous-marques mentionnées

dans ce répertoire constituent seulement une sélection à partir d'une liste infiniment plus longue – laquelle s'allonge de jour en jour. Lorsqu'un magasin est désireux de se démarquer de la concurrence, il lui suffit de vendre son cognac sous une étiquette portant son propre nom ou tout autre nom d'emprunt; la plupart des fournisseurs lui donneront satisfaction. Que ce soit à Cognac ou à Paris, les grandes Maisons ont déposé un nombre de marques beaucoup plus important que nécessaire. Un bon exemple : passant sous le contrôle de la CCG, la firme Richard apporta avec elle quelque 65 contre-marques...

En règle générale, les contre-marques proposent au moins un ★★★ et un VSOP, quelquefois également un Napoléon et, beaucoup plus rarement, des qualités supérieures à celles-ci.

Par ailleurs, nombre de contre-marques sont en fait des noms de Maisons ayant réellement existé. Cela explique que, sur l'étiquette, le nom de la marque soit souvent suivi de l'inscription « & Co » ou « & Cie ». La « firme » en question peut à tout moment refaire surface, mais tel ou tel nom de marque peut tout aussi bien être utilisé pour une autre eau-de-vie, pour des spiritueux ou pour un vin – encore que pratiquement jamais de façon simultanée.

En France (ou en Allemagne), « brandy » ne désigne en aucune façon le cognac mais plutôt une eau-de-vie de vin. En revanche, la langue anglaise est plus élastique à cet égard : elle ne marque pas la nuance. C'est pourquoi ce répertoire inclut également un certain nombre de marques de « brandy », ainsi que d'autres marques dont les noms ne sont pas encore ou ne sont plus utilisés pour le cognac – ce qui n'exclut pas qu'il existe encore, ici ou là, de vieux cognacs portant ces noms, et encore moins que tel ou tel puisse refaire son apparition.

Les sigles et abréviations figurant dans les listes d'adresses du répertoire se rapportent aux formes d'organisation des producteurs.

On rencontrera notamment les sigles suivants :

GAEC : Groupement Agricole d'Exploitation en Commun

GAF : Groupement Agricole Foncier

SICA : Société d'Intérêt Collectif Agricole

SCA : Société Coopérative Agricole

SCEA : Société Civile d'Exploitation Agricole.

Les quelques noms de magasins figurant dans ce répertoire ont été sélectionnés parce qu'ils proposent un éventail de choix particulièrement remarquable; la plupart possèdent encore des cognacs que l'on ne trouve plus chez le propriétaire, et, bien souvent, ces magasins ont leurs propres marques de cognacs d'excellente qualité.

Normalement, le degré d'alcool standard du cognac est de 40 % volume.

Seuls quelques pays exigent un titre plus élevé – comme, par exemple, l'Afrique du Sud (43 % volume). Dans notre répertoire figurent seulement les titres supérieurs à 40 % volume.

Pour les produits destinés aux États-Unis, il est assez fréquent que les producteurs rebaptisent leurs différentes qualités de cognac, ou qu'ils ajoutent une inscription supplémentaire sur l'étiquette.

Enfin, il faut savoir que les qualités proposées (XO, etc.) peuvent très bien changer d'une année sur l'autre.

La rue Bisquit, à Jarnac. Les fûts reposent derrière ces murs, mais la firme Bisquit a déménagé. ▷

ABC
Dist. de la Croix Blanche
Jean Bisseuil
Chérac
17610 Chaniers
46 96 44 09
Borderies
VSOP (10 ans) / *Vieille Réserve « Amitié »* (20 ans).

ABRARD Fils (Jean-Claude)
50, rue de Metz
16100 Cognac
45 82 01 39
Grossiste spécialisé dans la vente du cognac en vrac. Possède cependant une marque : *Flavien Cognac.*

ACE BRANDY : Gautier/Aigre

ADAM : Jules Adam & Co, Distillerie du Camp de César, Yvan Penisson & Cie, Saint-Romain-de-Bennet.

ADET SEWARD SA
41, rue Vergniaud
33081 Bordeaux
56 44 90 90

Négociant en vins et spiritueux. Il exporte 95 % de sa production de cognac, dont la majeure partie en vrac. La production annuelle totale avoisine (après conversion) 600 000 bouteilles. Qualités existantes de cognac Adet : ★★★/*VSOP/VSOP Fine Champagne/Napoléon / Marquis d'Adret.*
En Grande-Bretagne, la firme est également représentée par la marque *Morton* (Alfred Morton & Co) : ★★★/*VSOP.*
Autres : *Casque d'Or, Casque Rouge, Gaudrap & Co, Tampier.*

AGUINS COGNAC : Denis-Mounié

AIGLE IMPÉRIAL : Delamain

ALBERT JARRAUD : A. E. Dor

ALEXANDRE (Serge)
Propriétaire : Serge Arrou
57, rue de Cagouillet
16100 Cognac
45 82 03 17
Fins Bois

Une douzaine d'hectares, environ 40 000 bouteilles par an. Uniquement du cognac *Napoléon* (environ 12 ans d'âge). Le gadget de la Maison : des ampoules de cognac, comme celles utilisées pour les seringues. Arrou est également à la tête de *La Cognathèque* (voir ce nom).

ALLINEAUD & Fils :
Éts Gelas & Fils
48, avenue Edmond-Bergès
32190 Vic-Fezensac
(Maison d'armagnac).

AMAD
Route d'Angoulême (à la sortie de la localité, en face du kiosque De Laroche)
16100 Cognac
45 32 09 11
Le sigle qui constitue le nom de cette firme réunit les initiales d'anciennes Maisons indépendantes : *Auboyneau* (ne produit plus de cognac), *Arboin-Marett* (Marett) et *De Laroche* (voir ces noms).
Entre autres marques : *Chardon – Cognac de la Distinction – Cognac du Roy 1840 – Del Sol – Deverney – Dulac – Du Roy – Gastine – Eugène Gourry – Lanquier.*
La production de cognac, toutes marques confondues, avoisine 535 000 bouteilles par an, dont 65 % sont exportés.
L'AMAD appartient à *PRUNIER* (voir ce nom).

AMART
Le Maurin, Saint-Martin-d'Ary
17270 Montguyon
46 04 10 34
Bons Bois
★★★/*VSOP/Napoléon* (13 ans d'âge).

AMBROSY : CCG

AMIAUD
Chez Dexmier, Ars, au sud-ouest de Cognac
16130 Segonzac
45 82 01 25
Petite Champagne
★★★/*Réserve* (environ 8 ans)/*Napoléon* (10 ans).

AMIRAL : Staub & Cie

AMITIÉ : ABC

ANDRÉ DORBERT : Unicognac

ANDRÉ SIMON : CCG

ANGEVIN : Hardy

ANSAC (Unicognac)
★★★/*VSOP/Napoléon/XO/Napoléon Vieille Fine Ch./Extra (Gr. Champ.).*

ANTIER (Max)
Le Fourneau, Le Seure
17770 Brizambourg
46 94 91 46
Fins Bois
★★★ (6 ans)/*VSOP* (8 ans)/*Vieille Réserve* (10 ans).

LES ANTIQUAIRES DU COGNAC
Lartige, au nord-est (par la N 141) de
16200 Jarnac
Distillerie M. Pinard
Nouvelle entreprise, qui achète de bons vieux cognacs chez des producteurs et cherche également à les commercialiser lorsqu'il ne s'agit que de petites quantités. Ce sont le plus souvent des cognacs ayant un degré d'alcool un peu plus élevé que la moyenne et qui n'ont pas été réduits par l'ajout d'eau distillée. Les premiers produits proposés étaient : *Fins Bois 1949* (36 ans en fût) 46-48 %/*Petite Champagne 1954* (31 ans) 48-50 %/*Grande Champagne 1932* (53 ans).

ANTOINE (G. & J.)
Les Annereaux, au sud-ouest de Saint-Sulpice-de-Cognac
16370 Cherves-Richemont
45 83 85 85

Borderies
***/*VSOP/Napoléon* (15 ans)/*Extra* (20-25 ans)/*Hors d'Âge* (env. 40 ans).

ARBELLOT: Royer

ARBOIN: Prunier

ARCHAMBAUD (Yves)
Les Androux,
Lignières-Sonneville
16130 Segonzac
45 83 45 23
Grande Champagne
VSOP/Napoléon/Très Vieille Réserve.

ARDOUIN (André)
GAEC de la Fruitière,
Villemorin, au sud-est de (D 133)
17470 Aulnay
46 33 12 52

Fins Bois
***/*VSOP/Napoléon* (12 ans).

ARMAND Frères: Castillon-Renault

ARMAND SAINT-ARNAUD & Co: Castillon-Renault

L. ARNAUD: Denis-Mounié

ARNOUX: Hardy

ARRIVÉ (Jean-Guy)
Belle-Vue, par
Virollet
17260 Gémozac
46 94 21 39
Bons Bois
***/*VSOP/Napoléon* (20 ans).
Napoléon aussi commercialisé par *Berthelot* (voir ce nom).

ARSICAUD (Régis)
Saint-Martin-de-Coux, entre
Saint-Aigulin (17360) et la route de
Montguyon, après Guitres
46 04 72 19
Bons Bois
***/*VSOP/Vieille Réserve* (10 ans).

ARTAUD DE LA FERRIÈRE: Godet

ASCOTT: Camus

ATLANTIQUE: Puy Gaudin

AUBAIN (Jean)
Les Richards, par
17130 Montendre
46 49 28 37
Bons Bois
***/*VSOP/Napoléon* (15 ans).

AUBAIN (Max)
Vallet, sur la D 155, par
17130 Montendre
46 49 24 38
Bons Bois
VSOP/Napoléon.
Le père de Jean Aubain, qui s'occupe également des ventes.

AUBERT (Paul)
Bois Boudard, au nord-ouest de
Chadenac
17800 Pons
46 91 24 42
Petite Champagne, à la limite des *Fins Bois*
VSOP.

AUBOYNEAU: Prunier

AUDEBERT (Claude)
Les Villairs, au sud-ouest (par la D 736) de
16170 Rouillac
45 21 76 86
Fins Bois
Env. 4 000 bouteilles par an.
*** *(Fine,* 5 ans)/*VSOP (Très Vieux,* 10 ans).

AUDEBERT-VALTAUD (Yves)
Bois de Vaux,
Vaux-Rouillac
16170 Rouillac
45 21 74 47
Fins Bois
***/*VSOP/Vieille Réserve* (14 ans).

AUDOUIN: Réau-Richard/CCG

AUDOUIN (Jacques)
Le Petit Breuil, au nord-ouest de
Malaville
16120 Châteauneuf-sur-Charente
45 97 08 27
Grande Champagne
Réserve (9 ans)/*Vieille Réserve* (18 ans).

AUDRY (A.-Ed. Audry & Co)
(Bernard Boisson)
50, avenue des Champs-Élysées
75008 Paris
43 49 58 56
Cette ancienne marque avait cessé ses activités il y a quelques décennies, et elle vient d'être ressuscitée par le petit-fils de son dernier propriétaire. Le siège de la Maison est à Paris, et ses chais de cognac se trouvent près de Saintes; la mise en bouteilles est assurée par le *Domaine des Forges* (voir ce nom). Gamme proposée: *Mémorial (Fine Ch.) 42 %/Grande Réserve (Fine Ch.),* env. 15 ans/*Vieux Cognac Fins Bois 49 %* (env. 50 ans)/*Très Ancienne Petite Champagne 48 %* (env. 50 ans)/*Très Ancienne Grande Champagne 49 %* (env. 50 ans).

AUGIER (Frères)
Place de la Salle-Verte
16100 Cognac
45 82 00 01

Le plus ancien négociant en cognac (fondé en 1643). La Maison appartient au groupe américano-canadien Seagram et ne produit désormais qu'un modeste volume de cognac – environ 120 000 bouteilles par an, exclusivement destinées à l'exportation (principalement vers les États-Unis, l'Australie et la Belgique). Disposant de stocks considérables (déjà en 1983, ceux-ci étaient suffisants pour satisfaire les besoins pendant une bonne vingtaine d'années), Augier peut se permettre de faire vieillir ses produits plus longtemps que la moyenne.
La Maison propose seulement deux qualités: *** (6 ans d'âge)/*VSOP* (10 ans).

Toutefois, une grosse partie de la production n'est pas commercialisée sous le nom d'Augier, mais sous la marque *Mumm* (le champagne Mumm appartient également à Seagram).
Autre marque : *Roi Soleil.*

AURIOL : Guy Gautier

AVERYS OF BRISTOL Ltd
7 Park Street
Bristol BS1 5NG
(272) 21 41 41
Un négociant en vins qui vend également de vieux cognacs sous sa propre marque. J'ai trouvé une Grande Champagne 1928 au restaurant 3 étoiles « l'Aubergine », à Munich (il ne titrait plus que 38 %), ainsi qu'un 1906, mis en bouteilles en 1974.

BABINOT (Christian)
Chez Landard (dans la vallée de la Charente, sur la D 24, entre Saintes et Cognac)
17610 Chaniers
46 96 40 54
Fins Bois
****/Fine Cognac/VSOP.*

BACH : Gautier/Aigre

Ths. BACHE-GABRIELSEN & Co
32, rue de Boston
BP 62 16102 Cognac
45 32 07 45
Négociants depuis 1905, propriétaires de la Maison *A. Edmond Dupuy & Co* (voir ce nom).
Cognac/Fine Champagne/pineau des Charentes, brandy, armagnac, liqueurs, fruits au cognac.

BACOT (O.+T.) : Rouyer Guillet

L. BAGARON & Co : Salignac

CH. BAGIER & Cie : Pascal Combeau/Gautier (Aigre)

BAILLIF (Pierre)
Le Maine Beautemps, au nord-ouest de Bois
17240 Saint-Genis-de-Saintonge
46 49 82 36
Bons Bois
VSOP.

BALINO : Ricard, Juillac-le-Coq

BALLUET (Hyppolite + Jean)
Neuvicq-le-Château, au nord de Sigogne
17490 Beauvais-sur-Matha
46 26 64 74
Fins Bois
Fine Cognac/Vieux Cognac (18-20 ans).

BARBEAU (Jacques)
Les Vignes, au sud-ouest de Sonnac
17160 Matha
46 58 55 85
Fins Bois
****/Réserve (= VSOP)/Très Vieux Cognac* (env. 20 ans).

BARBOTIN (Jean) *& Fils*
Les Épeaux-de-Meursac, au sud-est de Meursac
17120 Cozes
46 94 81 18
Bons Bois
****/Napoléon.*

BARCLAY : Hennessy

BARLAAM (Michel)
Rioux-Martin
16210 Chalais
45 98 17 75
Bons Bois
****/VSOP.*

BARLIGNAC : Salignac

BARNETT
Rue du Buisson-Moreau
BP 38
16102 Cognac Cedex
45 32 07 00
Cette Maison, fondée en 1869 (Barnett & Fils, et, à Londres, John Barnett & Son, par la suite Barnett & Elichagaray), appartient désormais à *Château Paulet SA* (voir ce nom).
Production : ****/VSOP/Napoléon/Réserve XO/Très Rare Cognac.*

BARON (A.) : Larsen

BARON (Louis) : Prunier

BARON D'ARCY : Denis-Mounié

BARON D'ARTILLON : Pellisson (Hennessy)

BARON DE CHASTELARD : Godet

BARON DE L'IF
(Duluc, GAEC de l'If)
Chez Guionnet, près de Touzac
16120 Châteauneuf-sur-Charente
45 97 03 30
Grande Champagne
Sélection/Réserve/Napoléon
Voir *Duluc (Gatien)*. Ici, il s'agit de la marque de ses fils, Pierre et Daniel.

BARON DE MOERNER :
Ricard, Juillac-le-Coq

BARON DE MONTIGNAC
(Distillerie de Montignac, A.J. Beimert & Fils)
396, avenue de Montignac
Merpins, au sud-ouest de
16100 Cognac
45 82 26 57
Cette firme, fondée par un Allemand installé en France, distille principalement du cognac pour le compte des grosses Maisons.
En 1983-1984, elle a lancé ses propres produits, dans les qualités suivantes : *VS/VSOP/Napoléon/XO/Hors d'Âge.*
Autre marque : *Duc de Monteau.*

BARON & Fils (Veuve)
Logis de Brissac (magasin de vente) et Logis du Coudret (propriété familiale).
16370 Cherves-Richemont
45 83 16 27, 45 83 24 72

Borderies
Un peu plus de 40 hectares en production.
Le cognac est également vendu sous le nom *Logis du Coudret.*
Qualités : ★★★/ *VSOP/Napoléon/Vieille Réserve.*
Vente en France uniquement.

BARON RANDOLPH : Pernod-Ricard

BARRIASSON
7, rue de la Pierre-Levée
Châteaubernard (Zone Industrielle)
16100 Cognac
45 82 18 17
(Anciennement N. Barriasson & Co, fondée en 1850.) Appartient à *GASTON DE LAGRANGE* (voir ce nom), donc au groupe Martini-Rossi.
À l'heure actuelle, plus que deux qualités : ★★★/*VSOP.*
Plus les marques : *P. de Valle, Floquet, Paul Frères, Gréville.*

BATARD (Robert)
Chez Jaguenaud, par
Vénérand
17100 Saintes
46 93 29 94
Fins Bois
★★★/ *Vieille Réserve (*qualité *VSOP).*

BATIME (Claude)
Le Breuil, près de Sonnac (3 km en direction de Thors)
17160 Matha
46 58 56 52
Fins Bois
★★★/*VSOP.*

BAUBEAU (Frères)
1, rue de l'Abreuvoir
16140 Aigre
45 21 30 13
Fins Bois
La Maison ne possède pas de vignobles.
Production : ★★★/*« SOB » (= Superior Old Brandy,* qualité *VSOP).*

BAUCHANT : Fransac, Georges

BAUDRY (Christian)
Chez Chiron, 1 km à l'ouest de
Saint-Hilaire-de-Villefranche
17770 Brizambourg
46 95 32 42
Bien que sa Maison soit située dans le secteur des Fins Bois, Baudry produit son cognac à partir de Grande Champagne (Lignières). Qualités : *VSOP/ Vieille Réserve.*

BAUDY (André)
L'Écharprie,
Verrières, au sud-ouest de
16130 Segonzac
45 83 04 10
Grande Champagne
★★★/*VSOP/Réserve/Vieille Réserve* (10 ans).

BEAU (Paul)
Rue Millardet
16130 Segonzac
45 83 40 18
Grande Champagne
Vieille Réserve/Hors d'Âge 43 % (env. 20 ans). À quoi s'ajoute, hérité des parents : l'*Extra Vieille 46 %* (30 ans), de *Borderies.*

DE BEAUCEYRAC (Philippe)
La Bergerie, N 137, entre
Saint-Genis-de-Saintonge et
17150 Mirambeau
46 49 68 12
80 % *Fins Bois,* 20 % *Petite Champagne*
★★★ (4 ans)/*VSOP* (8 ans) *Napoléon* (12 ans)/*Hors d'Âge* (21 ans).

BEAUGENTRY : Mandrin

BEAUMAINE : CCG

BEAUMONT (Guy)
Fortuneau, au nord de
Coux
17130 Montendre
46 49 24 66
Bons Bois
VSOP (10 ans)/*Réserve/Vieille Réserve* (16 ans).

BEAUPREAU : Domaine de B.

BÉGAUD (Pierre)
Fontbelle par
Villars-les-Bois
17770 Brizambourg
46 94 91 65
Borderies + Fins Bois
★★★/*VSOP/Napoléon/Hors d'Âge* (25 ans).

BEGEY (& Fils)
Villars-les-Bois
17770 Brizambourg
46 94 94 86
★★★/*VSOP/Napoléon/Hors d'Âge* (env. 20 ans).

BEGOUIN (Paúl)
Logis du Cru
Sainte-Lheurine
17520 Archiac
46 49 12 19
Petite Champagne
Réserve/Vieille Réserve (34 ans).

BÉGUET (Bernard)
Le Poiron, par
Chenac-Saint-Seurin-d'Uzet
17120 Cozes
46 90 64 84
Bons Bois
Sélection (2 ans)/*Napoléon* (7 ans).

BÉGUET (Michel)
Les Humes
Chenac-Saint-Seurin-d'Uzet
17120 Cozes
46 90 64 81
Bons Bois
Sélection/VSOP.

BELGONTIER : Gautier/Aigre

DE BELLABRE (Gabriel)
La Chapelle-des-Pots
17100 Saintes
46 91 54 56
Fins Bois
Vieille Réserve (10 ans dans le fût, sans réduction par de l'eau distillée, d'où les 60 %).

BELLE AURORE :
René Cogranne (Curlier)

LA BELLE FERRONNIÈRE :
G. Courant/CCG

BELLEBEAU (Jean-Louis)
Les Brousses, au nord (par la D 222) de Neuvicq-le-Château
17490 Beauvais-sur-Matha
46 26 63 88
Fins Bois
★★★/*VSOP* (12 ans)/*Vieille Réserve* (18 ans).

BELLEBEAU (Raymond)
Les Brousses, au nord (par la D 222) de Neuvicq-le-Château
17490 Beauvais-sur-Matha
46 26 64 22
Fins Bois
★★★/*VSOP*/*Vieille Réserve*/*Napoléon* (40 ans).

BELLERY (Jules) : Royer

BELLET (Jean-Guy)
L'Ombrail, au sud de Thézac
17600 Saujon
46 94 81 81
Bons Bois
VSOP.

BELLEVUE : Royer

BELLOT : Larsen

BELLUTEAU (Philippe)
La Tacherie, au sud-ouest de Mons
17160 Matha
46 25 04 96
Fins Bois

BENOIT (Francky) & *MARTIN* (Jean)
Chez Talvard, au nord de Vénérand
17100 Saintes
46 93 23 56
Fins Bois
★★★/*VSOP*/*Vieille Réserve*/*Napoléon* (env. 20 ans)/*Hors d'Âge* (25 ans).

BENOIT-SERRES
Zone industrielle
31290 Villefranche-de-Lauragais
61 27 20 97
Une Maison de spiritueux qui propose également du cognac *VSOP.* Il en existe une bouteille en forme de tour Eiffel. Voir aussi *Bache-Gabrielsen.*

Châteauneuf, dans le coude de la Charente en Petite Champagne, n'est pas seulement une petite ville de producteurs de cognac, mais également un centre de commerce.

BÉRAC : Monnet

BERGEON : Unicognac

BERGER SA
Château de Lieusaint
77127 Lieusaint
60 60 00 60
Ce grand consortium spécialisé dans la vente des apéritifs et spiritueux possède non seulement plusieurs Maisons de cognac (voir *Gautier*), mais également ses propres marques, dont le *Comte de Valbelle, Grandin* et *Lormont.*

BERGIER (Jean)
Saint-Léger (au nord de la ligne de chemin de fer)
Brives-sur-Charente
17800 Pons
46 96 40 73
Petite Champagne
VSOP (6 ans)/*Vieille Réserve* (10 ans).
Environ 25 000 bouteilles par an.

BÉRIN (F.A.) : CCG

BERNIN (F.A.) : CCG

BERRY BROS. & RUDD Ltd.
3 St. James's Street
London SW1 A 1EG
(1) 9 30 56 31
Depuis près de 300 ans dans le négoce des vins et spiritueux, cette Maison est sise à la même adresse depuis 1735. Mise en bouteilles par la Maison et *early landed – late bottled.*

Entre autres: *Grande Champagne 1963 Les Gablotaux bottled 1986; Grande Champagne 1948, 41,6 %, bottled 1976;* et *Grande Champagne 1940, 41,6 %, bottled 1976.*

BERTEL: Hardy

BERTET (A. Bertet & Mme Y. Métreau)
Les Héraudes, à l'ouest de
17360 Saint-Aigulin
46 04 12 41
Bons Bois
★★★ (5 ans)/*VSOP* (10 ans)/*Hors d'Âge* (25 ans).

BERTHELOT (Jean-Claude)
Chez Gaudin, au sud de Aujac
17770 Brizambourg
46 25 01 98
Fins Bois
Sélection/*VSOP*/commercialise également le cognac 25 ans d'âge de la Maison *Arrivé* (voir ce nom).

BERTIN: Dupin

Au temps où les vendanges dans la région de Cognac étaient effectuées à la main, des milliers de vendangeurs affluaient de toutes les régions de France, ainsi que d'Espagne.

BERTIN (Henri): Robert Dupin

BERTON (Alexandre): Larsen

BERTRAND (Alexandre):
Château Paulet

BERTRAND (Léo)
Bois-Saint-Genis, à l'ouest de
Château Malvillars
17240 Saint-Genis-de-Saintonge
46 49 85 47
Bons Bois
★★★ (5 ans)/*VSOP* (10 ans)/*Réserve* (15 ans).

BERTRAND DE CHENEVIÈRES:
2e marque de *Clair, Michèle* (voir ce nom)

BESSON (Claude)
Les Chaussades, au nord-est de
Le Tâtre (par D 14)
16360 Baignes-Sainte-Radegonde
45 78 54 21
Bons Bois
★★★ (4 ans)/*VSOP* (8 ans)/*Napoléon* (12 ans).

BÉTIZEAU (Henri)
La Paillerie (D 117), entre Nancras et Sablonceaux
17600 Saujon
46 94 70 19
Bons Bois
★★★ (4 ans)/*VSOP* (7 ans)/*Vieille Réserve* (12 ans)/*Fine Cognac* (20 ans).

BIGORD: Brugerolle

BILLAUD (Paul)
La Féole, au nord (sur la D 220e et la D 219c) de
Saint-Pierre-de-Juillers
17400 Saint-Jean-d'Angély
46 26 34 64
Fins Bois
Sélection (5 ans)/*VSOP* (7 ans).

BILLON (Régine)
Le Terrier Richon (sur la D 24 Cognac-Sainte-Sévère, prendre à gauche à Les Varennes)
Nercillac
16200 Jarnac
45 32 29 58

Le dolmen de Garde-Épée, près de Saint-Brice, sur la rive nord de la Charente, entre Cognac et Jarnac.

Propose un *VSOP Fine Champagne* dans des ampoules de 2 cl (coffrets de 10).

BIROLLEAU (Robert + Alain)
La Valade, à l'ouest de
Brie-sous-Archiac
17520 Archiac
46 49 11 65
Petite Champagne
Sélection (5 ans)/*VSOP* (10 ans).

BIROT (Jean-Michel)
Chez Gaucher, par la D 249, au sud de Réaux
17500 Jonzac
46 48 09 43
Petite Champagne
Fine Champagne (4-5 ans).

BISQUIT (Ricard-Bisquit)
Domaine de Lignières, par la D 736, au nord de
16170 Rouillac
45 21 88 88

Une des plus grandes Maisons de cognac. Fondée en 1819 par Alexandre Bisquit, dont le gendre adjoignit son propre nom à celui de l'entreprise (Bisquit Dubouché & Co), sise à Jarnac jusque dans un passé récent. Étant passé sous contrôle de Ricard en 1966, Bisquit appartient à un des plus grands groupes français (et européens) dans le domaine des boissons (alcoolisées ou non) : *Pernod-Ricard* (voir ce nom). Bisquit possède 200 hectares de vignobles dans le cru des Fins Bois; néanmoins, la Maison achète également d'autres crus auprès de 200 à 300 viticulteurs. Elle annonce une production d'environ cinq millions de bouteilles par an, dont 80 % à l'exportation. À l'heure actuelle, les principaux clients à l'étranger sont : le Benelux, l'Allemagne fédérale, la Grande-Bretagne, Hong-Kong et plusieurs pays d'Extrême-Orient.
Qualités de cognac Bisquit : ★★★ (4-5 ans, principalement de *Fins Bois*, ainsi que de *Bons Bois* et un peu de *Grande Champagne*)/*VSOP* (cognacs de 9-10 ans, *Fine Champagne*)/*Napoléon (Fine Champagne,* environ 25 ans)/*XO*/*Extra Vieille Bisquit-Dubouché (Grande Champagne,* environ 45 ans)/*Privilège d'Alexandre Bisquit* (environ 90 ans).
Le ★★★ vient en tête des ventes, avec 70 %, suivi par le *VSOP* (20 %). L'*Extra Vieille* représente environ 1 % du volume des ventes.

BITEAUD (Jacques)
Chez Guérin, au sud de
Criteuil-la-Magdeleine
16300 Barbezieux-Saint-Hilaire
45 83 54 26
Grande Champagne
VSOP/*Vieille Réserve*/*Extra* (20 ans)/*Hors d'Âge 45 %* (Héritiers Biteaud).

BLANCHARD (Jean)
Vars
16330 Saint-Amant-de-Boixe (sur la route de Champniers, entre Vars et la N 10)
45 39 71 42
Fins Bois
★★★/*Réserve*/*Vieille Réserve* (15 ans).
Le cognac produit par Blanchard porte son nom. Jean-Claude Blanloeuil, également de Vars (chez Brard), assure la commercialisation.

BLANCHARD-DIGNAC :
Marguerite de Luze

BOBE (Jean)
Chez Maurin, au sud de
Vignolles
16300 Barbezieux-Saint-Hilaire
45 78 57 70
Petite Champagne
VSOP/*Vieille Réserve* (20 ans)/*Hors d'Âge* (30 ans).

BOCUSE : Croizet, Unicoop

BOGAN Frères : Croizet Eymard

BOIDRON (Michel)
Le Fouilloux, au sud-est de
17270 Montguyon
46 04 12 55
Bons Bois
★★★ (3 ans)/*VSOP* (5 ans).

BOILARD (A.) : Royer

BOILEVIN : Leyrat/Engrand

BOINAUD (Michel)
Le Bois, au nord-ouest de
Angeac-Champagne
16130 Segonzac
45 82 21 79, 83 72 72
Grande Champagne
Napoléon (depuis 1986)/*Bel Âge* (env. 30 ans)/*Belle Époque* (cognac du début de ce siècle, env. 50 ans).

BOISNARD : CCG

BOISSON (Serge)
Maine Péron par
Saint-Quantin-de-Rançanne
17800 Pons
46 70 84 79
Bons Bois
★★★/★★★ *50 %*/*VSOP*.

BOIZUMEAU (Robert)
Saint-Eugène
17520 Archiac
46 70 05 14
Petite Champagne
★★★ (6 ans)/*VSOP* (10 ans)/*Napoléon* (13 ans).

BOLTON Frères : Croizet Eymard

BON VOYAGE : Les Grands Chais de France

BONAPARTE : Croizet Eymard

BONCOURT : Camus

BONFIRE : Brugerolle

BONHEUR : Brugerolle

BONNAUD : Sauvion (Rouyer Guillet)

BONNEMIE, LE CHAI DE
(Sté Coopérative Agricole Cave-Distillerie de Bonnemie)
17310 Saint-Pierre-d'Oléron
46 47 00 32
Bois Ordinaires
Fondé en 1925. Environ 180 vignerons et 200 hectares. La production avoisine 650 000 bouteilles par an.

★★★ (4 ans)/*VSOP* (6 ans)/*Napoléon* (10 ans).

BONROY : Unicognac

BORDES (Gaston)
Fortemont, par
Saint-Simon-de-Bordes, au sud de
17500 Jonzac
46 48 05 92
Fins Bois
★★★/*VSOP/Napoléon* (12-15 ans).

BORDIER-DANDONNEAU (Max)
La Chefmalière (en direction de la plage du sud-ouest)
17310 Saint-Pierre-d'Oléron
46 47 07 27
Bois Ordinaires
★★★/*VSOP*.

BOSSIS (Raymond)
Les Groies
Saint-Bonnet-sur-Gironde, à l'ouest de
17150 Mirambeau
46 86 02 19
Fins Bois
★★★/*VSOP/Napoléon* (13 ans, avec 12-15 % de 23 ans d'âge).

BOSSUET (Paul)
Senouches (au nord de la N 141), au sud-ouest de Chevessac
17610 Chaniers
46 91 51 90
Fins Bois
★★★ (3 ans)/*VSOP* (5 ans)/*Extra* (8 ans).

BOUCHARD (Jules) : Camus

BOUCHER (Marc)
La Rambouderie
Saint-Sorlin-de-Conac
17150 Mirambeau
46 86 00 72
Fins Bois
★★★/*VSOP*.

BOUCHET (Jules) : Royer

BOUJU (Daniel)
Saint-Preuil, au sud-ouest de
16130 Segonzac
45 83 41 27

Grande Champagne
VSOP/Napoléon/Empereur/Extra (env. 20 ans, non réduit)/*Très Vieux 50 %* (env. 30 ans)/*Cognac Cuisine 60 %* destiné à la gastronomie et aux préparations culinaires. La famille produit du cognac depuis 1805.

BOULESTIN : Otard

BOULETREAU (René)
Font Joyeuse, près de Saint-André, au nord de
Louzac-Saint-André
16100 Cognac
45 83 28 33
Borderies
VSOP.

BOULLE (Guy)
Chez Massias, par
Saint-Martial-de-Vitaterne, au nord de
17500 Jonzac
46 48 14 42
Petite Champagne
VSOP (env. 10 ans).

BOURARD Fils & Co : Castillon-Renault

BOURBON & BOUSSAGUET :
Sauvion (Rouyer Guillet)

BOURDET (Edgard, Succ.)
Biard, par
16130 Segonzac
45 83 41 96
Grande Champagne
Napoléon (10 ans).

BOURDON : Monnet

BOURON (André)
(Monique + Bernard Parias)
Domaine de la Grange, sortie de
17400 Saint-Jean-d'Angély
46 32 00 12
Blason d'Or (★★★)/*VSOP/Grande Réserve/Très Vieille Réserve* (35 ans). Produit également les cognacs destinés au restaurant « Maxim's », Paris (voir ce nom).

BOUSSAC : Monnet

BOUTELLEAU SA
18, rue Sadi-Carnot
16300 Barbezieux-Saint-Hilaire
45 78 00 01

Le siège de la société était autrefois la maison de Jacques Boutelleau, également bien connu sous son nom d'écrivain Jacques Chardonne. La Maison est dirigée par la famille Braastad, famille d'origine norvégienne installée depuis fort longtemps en Charente. La société Boutelleau commercialise ses cognacs principalement en Europe et en Extrême-Orient. Les cognacs Boutelleau achètent les quantités de cognac nécessaires pour le stockage et la commercialisation, principalement dans les crus de Grande et de Petite Champagne.
Sa production annuelle atteint environ 120 000-130 000 bouteilles.
★★★ (5 ans)/*VSOP* (13 ans)/*Napoléon* (25 ans)/*Extra* (35 ans).

BOUTINET (Bernard)

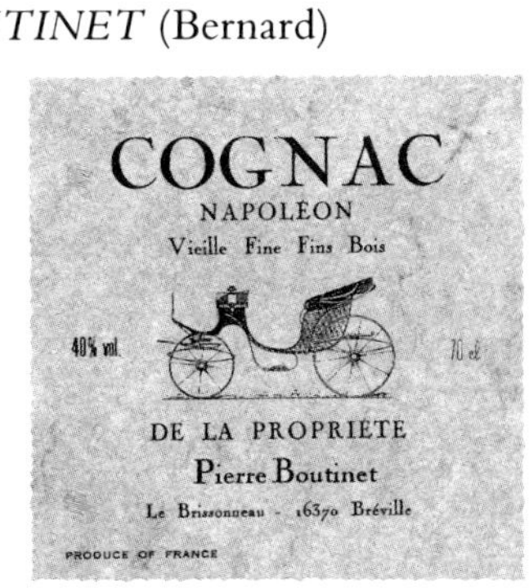

Le Brissonneau, au nord-ouest de Bréville
16370 Cherves-Richemont
45 80 86 63
Fins Bois
Fine (4-5 ans)/*Napoléon* (12 ans).
Autre marque : *La Soloire.*

BOUYER (Georges)
Bassac, au sud-ouest de Jarnac
16120 Châteauneuf-sur-Charente
45 81 94 33
Fins Bois + Grande Champagne
**** Montignac/VSOP Georges Bouyer (Fins Bois)/VSOP Grande Champagne Louis Dubosquet/Napoléon Grande Champagne L. Dubosquet.*

BOYARD : Croizet

BOYER Père & Fils : Castillon-Renault

BRARD-BLANCHARD (Jacques)
Chemin de Routreau, Boutiers, hameau au nord de
16100 Cognac
45 32 19 58

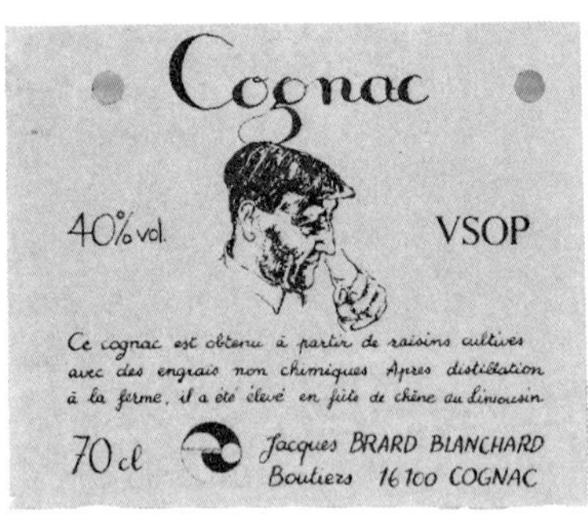

Fins Bois en culture biologique !
*** (4 ans)/*VSOP* (7 ans)/*Vieille Réserve* (10 ans).

BRASSART (Paul) : Rouyer Guillet

BREAU (Guy)
Le Bouquet, à l'ouest de Verrières

16130 Segonzac
45 83 74 52
Grande Champagne
**** / VSOP Réserve / Vieille Réserve 41 %.*

BREDON
Sous-marque de *Royer* (voir ce nom)
****/VSOP/VSOP Fine Champagne/XO.*

BREDON (Octave & Raymond Bredon)
Bouchet, route de Juillac-le-Coq, vers
16130 Segonzac
45 83 42 60
Grande Champagne, « Perle ancestrale » (env. 50 ans).

G. BRIAND (Grande Champagne Héritage Gaston Briand) : Ragnaud (Marcel)

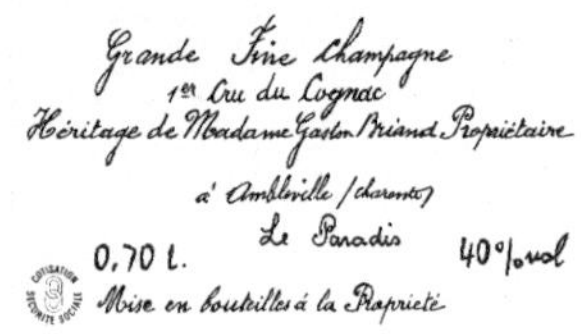

BRIAND & Co
Anciennement Briand-Boutiller-Delaurière : groupe *PRUNIER.*
**** Fine Champagne/VSOP/Excellence Réserve Spéciale/Napoléon/Éminence.*
Autres marques : *Dugas, Hedouard, Jérôme, Martin.*

BRIAND Père & Fils
GAEC d'Étangville
Étangville, sur la D 939, à l'ouest de Saint-Yrieix-sur-Charente
16000 Angoulême
45 38 10 73
Fins Bois
VSOP/Vieille Réserve/Hors d'Âge.

BRIDIER (Roger)
La Vénerie (D 24 Cognac-Sainte-Sévère) Reparsac
16200 Jarnac
45 83 86 31
Fins Bois
*** (5 ans)/*VSOP* (10 ans).

BRILLET (J.R.) *SA*
Les Aireaux
Graves
16120 Châteauneuf-sur-Charente
45 97 05 06. Télex 79 00 71
Signe et commercialise une haute gamme de produits issus de vignobles familiaux situés en Grande et Petite Champagne, premiers crus de Cognac. *Sélection 40 %* et *Grande Réserve 40 % (Petite Champagne)/Vieille Réserve Napoléon 40 % (Grande Champagne)/Réserve Spéciale Hors d'Âge 40 %/Très Rare Cognac Héritage 45 %/Très Rare Réserve Limitée 40 %* (collection de lots de Très Rares Cognacs, en bouteilles soufflées bouche numérotées).
Grâce au concours de partenaires exclusifs d'excellente notoriété, l'image de marque de la Maison J.R. Brillet SA s'est développée internationalement auprès des connaisseurs et dans les points de vente les plus prestigieux (70 % des ventes réalisées à l'exportation).

DESMAURIN-BRILLET (Patrick)
Chez Maurin, D10
Saint-Amant
16120 Châteauneuf-sur-Charente
45 97 06 02
Grande + Petite Champagne
Napoléon P. Ch. (10 ans)/*Napoléon G. Ch.* (10 ans)/*Hors d'Âge P. Ch.* (15 ans)/*Hors d'Âge G. Ch.* (18 ans)/*Très Rare G. Ch.* (35 ans).

C. BRISSAC & Cie : Prunier

BRISSON (Gilles)
Dizedon (D 149, depuis Châteaubernard en direction de Merpins)
45 82 45 25
Grande Champagne
A débuté en 1984 avec une petite production. ***/*VSOP* (à moitié 7 et 9 ans).

BROSSAC (Jean) : Roffignac

BRU (Roland)
Les Moisans (Distillerie), à Sireuil
16440 Roullet-Saint-Estèphe
45 62 55 38, 62 54 43
Fins Bois
Fine Cognac (***)/*VSOP/Très Vieux Cognac Pale/Napoléon XO.*

BRUGEROLLE
(également : Léopold Brugerolle)
Cognac Brugerolle SA
17160 Matha
46 58 50 60
Établie depuis 1847 à Matha, depuis 1987 dans le groupe *CCG* (voir ce nom). Le débit annuel dépasse légèrement le million de bouteilles de cognac et de brandy. Environ 60 % de la

production sont exportés. Principaux clients étrangers : le Benelux – la RFA – le Danemark – la Suisse – l'Extrême-Orient. Environ un dixième de la production annuelle est commercialisé sous d'autres marques : *Bigord – Bonfire – Cognac Bonheur – Brunel – Camerone, E.H. Cardin – Louis Chartier – Chastel & Cie – de la Croix Béquet – Dufaur – Duhaut – Feu de Joie – de Jonker – Labarde – Lavoisier – Leroy & Cie – Major – Majos – Mirador – Murat – Pavois – Poniatowski – Pradier – Prinal – Robin – Rodier – Rodin – Sorel – J.M. Villard & Cie* – la plupart sous les qualités ★★★/*VSOP/Napoléon*. Sous la marque Brugerolle sont proposés : *Fine Charente* (2-3 ans)/★★★ (4 ans)/ *Luxe* (6 ans)/*VSOP* (8 ans)/*Aigle Rouge* (12 ans)/*Aigle d'Or* (25 ans)/*XO/Très Vieux Cognac* (30-35 ans), pour les restaurants, également sous l'étiquette *Napoléon*. En outre, il existe un cognac « La Flambée » pour les préparations culinaires, et un « Tropical Night » à 42 % pour les cocktails (existe également comme cocktail).

BRUN (Robert) : Gautier/Aigre

BRUNEL : Brugerolle

BUJEAUD (Jean)
Beurac (au nord de Jarnac), au sud-ouest de
Foussignac
16200 Jarnac
45 81 12 16
Fins Bois
★★★/*VSOP/Napoléon* (env. 11 ans).

BUREAU (Didier)
Coulonges
16370 Saint-Sulpice
45 83 80 42
Borderies
★★★/*VSOP/Napoléon/Vieille Réserve*.

BUREAU (Gilbert)
Le Défend, au nord-est de
Saint-Sulpice-de-Cognac
16370 Cherves-Richemont

François Brugerolle, directeur général, et André Brugerolle, président de la firme du même nom.

45 83 85 54
Borderies
★★★/*VSOP* (10 ans)/*Réserve* (15 ans).

BUREAU (Jacky)
Le Breuil, au nord de Dompierre-sur-Charente
46 91 00 45
Borderies + Fins Bois
★★★ (env. 5 ans)/*VSOP* (8 ans).

BUREAU (Michel)
Les Grands Landrys, au nord-ouest de Guimps
16300 Barbezieux-Saint-Hilaire
45 78 90 36
Petite Champagne
★★★/*VSOP*/*Vieille Réserve* (20 ans).

BURNEZ: Prunier

CALIFET: Denis-Mounié

CALVET SA
75, cours du Médoc
33300 Bordeaux
56 39 61 86
Il fut un temps où cette Maison de négociant en vins (qui appartient à European Celars, une filiale des deux géants britanniques de la brasserie, Allied-Lyons et Whitbread) produisait également un cognac Calvet, aujourd'hui rare (entre autres, *Grande Fine Champagne/Réserve Empire*). Propriétaire de diverses marques, dont *Le Blanc (J.)*.

CAMERONE: Brugerolle

CAMUS
(Camus « la Grande Marque » SA)
29, rue Marguerite-de-Navarre
16101 Cognac
45 32 28 28
Depuis sa fondation en 1863, propriété de la famille Camus, cette Maison est devenue la cinquième sur le marché du cognac (elle produit également du pineau, du brandy et de l'armagnac, outre qu'elle est un important négociant en spiritueux d'importation). Les membres de la famille sont propriétaires de plus de 100 hectares de vignobles en Grande Champagne et dans les Borderies; le volume total de production est assuré par l'achat de raisins de différents crus (pas de Bois Ordinaires), auprès de quelque 250 vignerons. Les ventes annuelles de cognac dépassent les 5,5 millions de bouteilles, dont environ 90 % réservés à l'exportation. Les principaux clients à l'étranger sont, par ordre d'importance: les États-Unis – Hong Kong – le Japon – la RFA – la Grande-Bretagne – l'Union soviétique; dans ces pays, ce sont les magasins détaxés (*duty free shops*) qui ont donné à la Maison ses premiers succès; aujourd'hui largement plus de la moitié de la production de Camus est vendue par cette voie.
Parallèlement, sous d'autres étiquettes, Camus commercialise également le cognac de deux propriétés familiales: le *Château du Plessis* (*Fine Borderies*, 38 ans d'âge) et le *Château d'Uffaut* (*Grande Fine Champagne*). Les qualités proposées par la marque Camus sont: *Célébration (★★★)/Grand VSOP/Napoléon/Napoléon Extra/XO Extra*. Les qualités supérieures se vendent mieux que les qualités inférieures: 40 % de *Napoléon*, 20 % de *XO*, 15 % de *VSOP* et 25 % de *Célébration*. Le *VSOP* Camus destiné au marché nippon est plus fort et un peu plus doux que le *VSOP* normal de la Maison. À l'occasion des Jeux Olympiques de 1984, Camus lança sur le marché un lot de 20 000 flasques en porcelaine du *Napoléon* baptisé spécialement « Los Angeles ».
De même, pour la Coupe du monde de football de 1986, un lot de 15 000 bouteilles spéciales en porcelaine de cognac Camus (également le *Napoléon*) fut mis en circulation. Certains cognacs Camus sont présentés dans des carafes en porcelaine et des flasques en forme de livre.
La Maison Camus produit également du cognac sous une foule de contremarques, dont les suivantes: *Ascott, Boncourt, Bouchard, Jean Canon, Cardinal, Carnaval, Chabanneau & Co, Chabot, Delafargue, A. Dormont & Fils, Dussaut, Fol Amour, Franceville, French Brandy Shippers Club, La Gamme Élite, Gérard, L. Paulhiac & Cie, Planat & Cie, Pionneau, Roos, Smart, Superlative, Tamon, Texier Gérard, Vignelac.*
Pour ses exportations, Camus a ouvert une filiale aux Bahamas.

CANON: Camus

CANONNIER: Unicoop

CARDIN: Brugerolle

CARDINAL: Camus

CARLE (Jacques)
Porniviers, au sud de Verrières
16130 Segonzac
45 83 74 89
Grande Champagne
Napoléon.

CARNAC (L.) *& Co:* Courvoisier

CARNAVAL: Camus

CAROLUS MAGNUS:
Data Organisation SARL
17150 Mirambeau

CARRIÈRES : Croizet

CARTAIS LAMAURE :
Le Grange du Bois

CARTE D'OR : Castillon-Renault

CARTE ROYALE : Unicognac

CARTEAU : Denis-Mounié

CARVAL (N.) *:* Croizet Eymard

CASMEZE : Unicoop

CASQUE D'OR : Adet Seward

CASQUE ROUGE : Adet Seward

CASTAIGNE :
Philippe de Castaigne (Sté)

CASTEL SABLONS : Roux

CASTILLON-RENAULT
23, rue du Port
16100 Cognac
45 82 52 88
Les noms viennent de deux vieilles Maisons de taille moyenne. Pinet, Castillon & Co, producteur de cognac depuis 1814, était surtout une Maison de gros, livrant sa production en vrac, Renault, en revanche, soignait plutôt sa propre marque. En 1968, le propriétaire de Renault se trouva dans l'impossibilité, pour cause d'ennuis de santé, de poursuivre ses activités. Castillon prit le contrôle de la Maison Renault, tout en conservant ses noms de marques. Aujourd'hui, la Maison fait partie du groupe Dreyfus, après un bref séjour chez Hennessy de 1973 à 1975.
À l'heure actuelle, on vend deux fois plus Renault que Castillon. Au total, la « petite » entreprise – comme ses directeurs l'appellent modestement – vend environ 1 million de bouteilles par an (plus le double de brandy). Sur le marché français, on trouve très peu de cognac de cette Maison : 99 % sont exportés, principalement vers la Scandinavie et l'Extrême-Orient, suivis par l'Amérique du Nord. À elle seule, l'entreprise occupe quelque 15 % du marché du cognac en Scandinavie.
Ne possédant pas de vignobles, Castillon-Renault achète aux vignerons. Sous la marque Castillon, on trouve les cognacs suivants : *Grande Fine Bons Bois/VS Grande Fine* (★★★, 3 ans)/*VSOP* (6 ans)/*Napoléon* (10 ans), *OVB* (Old Vintages Blend)/*Grande Fine Champagne/XO* (15-20 ans). La marque *Renault* (voir ce nom) commercialise essentiellement (70 %) une *Fine Napoléon* (20 % de ★★★).

CATON Père & Fils : Gautier/Aigre

CAYRE
(Domaine de Chavenat,
Sté Marguerite)
16190 Montmoreau
Zone de *Fins Bois/Bons Bois*
Distributeur : Multi-Prestations
25, rue du Général-Foy
75008 Paris
42 94 41 00
VSOP/XO.

CCG : Compagnie Commerciale
de Guyenne

J. CÉLESTIN RIBES : Castillon-Renault

CELLOU (Bernard)
Saint-Simon-de-Bordes, au sud de
17500 Jonzac

46 48 05 21
Fins Bois
Très Vieux (12 ans).

CERCLÉ (Pierre)
Chez Clinet
Chantillac, au sud de
16360 Baignes-Sainte-Radegonde
45 78 41 33
Bons Bois
★★★/*VSOP/Réserve.*

CERES : Hardy

CFC : Compagnie Française des Champagnes

CHABANNEAU & Co
Filiale de *CAMUS* (voir ce nom) : ★★★/*VSOP/Napoléon.* Une *Grande Fine Champagne Très Vieille Réserve 1865* de cette Maison, alors indépendante, existait encore récemment au restaurant « Traube », Grevenbroich.

CHABASSE (René-Luc)
1, rue Maichin
17400 Saint-Jean-d'Angély
★★★.

CHABAUT : Beausoleil/CCG

CHABERNAUD (Viviane)
Chez Drouet, au sud-est de
Criteuil-la-Magdeleine
16300 Barbezieux-Saint-Hilaire
45 83 54 21
Grande Champagne
★★★/*VSOP/Vieille Réserve* (10 ans).

CHABOT : Camus

CHAGNOLEAU (Jean + Joël)
GAEC de Chalons
Le Gua
17600 Saujon

46 22 82 77
Bons Bois
VSOP (8 ans).

CHAI DE BONNEMIE : voir Bonnemie

CHAIGNER (Dominique)
La Barde
Arthenac
17520 Archiac
46 49 12 85
Petite Champagne
VS/VSOP/Extra (env. 25 ans).

CHAIGNIER (Pascal)
La Martinière, au sud-ouest de
Guitinières
17500 Jonzac
46 48 31 63
Petite Champagne + Fins Bois

Également dépositaire exclusif du cognac de son père (Jean Ch., La Borderie, Lussac, au nord-est de Jonzac).
VSOP (8 ans)/*Réserve* (19 ans).

CHAILLOUD (Adelys)
Le Bourget, au nord de
Saint-Simon-de-Bordes
17500 Jonzac
46 48 05 94
Fins Bois
★★★/*VSOP/Réserve.*

CHAINIER (Guy & Fils)
La Barde Fragnouse (via la D 149) au sud, environ à 3 km de
Arthenac
17520 Archiac
46 49 12 85
Petite Champagne
★★★/*VSOP/Napoléon* (env. 20 ans)/*Vieille Réserve* (env. 35 ans).

CHALIFOUR (René)
16370 Cherves-Richemont
(près de l'église de Cherves)
45 83 25 54
Borderies
★★★/*VSOP* (6 ans).

CHALOUPIN (V.) : Leyrat/Engrand

CHANCELORD & DE VITIS
(SARL Quéron & Co)
Macqueville
17490 Beauvais-sur-Matha
46 26 60 11, 26 61 93
Fins Bois
Napoléon Chancelord (15 ans)/*Antique de Vitis* (20 ans)/*Âge d'Or de Vitis* (50 ans).

CHANDELAC : Hardy

CHANEL (Jean-Paul) : Les Grands Chais de France

CHANTAL (R.) : Royer

CHANTELIAC : CCG

CHANTEVIGNE : CCG

CHARDON : Prunier

CHARENTAISE VINICOLE
Avenue de la Corderie
17130 Saint-Pierre-d'Oléron
46 47 00 65
Bois Ordinaires
Cette coopérative commercialise le cognac de quelque 500 vignerons, réunissant au total environ 500 hectares. Sur une production équivalant à 1,4 million de bouteilles, 80 % sont revendus en vrac à d'autres producteurs. Les qualités de sa propre marque sont : ★★★ (3 ans)/*VSOP* (5 ans)/*Napoléon* (8 ans)/*Spécial Cuisine 45 %,* en bouteilles de 1 litre.

CHARGEDAVOINE (Bernard)

Expiremont, au nord-est de
17130 Montendre
46 49 21 29
Bons Bois
⋆⋆⋆ (5 ans)/*VSOP* (8 ans)/*XO*.

CHARPENTRON (Claude)
Mérienne, près de
Gondeville
16200 Jarnac
45 81 13 27*Grande Champagne*
⋆⋆⋆ (5 ans)/*VSOP* (15 ans)/*Vieille Réserve Spéciale* (40 ans).

CHARRIER : Albert Robin/Prunier

CHARTIER : Brugerolle

CHASTEL & Cie : Brugerolle

CHAT (Yves)
Chez Drouillard, au nord-est de
Bercloux, au nord-est de
17770 Brizambourg
46 95 33 36
Fins Bois
⋆⋆⋆/*VSOP*/*Vieille Réserve* (10 ans).

CHÂTEAU CHESNEL
(Comte de Roffignac)
Sortie ouest de
16370 Cherves-Richemont
45 83 28 11
Grande Fine Champagne « Prestige »/Extra Vieille Fine Champagne.

CHÂTEAU D'UFFAUT : Camus

CHÂTEAU DE BEAULON
(Christian Thomas)
Saint-Dizant-du-Gua
17240 Saint-Genis-de-Saintonge
46 49 96 13
Fins Bois
Blason (7 ans)/*Vieille Fine* (env. 20 ans)/*Extra* (30 ans)/*Collection* (50 ans d'âge, petite quantité vendue en 1980).

CHÂTEAU DE BOIS-CHARENTE
(Fondation Fougerat)
Bois-Charente
Graves (au sud-est de Jarnac)
16120 Châteauneuf-sur-Charente
45 81 92 91
Grande + Petite Champagne

Le Bureau National Interprofessionnel du Cognac l'utilise pour ses recherches.
Vieille Réserve (20 ans).

CHÂTEAU DE BRIVES : Prunier

CHÂTEAU DE BRIZAMBOURG
(*Hard, Pierre,* voir ce nom)
17770 Brizambourg
46 94 37 15
Fins Bois
Napoléon (20 ans).

CHÂTEAU DE DIDONNE :
De Didonne

CHÂTEAU DE FLAVILLE :
Croizet Eymard

CHÂTEAU DE FONTPINOT : Frapin

CHÂTEAU DE LA GRANGE : Bouron

CHÂTEAU DE LIGNIÈRES : Bisquit

CHÂTEAU DE NIEUIL
16270 Nieuil
(nord de N 141, au sud-est de Saint-Claud)
45 71 36 38 (Fam. Bodinaud)
Château-hôtel et restaurant. Un remarquable choix de cognacs.

CHÂTEAU DE TRIAC : Tiffon

CHÂTEAU DU PLESSIS : Camus

CHÂTEAU GIBEAU : Unicoop

CHÂTEAU MONTIFAUD, également :
Domaine de Montifaud (Vallet & Cie)
Jarnac-Champagne
17520 Archiac
46 49 50 77
Petite Champagne
⋆⋆⋆ (5 ans)/*VSOP* (8 ans)/*Napoléon* (15 ans)/*Hors d'Âge* (30 ans)/*Extra Vieux Cognac 45 %* (date du début du siècle).
Exportation : Julien Thiry,
Château du Puy
83440 Tourettes-Fayence
94 76 12 44, 76 21 37.

CHÂTEAU PAULET
Route de Segonzac
16101 Cognac Cedex
45 32 07 00
Fondée en 1848, cette vieille Maison, d'abord sise à Jarnac, s'est progressivement renforcée avec l'apport d'autres marques comme *Dubois, Tricoche, Geoffroy, Gassies* et finalement *Barnett & Elichagaray* qui poursuit une commercialisation indépendante. Elle est maintenant implantée à Cognac.
Pendant un temps dans le giron de la Société *Cusenier,* elle est aujourd'hui la propriété du groupe *Héritiers Renaud Cointreau.* Les plus vieilles eaux-de-vie commercialisées sont une *Borderies Très Vieille* ainsi qu'un *Très Rare Cognac Age Inconnu* et, par la tradition des vignobles familiaux, une *Vieille Fine Champagne XO.*
Château Paulet SA dispose d'une gamme de cognacs traditionnels, *Ecusson Rouge ⋆⋆⋆⋆/VSOP Réserve/Napoléon,* et présente plusieurs qualités spéciales de vieilles eaux-de-vie en carafes de cristal, *Réserve Louis XVI* et *Cristal XO,* ainsi qu'en flacons de porcelaine, dont *« le Porche »* reproduit le portail charentais de l'entrée du domaine de la Société Château Paulet.
Château Paulet SA est notamment le fournisseur de cognac de Harrod's, à Londres. Peut-être y trouve-t-on encore le *Sélection Paradis 1895* et un *Sélection Paradis Fins Bois 1904.* Encore plus vénérable, la *Fine Champagne Château Paulet 1811* sommeille dans les caves du restaurant « La Pyramide » de Vienne, près de Lyon.

CHÂTEAU SAINT-GEORGES
(L. Lescure), Laiterie Coopérative
Sainte-Anne de Claix
Sers/Claix
16440 Roullet
45 97 30 02
Fins Bois
Vieille Réserve (14 ans)

Un ★★★ (4 ans d'âge) est proposé sous le nom du propriétaire: *Cognac Maison L. Lescure.*

CHÂTEAU SAINT-SORLIN
(Mme Castelnau-Gros)
Saint-Sorlin-de-Conac
17150 Mirambeau
46 86 01 27
Fins Bois
★★★ (3 ans)/*VSOP* (7 ans)/*Hors d'Âge* (15 ans).

CHATELLE: Camus

CHAUCHET (Guy)
Le Maine Verret, au sud-ouest de Verrières
16130 Segonzac
45 83 75 70
Grande Champagne
VSOP (15 ans)/*Extra* (env. 19 ans).

CHAUFFE-CŒUR
Nom de marque de Martayrol
137, avenue du Président-Wilson
93210 Saint-Denis
48 20 63 08.

CHAURAUD (Claude)
La Croix, par
Saint-Léger
17800 Pons
46 91 23 77
Fins Bois
★★★ (3 ans)/*VSOP* (6 ans)/*Vieille Réserve* (15 ans).

CHAUVAUD (Jean-Marie)
Rue du Tranchard
16730 Fléac
45 91 16 30
★★★/*VSOP.*

CHAUVET (Louis)
Marque de la Maison
Georges Monin
Place des Marronniers
18001 Bourges
48 50 64 36.

CHAUVIGNAC: CCG

CHEVAL ARDENT: Gautier/Aigre

CHEVALERIE: Duc de Théon

CHEVALIER GUILLAUME DUCHATEL:
Data Organisation SARL
17150 Mirambeau

CHEVALLIER (Louis): Larsen

CHOLLET (Jacques)
Distillerie du Planty
Saint-Trojan
16100 Cognac
45 32 12 93
Fins Bois
★★★/*VSOP.*

CHRISTOPHER & Co
4, Ormond Yard
London SW 1
(1) 9 30 55 57
Possède ses propres marques (*Christopher's Virgin* et *Christopher's Grand Seigneur*) et propose différents *early landed – late bottled: Pellisson 1948/75, Hine 1948, Pellisson 1929.*

CLACQUESIN SA
18, avenue du Maréchal-Leclerc
92240 Malakoff
46 55 55 55
Cette Maison en apéritifs et spiritueux possède elle aussi sa propre marque de cognac: *La Claie* (★★★ uniquement).

CLAIR (P.)
Neuillac, à l'ouest de
17520 Archiac (à 1 km du village)
46 48 32 01
Petite Champagne
★★★/*VSOP.*

Jacques et Bernard Lacroux, à la tête de Château Paulet, sont les descendants du fondateur de la Maison.

CLAIR & Co (Michèle)
Pont Renoux, au sud-est de Thors
17160 Matha
46 58 56 46
Fins Bois
★★★/*VSOP/Napoléon*
2ᵉ marque : *Bertrand de Chenevières.*

CLAUDON : Salignac

CLER (René) : Royer

CLERY (Raymond)
Le Maine Drilhon, au sud-ouest de Barret
16300 Barbezieux-Saint-Hilaire
45 78 04 44
Petite Champagne
VSOP/Vieille Réserve (21 ans).

CLOSTRE (Pierre) au *COQ D'OR*
5, place du Molard
CH-1204 Genève
(19 41) 22 28 43 11
Ce négociant en vins offre d'excellents vieux cognacs, par ex., *Ragnaud/Briand* (voir ces noms).

CLOUET (Alfred) : Croizet

COGNAC DE LA DISTINCTION : Prunier

COGNAC DES PAYSANS CHARENTAIS : Unicoop

COGNAC DES TROIS EMPEREURS
Domaine du Chillot
VSOP/XO Spécial, en carafes.

COGNAC DU ROY 1840 : Prunier

COGNAC LIBRE : Exshaw (Otard)

COGNAQUEUR : Les Grands Chais de France

LA COGNATHÈQUE
10, place Jean-Monnet
16100 Cognac
45 82 43 31, 82 07 71
Le plus grand assortiment de cognacs que l'on puisse trouver en magasin — on y achète, mais on peut aussi se contenter de regarder. Près de deux cents qualités allant des ★★★ aux plus coûteuses. Bien situé près du grand parking derrière la place François-Iᵉʳ, non loin du Syndicat d'initiative, au nº 19, à quelques mètres de la zone piétonnière. Un choix d'autant plus intéressant pour les amateurs que celui de la plupart des magasins de la région de Cognac est comparativement très restreint. Propriétaire : Serge Arrou, également producteur de cognac sous le nom de *Serge Alexandre* (voir ce nom).

COGRANNE (René) : S. Curlier

COINTREAU
Geneviève, épouse du producteur de liqueurs Max Cointreau, est la seconde fille de l'ancien propriétaire de Rémy Martin, Renaud, qui lui a légué 49 % du capital de Rémy Martin, ainsi que la maison de cognac Frapin. (La fille aînée de Renaud, Anne-Marie, a épousé André Hériard-Dubreuil, apportant avec elle 51 % de Rémy Martin.) Les familles Cointreau et Hériard-Dubreuil se sont brouillées après que Cointreau eut exigé, en vain, d'avoir son mot à dire dans les affaires de Rémy Martin. En 1986, Cointreau racheta une autre maison de cognac, le *Château Paulet* (voir ce nom).

COJAY SA
Tilloux, au sud de Bourg-Charente
16200 Jarnac
45 81 18 53
Fournit uniquement les entreprises qui lui commandent des bouteilles spéciales.
Cognac Jay : ★★★/*VSOP/Napoléon/Vieille Réserve* (tous *Fine Champagne*).

COLLIN (Jean-Noël)
La Font Bourreau
Salles-d'Angles
16130 Segonzac
45 83 70 77
Grande Champagne
★★★ (4-5 ans)/*VSOP* (10 ans).

COMANDON
16200 Jarnac (à la sortie de la localité, sur la route d'Angoulême)
45 81 04 33
Une des vieilles Maisons de cognac (fondée en 1821). Après quelque temps sous contrôle de Bénédictine, elle fut rachetée par *HINE* (voir ce nom), et appartient de ce fait aujourd'hui au groupe britannique Guinness. Ces dernières années, la production annuelle avoisinait 300 000 - 350 000 bouteilles.
★★★ *VS/VSOP Fine Champagne/Napoléon/Très Vieille Grande Champagne Hors d'Âge/Gr. Champ. 45 %.*
Marques déposées : *Harrier, Montagu, Monteru, Philebert.*

COMBE (Gabriel)
La Grande Rente
Meux
17500 Jonzac
46 48 16 56
Petite Champagne
★★★ (3-5 ans).

COMPAGNIE AGRICOLE ET VITICOLE DE COGNAC : Salignac

COMPAGNIE COMMERCIALE DE GUYENNE (CCG)
(Propriétaire : Michel Coste)
26, rue Pascal-Combeau
16100 Cognac
45 82 32 10
Dans un passé récent, ce consortium a connu un fort essor. Il groupe les marques de cognac suivantes : *Brugerolle, Georges Courant* (voir ce nom), *Lucien Foucauld & Cie* (★★★/*VSOP*), *A.C. Meukow* (voir ce nom), *Moullon* (voir ce nom), *Réau Frères* (voir ce nom), *Richard Frères* (voir ce nom), *F. Latour* (Beausoleil) (voir ce nom), ainsi que l'armagnac *Marquis de Caussade* et une importante production de brandy. Autres marques de cognac de cette Maison :
Ambrosy, Audouin, Bérin, Bernin, Boisnard, Chabaut, Courbet (Hors d'Âge, XO), De Belfort, Derevel, De Marsanex, Duplantier (Napoléon XO, Napoléon Ex-

tra), P. Fillioux, Jacquelin, La Belle Ferronnière, Lafont, Martin, Moitard, Nicot, Normand, Patricia, Pauly, Rousseau-Garin, Serre, Sicard & Fils, Triboulet, Videau, Cunningham (★★★/VSOP), De Baupréau (★★★/VSOP), De Beaumaine (★★★/Napoléon), de Florignac (★★★), Delorme, Duc de la Salle (★★★), Chanteliac (★★★/VSOP), Chantevigne (★★★), Chauvignac (★★★), Lainé (★★★)/VSOP), Marcel Duvignac, Merpin, Roger & Cie (★★★/VSOP/Napoléon).
La CCG vend l'équivalent de 2 millions de bouteilles de cognac par an, dont une partie en vrac.

COMPAGNIE FRANÇAISE DES CHAMPAGNES (CFC)
18, rue des Champs-du-Château
16100 Cognac
45 82 22 48
Elle assure la commercialisation des produits de divers producteurs indépendants (dont certains apparentés entre eux), pour la plupart des viticulteurs de Grande Champagne (au total, 85 hectares). La capacité annuelle atteint 800 000 bouteilles; mais, jusqu'ici, la majeure partie de la production a été commercialisée en vrac. La CFC exporte vers le Sud-Est asiatique.
Marques de cognac en bouteilles: *De l'Astérie (VS ★★★/Grande Fine Champagne/VSOP/Napoléon).*
Prince de France (*VS/VSOP/Napoléon/XO*).
Autres marques: *Debussy, Part des Anges.*

COMTE DE DAMPIERRE
Domaine de Plassac
Plassac (par la N 137), au sud de
17240 Saint-Genis-de-Saintonge
46 49 81 85
Bons Bois
★★★ / VSOP / Napoléon / Vieux Cognac (15 ans).

COMTE DE GERMIGNAC: anciennement de Laurière, aujourd'hui Prunier

COMTE DE LA FAYETTE: Unicoop

Un atelier de tonnellerie.

COMTE DE LAFONT: Philippe de Castaigne

COMTE DE LA GARDE: Castillon-Renault

COMTE DE TREMORÈDE: Berger, Gautier/Aigre

COMTE DE VALBELLE: Berger, Gautier/Aigre

COMTE DE VALMANTE: Berger, Gautier/Aigre

COMTE & Co: Hardy

COMTE JOSEPH: Les Grands Chais de France

COMTE LOUIS DE NAIVES: Courvoisier

CONDOR: Jules Robin/Martell

CONFIDENTIA J.A.M.F.
20, rue Principale
Kirrwiller-Bosselshausen,
67330 Bouxwiller
88 70 78 09
Négociant en vins et spiritueux, en groupe avec *Les Grands Chais de France* (voir ce nom). Marques de Confidentia: *Gersac, Relac, H. René, Valac.*

CORDONNIER : Prunier

CORONATION : Unicognac

COSSON (Gilles)
La Grange Neuve, Guimps
16300 Barbezieux-Saint-Hilaire
45 78 90 37
Grande + Petite Champagne
★★★ (4 ans) / *VSOP Fine Champagne* (7 ans) / *VSOP Blason Fine Champagne* (10 ans) / *Vieille Réserve Fine Champagne* (15 ans) / *Très Vieille Réserve Fine Champagne* (25 ans).

G. COUDERT : A.E. Dor

COUILLAUD (Jacques)
Domaine du Vinet, à l'est de Saint-Georges-Antinac
17240 Saint-Genis-de-Saintonge
46 70 49 15
Fins Bois - Petite Champagne
★★★/ *VSOP/Napoléon.*

COUILLAUD (Jean)
Domaine du Château des Salles
Saint-Fort-sur-Gironde
17240 Saint-Genis-de-Saintonge
46 49 95 10
Fins Bois
★★★/ *VSOP/Vieille Réserve.*

COUILLAUD (Pierre-Robert)
La Tuilerie, 1 km au nord (D 152) de Saint-Maigrin
17520 Archiac
46 70 00 40
Petite Champagne + Fins Bois
VSOP (8 ans)/ *Vieille Réserve* (20 ans).

COUILLEBAUD (Rémy)
GAEC du Maine Ormeau
Malvieille (N 141, de Jarnac à Angoulême)
Moulidars
16290 Hiersac
45 96 91 27
Fins Bois
★★★ (4 ans)/ *VSOP* (7 ans)/ *Napoléon* (9 ans)/ *Vieille Réserve* (25 ans).

COULON (Guy)
Saint-Gilles, au nord-ouest de
17310 Saint-Pierre-d'Oléron
46 47 02 71
Bois Ordinaires
★★★/ *VSOP* (6 ans)/ *Napoléon* (10 ans).

COUNT DE BEAUFORT : Unicoop

COUNT DE GAUTRET : Unicognac

COUPRIE (André)
La Roumade, au nord de Ambleville
16300 Barbezieux
45 80 54 69
Grande Champagne + Fins Bois
★★★ *(Fins Bois)/ VSOP* (8 ans)/ *Napoléon* (12 ans)/ *Très Vieille Réserve* (18-20 ans)/ *Hors d'Âge 45 %* (de 1936, en fûts jusqu'en 1977, non réduit par l'addition d'eau). Excepté le ★★★, tous les cognacs de Couprie sont de Grande Champagne.

COURANT (Georges)
10, rue du Chanoine-Dufayet
16100 Cognac
45 35 00 65
La Maison appartient à la CCG. Les marques de cognac de cette entreprise connue surtout pour sa production de liqueurs sont appelées à disparaître avec le temps. Jusqu'ici la Maison proposait les produits suivants : *Dry Cognac* (pour la Fine à l'eau)/★★★/ *Fine Cognac/Fine Champagne / VSOP / Napoléon / Vieille Fine Champagne/Extra/Hors d'Âge.*
Autres marques : *Minard Frères, Marquis de Moncy, Triboulet.* En Hollande : *Perquis & Fils Fine Champagne.*

COURARD (J.) *& Fils :* Gautier/Aigre

COURBET : CCG

COURCEL : Une marque de La Martiniquaise (voir ce nom)

COURONNE (Cognac de la) : Cusenier

COURTELLE & Co : Godet

COURTINE (La)
Parc François-Ier (sur la Charente)
16100 Cognac
45 82 07 93
Un bon restaurant.

COURVOISIER SA
Place du Château
16200 Jarnac
45 35 55 55

Courvoisier, l'une des quatre grandes Maisons de cognac, fut fondée au début du siècle dernier et connut réellement son plein épanouissement dès le début du XXe siècle. Ses ventes annuelles sont de l'ordre de 18 millions de bouteilles. Cette Maison appartient depuis 1964 au groupe canadien Hiram Walker Gooderham & Worts Ltd. dont 51 % du capital est détenu par le consortium anglais Allied Lyons PLC (boissons et produits alimentaires) et 49 % par Gulf Canada Ltd.
Pour couvrir ses besoins, Courvoisier achète des vins à plus de 1 500 viticulteurs — ces vins seront principalement distillés par quatre distillateurs exclusifs. Son approvisionnement se fait en Grande Champagne, Petite Champagne, Borderies et Fins Bois. 92 % de sa production est exportée vers 160 pays. Ses principaux marchés sont les États-Unis, la Grande-Bretagne, ainsi que les autres pays européens et l'Extrême-Orient. Ses principales qualités

sont : le ★★★/ *VS* : 4/5 ans d'âge, élaboré avec plus de 90 % de Fins Bois; le *VSOP Fine Champagne* : 55 % de Grande Champagne et 45 % de Petite Champagne; le *Napoléon Fine Champagne* : 70 % de Grande Champagne et 30 % de Petite Champagne; le *XO*, lancé en 1984 et qui connaît un vif succès, composé de 60 % de Grande Champagne, 20 % de Petite Champagne et 20 % de très vieilles Borderies; l'*Extra-Vieille*, plus de 50 ans d'âge; *Château Limoges*, qui est une bouteille en porcelaine de chez Bernardaud; *VOC Extra*, carafe en cristal de Baccarat.
Seule grande Maison située dans la charmante petite ville de Jarnac, son siège est installé dans l'ancien château du fondateur, construit sur les berges de la paisible Charente.

COUTANSEAUX : Rouyer Guillet

CROIZET (B. Léon) : Croizet-Eymard

CROIZET (Philippe & Jacques Eymard)
16720 Saint-Même-les-Carrières
45 81 90 11

Cette Maison de distillateurs-négociants possède d'importants vignobles (150 hectares) en Grande Champagne; elle s'approvisionne également à l'extérieur. Fondée en 1805, elle fournit du cognac aux principaux acheteurs mondiaux et a su créer un important marché en Extrême-Orient (un des principaux fournisseurs des « duty-free »). Elle dispose en outre d'importantes réserves de vieux cognacs. Le volume annuel de production équivaut à environ 430 000 bouteilles. La Maison est propriétaire d'un grand nombre de marques distribuées dans les supermarchés, dont *Bogan Frères, Bolton, Bonaparte, Boyard, Carval, Carrières, Château de Flaville, B. Léon Croizet, Delour, Dorlan, EMLO, Florents, Grand Finage, Loquessy & Fils, Lourson Napoléon Brandy, Raillard Frères, Tarin & Fils*, et, pour les amateurs d'Extra, *Alfred Clouet (Extra Âge/ XO)*.

Daniel Dumon, directeur technique et premier maître de chai de Courvoisier.

Qualités des cognacs Croizet : ★★★/ *VS Fine Champagne/Fine Champagne Château Flaville/VSOP F. Ch./Napoléon F. Ch./Bonaparte F. Ch./XO Âge Inconnu/ Réserve Royale F. Ch./Réserve des Héritiers/Réserve des Héritiers Grande Fine Champagne/Lot 33 Régional (F. Ch. 42 %)/Lot 42 (Gr. Ch. 46 %)/Lot Piton (Gr. Ch. 44 %)/Lot 97 (Gr. Ch. 45 %)/Lot 1 616.*
Depuis quelque temps, la marque Croizet propose un cognac millésimé, à commencer par des bouteilles de 12, 20, 25, 30 et 50 ans d'âge (bien que les quantités soient relativement modestes), ainsi que les récoltes 1961, 1963, 1966 et 1967 et différents lots de cognacs plus vieux (lots 30/877/1 427). Et l'on trouve encore quelques bouteilles de ce cognac dans le commerce – par exemple, une *Grande Fine Champagne Extra Vieille*.

CROIZET (Pierre)
Lantin, Triac-Lautrait, à l'ouest de 16200 Jarnac (N 141, vers Angoulême)
45 81 29 59
Fins Bois
★★★/ *VSOP/Napoléon* (15 ans)
Autre marque : *Pierre Morin* (voir ce nom).

CRYSTAL DRY : Roux

CULINOR : Cogranne (Curlier)

CUNNINGHAM : CCG

CURLIER : Courvoisier

CURLIER (Frédéric)
(René Cogranne)
69, cours Saint-Émilion
75012 Paris
43 43 15 01

Cette Maison de spiritueux fut fondée par le propriétaire de *COURVOISIER*, Curlier (depuis la seconde moitié du siècle dernier, la Maison Courvoisier appartenait à Curlier; puis, en 1909, elle passa entre les mains de propriétaires britanniques).
Il n'y a plus aucun lien entre les deux Maisons. La marque Curlier propose également du cognac. Quantitativement, la production est relativement modeste : ★★★/ *VSOP/Hors d'Âge*. Toutefois, il existe encore du vieux cognac du temps « Courvoisier »... Quelques autres marques de Cogranne : *Belle Aurore, Culinor, Lapeyrac.*

CUSENIER
Depuis 1975, la marque fait partie du groupe Pernod-Ricard, et elle ne produit plus de cognac elle-même; les stocks ont été transférés au *Château Paulet* (voir ce nom). Anciennes qualités : ★★★/ *VSOP/Napoléon/Belle Époque* (environ 60 ans).
Autre marques de cognac pour Château Paulet : *Cognac de la Couronne, Fromy, The Golden Cognac.*

DAMOUR : Monnet

DANFLOU (Jean) *SA*
36, rue du Mont-Thabor
75001 Paris
42 61 51 09
Une Maison de spiritueux, filiale de Marie Brizard, qui propose notamment un « Cognac Danflou », produit par *Denis-Mounié* (voir ce nom) : *Fine Champagne* (env. 15 ans d'âge)/*Extra (Gr. Ch.* env. 25 ans).

D'ANGLAR : Unicognac

DANIAUD Fils : Hardy

DANJOU (Noé)
Goux, au nord de
Pérignac
17800 Pons
46 96 41 84
Petite Champagne
★★★/ *VSOP* (9 ans)/*Napoléon* (15 ans).

DANTAN : A.E. Dor

DARCY : Denis-Mounié

La mise en bouteilles chez Croizet-Eymard.

DARNAC : Unicognac

DARTIMON : Royer

DARVILLY : Château Paulet

DAUD (Marcel)
Burie
17770 Brizambourg
(sur la route de Brizambourg-Saint-Hilaire-de-Villefranche)
46 94 90 61
Borderies + Petite Champagne
3 Grappes (★★★, 5 ans)/*VSOP/Vieille Réserve* (15 ans).

DAUDIN (Jean & Fils)
Chez Topier (par la D 153), au sud-est de Touzac
16120 Châteauneuf-sur-Charente
45 97 03 24
Grande + Petite Champagne
★★★ (6 ans)/*VSOP/Napoléon/Très Rare Vieille Réserve Petite Champagne* (de 1923)/*Très Vieille Réserve Grande Champagne* (de 1923).
Vend généralement ses produits en gros, sauf pour les très vieilles qualités de cognacs disponibles seulement en petites quantités. La Maison ne possède pas de vignobles.

DAVID (Guy)
Courcerac (centre-ville)
17160 Matha
46 25 03 81
Fins Bois
★★★ / *VSOP / Napoléon / Vieille Réserve* (18-20 ans).

DAVID (Robert & Fils)
Sainte-Lheurine
(à l'extérieur de la localité, sur la route Pons-Barbezieux)
17520 Archiac
46 49 12 39
Petite Champagne
★★★/ *VSOP/Napoléon/Réserve* (25 ans)/ *Hors d'Âge* (57 ans).

DE BAUCHAIS
(Négociant)

Marancheville par
16720 Saint-Même-les-Carrières
45 81 14 06
VSOP/Vieux Cognac/Vieux Cognac 50 %/Vieille Grande Champagne/Vieille Grande Champagne 45 %.

DE BEAUMAINE : CCG

DE BEAUMONT (L.) : Prunier

DE BEAUPREAU : CCG
voir également Domaine de Beaupreau

DE BELFORT (R.) : CCG

DE BERSAC : Guy de Bersac

DE BONNEFORT : Unicoop

DE BONROY : Unicognac

DE BRIÈRE : Puy Gaudin

DEBUSSY : Compagnie Française des Champagnes

DECAUMONT : Castillon-Renault

DE CHABRAC : Unicoop

DE CHASSORS (Louis) : Larsen

DE CHAVAGNAC : Salignac

DE DIDONNE
Coopérative Agricole des Cantons de Cozes et de Saujon
Semussac
17120 Cozes
46 05 05 91, 05 55 95
Bons Bois
Ancienne propriété de la famille Martell. La coopérative vinifie et/ou distille le vin de quelque 200 viticulteurs avec au total 770 hectares. La production — commercialisée par la société du Château de Didonne — s'élève à 30 000-35 000 hectolitres de vin blanc et environ 6 000 hectolitres de cognac par an, ce qui équivaut à quelque 850 000 bouteilles de cognac. Les quatre cinquièmes sont livrés en vrac au négoce. Sous la marque de Didonne, il y a : *Geoffrey de Didonne* (★★★)/*Guillaume de Didonne (VSOP)/Guibert de Didonne (Napoléon).* Autre marque : *Mourier.*

DE DORIGNAC (Armand) : Roffignac

DE FLORIGNAC : CCG

DE FORSAC : Unicognac

DE FOULHIAC DE PADIRAC
(Philippe)
Château Laffitte Carcasset
33250 Saint-Estèphe
Ce négociant en vins et spiritueux possède sa propre marque de cognac.

DE GRASSE : Bisquit

DE GUYON
Fine Petite Champagne
Produite par *Larsen* (voir ce nom) pour le compte de Cheval Quancard (maison de vins), qui en assure la commercialisation. Adresse : rue Barbère
34440 La Grave d'Ambares
56 06 40 22
★★★/*VSOP/Napoléon/XO.*

DE JONKER : Brugerolle

DE LAAGE : Gautier/Aigre

DELABONNE (Odette)
16120 Châteauneuf-sur-Charente
45 62 55 22
Petite Champagne
★★★/*VSOP/Nº 15* (15 ans)/*Nº 40* (40 ans)/*Nº 80* (80 ans).

DELABRUYÈRE : Duboigalant

DE LACHENAIE : Hardy

DE LACHENAIE & Co : Hardy

DE LA COUR : Unicognac

DE LA CROIX BEQUET : Brugerolle

DELAFARGUE : Camus

DE LA GRANGE : Bouron

DE LA GRANGE : Moulin de La Grange

DE LAGRANGE : Gaston de Lagrange

DELAMAIN & Co
7, rue Delamain
16200 Jarnac
45 81 08 24

Maison avec une longue histoire. Elle fut fondée par un huguenot émigré en Irlande et qui revint s'installer à Jarnac en 1759. À l'origine, de 1763 à 1817, la Maison s'appelait *RANSON & DELAMAIN*(voir aussi *Ranson*); elle fut relancée en 1824 sous le nom *ROULLET & DELAMAIN* et, à partir de 1920, elle garda seulement le nom *DELAMAIN.* Elle s'imposait avec des vieux cognacs destinés à la grande gastronomie. Les dirigeants actuels de cette Maison sont Alain Braastad et Patrick Peyrelongue, descendants de la famille Delamain. La Maison s'approvisionne principalement en Grande Champagne, car elle ne possède pas de vignobles; en revanche, elle assure elle-même les assemblages et le vieillissement. La production annuelle atteint environ 500 000 à 600 000 bouteilles, dont plus des trois quarts sont exportés. Les qualités proposées sont : *Grande Champagne Pale & Dry/Grande Champagne Vesper/Grande Champagne Très Vénérable*/en quantité très limitée, une *Très Vieille Grande Champagne Réserve de la Famille.*

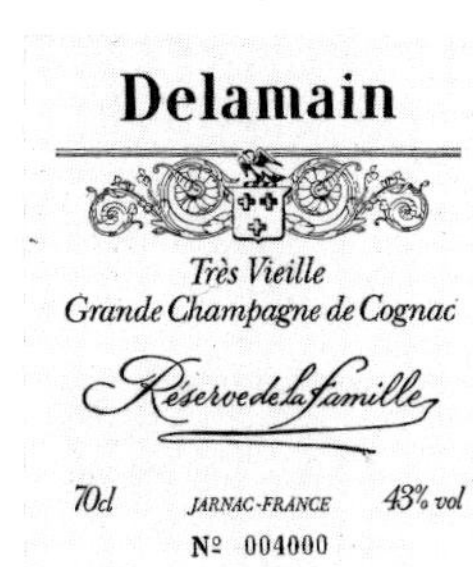

Pale & Dry représente de loin la plus grosse part des ventes. On rencontre encore éventuellement un 1920.

La Maison produit en outre des cognacs spéciaux destinés aux grands restaurants, dont, par ex., le *VVO Grande Champagne* numéroté, pour le compte de *Roger Vergé* (Moulin de Mougins).

La boutique du restaurant « Troisgros » de Roanne vous propose un *Très Vieille Petite Champagne 40 %* et *44 %/un Vieille Grande Champagne 47 %*/et un *Borderies 45 %*.

DE LA MOTTE (Jean Bigot)
Domaine de la Motte, Sainte-Lheurine
17520 Archiac
46 49 12 25, 49 15 88

Petite Champagne
62 ha. Prod. : env. 160 000-200 000 bouteilles.
*VS ***/VSOP/Napoléon/XO (Gr. Ch.)/Grande Vieille Réserve.*

DE LANCENAC : Hardy

DE LANNOY : Jules Robin (Martell)

DELANOU (Père & Fils)
Les Pibles, au sud de
17310 Saint-Pierre-d'Oléron
46 47 05 89
Bois Ordinaires
****/VSOP/Napoléon* (env. 10 ans).

DE LAROCHE & Co
Route d'Angoulême
16103 Cognac
45 32 09 11
Appartient à *PRUNIER*, avec l'ancien groupe *AMAD* (voir ce nom).
****/VSOP/VSOP Fine Champagne/ Vieille Réserve Napoléon/XO/Hors d'Âge* (existe également en demi-litre et en magnum de 1,5 litre)/*Extra* (50 ans d'âge)/*Âge Inconnu* (en carafe de baccarat).

DE LA ROSILLE : Meslier, Claude

DE L'ASTÉRIE : Cie Française des Champagnes

DELATOUR : Puy Gaudin

DELCROS : Staub

DE LESTAPIS (Bruno)
94, quai des Chartrons
33000 Bordeaux
56 52 26 02
Bien que spécialisée dans le vin, cette Maison se fait produire un cognac portant son étiquette (par *Vallein-Tercinier,* voir *Sorin*).
Gamme : ****/VSOP/Fine Champagne/ XO/Extra.*

DE LIGNAC (Jean) : Gautier/Aigre

DELIGNAC : Unicognac

DELMONT (Jules) : Castillon-Renault

DELORME (Jules) : Lucien Foucauld & Co, CCG

DE LOTHERIE (Édith)
Beauregard, à l'ouest de
Juillac-le-Coq
16130 Segonzac
45 83 47 06
Grande Champagne
« Coupe 15 ans » et une gamme de cognacs millésimés (1919-1928-1935-1938).

DELOUR & Fils : Croizet Eymard

DE LOUVAL : Château Paulet

Alain Braastad, de Delamain & Co.

DELPECH FOUGERAT (Mme Jacques)
Font Gireau, à l'ouest de
Barret, au nord-ouest de
16300 Barbezieux
45 78 06 01
Petite Champagne
****/VSOP* (plus de 7 ans)/*Napoléon/ Vieille Réserve* (plus de 15 ans)/*Vieille Réserve Ancestrale* (25 ans).
Mises en bouteilles spéciales, par ex., le Vieux Cognac de Propriétaire, pour le compte du *Château de Nieuil* (voir ce nom). Offre également du cognac *Bons Bois* et *Grande Champagne.*

DELSAY : Unicognac

DEL SOL & Co : Prunier

DELTOUR : F. Latour

DE LUZE (A.) & Fils
Fondée en 1820, cette Maison appartient aujourd'hui à *RÉMY MARTIN* (voir ce nom).
**** Grand Cognac/VSOP/Napoléon/Réserve Royale/XO/XO Royal* (carafons en porcelaine, notamment en forme de tour Eiffel; carafes en cristal).

DELYEUSE (M.) : Royer

DE MARSANEX (L.) : CCG

DE MARSY : Prunier

DE MARTIGNAC (François) :
Domaine du Chillot
Fine Champ. ★★★/*VSOP/Napoléon.*

DE MUSAC : Bache-Gabrielsen

DENIS-MOUNIÉ
16, quai de l'Orangerie
16200 Jarnac
45 81 11 38

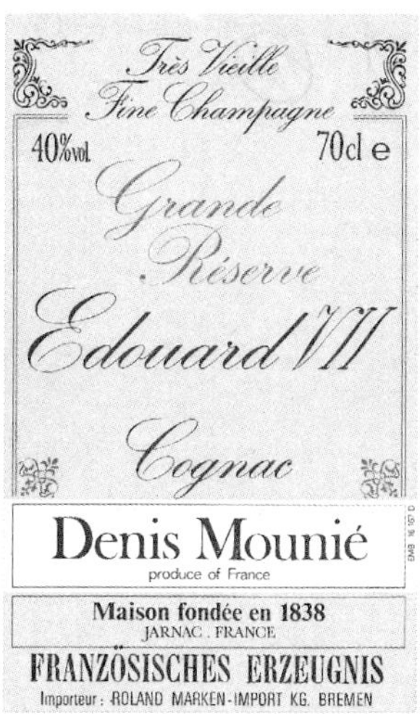

Fondée en 1838 sous le nom de J. Denis, Henri Mounié & Co, cette maison est passée en 1977 sous le contrôle de Bénédictine, et, depuis le début des années 1980, elle est la propriété de *HINE*, autrement dit du groupe britannique United Distillers Group. C'est la première société de cognac à s'être vu décerner le Warrant Royal de la Cour d'Angleterre par le roi Édouard VII.
Les qualités : ★★★/ *VSOP (Fine Champagne)/Napoléon XO/Très Rare Fine Champagne Édouard VII/Grande Champagne Extra Hors d'Age.* Le *Grande Champagne 1820* « Réserve de la Maison », que j'ai eu l'occasion de goûter en 1983 chez Girardet à Crissier (près de Lausanne), n'est – je l'espère – pas encore épuisé...
Autres marques : *Arnaud, Comandon, Galifet, Gold Leaf.*

DE POURVIL : Henri Mounier/ Unicoop

DE PULIGNY : Brugerolle

DEREIX (Jean & Fils)
Distillerie A. Guillot
16410 Dignac
45 24 50 41
Distillateurs et négociants (A. Guillot étant passé sous le contrôle de Dereix). Élaborent le vin et le cognac d'autres producteurs. Sous l'étiquette Dereix : ★★★ (4 ans).
Sous l'étiquette (Les Petits-Fils de) A. Guillot : ★★★ (4 ans)/*VSOP* (5 ans)/ *Vieille Réserve* (20 ans).

DEREVEL (A.) : CCG

DE ROCHENAC : Hardy

DE SAINT-AULAIRE
A. Tesseron, cognac en gros
16120 Châteauneuf-sur-Charente
45 62 52 61
Grossiste de cognac en vrac (le propriétaire de la Maison ayant également des propriétés dans le Bordelais, dont le Château Pontet-Canet), il possède maintenant sa propre marque, sous laquelle il propose une jeune et deux vieilles qualités de cognac :
Grande Champagne/Archétype (Gr. Ch., 50 ans)/*Haute Époque,* Réf. 106 (*Gr. Ch.*), encore un peu plus vieux.

DE SAINT-LOUVENT :
Castillon-Renault

P. DESBORDES & Cie : A. E. Dor

DES CARMES
Distribué en France par Gouin
2, rue Saint-Estèphe
75012 Paris
43 44 46 73
Élaboré par *Denis-Mounié* (voir ce nom), en trois qualités : ★★★/*VSOP Fine Ch./Extra (Gr. Ch.).* La marque, protégée, appartient au Provincial des carmélites d'Aquitaine à Monte-Carlo.

DES COURTILS (Bernard)
La Ménède, Rouffiac
16210 Chalais
45 98 10 97
Bons Bois
★★★ (5 ans)/*VSOP* (9 ans).

DESSE (Gabriel)
Rue Millardet
16130 Segonzac (en face de la route, vers Saint-Même)
45 83 41 17
Grande Champagne
VSOP (9 ans)/*Réserve* (15 ans)/*Vieille Réserve* (30 ans).

DE VALLE : Barriasson/
Gaston de Lagrange

DEVERNEY & Co : Prunier

DE VERNON : Bache-Gabrielsen

DE VERTEUIL : Bache-Gabrielsen

B. DE VILBERT & Co :
Bache-Gabrielsen

B. DEVILLARD & Co : Gautier/Aigre

A. DEVIN & Co : Bache-Gabrielsen

DE VIVERAC : Inno-France

DHIERSAT (Jean-Claude)
Le Breuil, sortie sud
16170 Rouillac
45 96 75 75
Fins Bois
★★★ (4 ans)/*VSOP* (8 ans)/*Napoléon* (10 ans)/*Vieille Réserve* (15 ans).

DIDONNE : De Didonne

DISCUS : Monnet

DISTILLERIE DE MONTIGNAC :
Baron de Montignac

DISTILLERIE ET COMPTOIR DES CHARENTES : Jubert & Guerry

DOCKS SAINT-JACQUES : Prunier

DOMAINE DE BEAUPREAU
(Louis Mégraud)
Rioux, au sud-ouest de
17460 Thenac
46 91 60 52
Bons Bois
VS/VSOP/Napoléon (10 ans)/*Vieille Réserve* (13 ans).

DOMAINE DE GUIGNEFOLLE : Landreau-Maurin

DOMAINE DE LA CHAUVILLÈRE
(Famille Hauselmann)
Sablonceaux, entre Nancras et
17600 Saujon
46 94 70 17
Bons Bois
★★★ (5 ans)/*VSOP* (7 ans)/*Hors d'Âge* (10 ans).

DOMAINE DE LA GROIE
(Claude Boitteau)
Meursac
17120 Cozes
46 94 80 40
Bons Bois
VSOP (7-8 ans). Une petite Maison intéressante. Jusqu'ici, sa clientèle se compose surtout de touristes.

DOMAINE DE MONTELIN
(Jean Chartier)
Montélin (sur la D 122, de
La Gua à Sainte-Gemme)
17250 Saint-Porchaire
46 22 80 19
À la limite entre les *Bons Bois* et les *Bois Ordinaires*
★★★ (5 ans)/*VSOP* (6 ans)/*Vieille Réserve* (8 ans).

DOMAINE DES BRISSONS DE LAAGE
(Raymond Bertrand & Fils)
Les Brissons, au sud de
Réaux, au nord-est de
17500 Jonzac
46 48 09 03
Petite Champagne
★★★/*VSOP* (plus de 10 ans)/*Napoléon* (20 ans)/*Vieille Réserve* (28 ans).

DOMAINE DU CHILLOT SA
60, avenue de la Bourdonnais
75007 Paris
45 56 12 20
Filiale d'Asbach. En France, cet exportateur (le plus gros) de vin viné; propose un cognac *Guy de Bersac* (voir ce nom), un *Cognac des Trois Empereurs*, un *F. de Martignac* (voir ce nom), de l'armagnac et des liqueurs (*Brillat Savarin*), ainsi que du calvados (*Gilbert*). Siège en Charente : Le Chillot
Saint-Preuil
16130 Segonzac.

DOMAINE DU FAUCAUDAT : Ricard, Gilbert

DOMAINE DU MAINE BRUN
(R. Ménager, Hôtel-Restaurant Moulin du Maine Brun)
Asnières-sur-Nouère
16290 Hiersac
(au nord de la N 141 Angoulême-Jarnac, sur la droite après 8 km env.)
45 96 92 62
Fins Bois
Vieille Réserve/Hors d'Âge 47 %/Fleur de Fins Bois 50 % (jeune) pour les cocktails et la cuisine.

DOMAINE DU TRANCHARD : Chauvaud (Jean-Marie)

A.E. DOR (Philippe & Jacques Rivière)
4 bis, rue Jacques-Moreau
16200 Jarnac (sortie en direction de Rouillac)
45 81 03 26

Fondée en 1858, cette Maison ne compte pas parmi les plus anciennes. Néanmoins, elle possède de très vieilles réserves, extraordinaires, et est la seule autorisée par l'administration à vendre sous l'appellation « cognac » des cognacs qui, du fait d'un long séjour en fût, sont tombés sous la barre fatidique des 40 % d'alcool – c'est-à-dire le minimum légal. Par conséquent, la Maison jouit d'une clientèle de connaisseurs enthousiastes. Toutefois, les Rivière produisent également des cognacs plus jeunes, « nouveaux ». Ils possèdent des vignobles en Petite Champagne et, afin de perpétuer la tradition de la Maison des très vieilles spécialités, ils achètent des cognacs, jeunes et vieux, principalement dans les deux crus de Champagne. Leur production annuelle avoisine 45 000 bouteilles.
Parmi les très vieilles qualités, certaines ne sont plus disponibles auprès de la Maison, mais on peut encore les trouver éventuellement dans certains restaurants et épiceries de luxe. Les Restaurants Troigros, Hosman Frères et d'autres de cette grande classe (voir leurs cartes de cognac) ou la fameuse « Auberge de l'Ill » à Illhaeusern (en Alsace) peuvent encore offrir ces trésors.
Le catalogue : ★★★ pour la Fine à l'eau (n'est plus produite)/★★★ *Grand Cognac* (5 ans/★★★★★/*VSOP* (6 ans)/*Napoléon* (10 ans)/*Vieille Fine Champagne Napoléon* (20 ans)/divers *Hors d'Âge* ayant séjourné 50 ans et plus dans le fût : *N° 1* (1893) *Gr. Ch. Âge d'Or/N° 2* (1889) *Excellence/N° 3* (1875) *Prince Impérial* (plus disponible)/*N° 4* (1858) *Napoléon III 36 %* (plus disponible)/*N° 5* (1840) *Louis Philippe 34 %/N° 6 Gr. Champ./N° 7 Gr. Champ. 42 %* (plus disponible)/*N° 8 Gr. Champ. 48 %/N° 9* (70 ans dont 50 ans de fût, *Gr. Champ.* et très vieux *Fins Bois*)/*N° 10 Gr. Champ.* (50 ans)/*1811 : Roi de Rome, Très Vieille Fins Bois 31 %* (plus disponible)/*1805 : 30 %* (plus disponible).
Certains *Hors d'Âge* existent également avec 48 % d'alcool, peu ou pas du tout réduits. A.E. Dor possède plusieurs marques, dont certaines sont proposées également en de très vieilles qualités (du moins celles encore disponibles) : *René Dantan, P. Desbordes, J. Fouché, G. Goudert, Albert Jarraud, L. Hubert.*
De plus, il existe des mises en bouteilles spéciales pour le compte de *M. Lehmann* (New York), la *Maison Rouge* (Dinard) et la *Maison Grashoff* (Brême) – par ex., un *Petite Ch. 62 %*, de Chez Maurin.

DORAIN Frères : Bache-Gabrielsen

D'ORFIN : Gautier/Aigre

DORLAN : Croizet Eymard

A. DORMONT : Camus

DORVILLE : Bisquit

DOURIS : Hardy

DROUINEAU: Puy Gaudin

DRUGEON (Joël)
Le Temple, au sud de
Les Touches-de-Périgny,
sur la D 131, au nord-est de
17160 Matha
46 58 73 68
Fins Bois
★★★/*VSOP* (8-9 ans).

DUBINY (Jean)
Pouvet, D 731, de Burie à
17770 Brizambourg
46 94 91 78
Borderies
★★★/*VSOP*/*Vieille Réserve* (20 ans)/ *Très Vieux Hors d'Âge 47 %* (33 ans).

DUBOIGALANT SARL
(Maxime Trijol)
Saint-Martial-sur-le-Né
17520 Archiac
46 49 53 31
Petite Champagne
★★★ *Luxe P. Ch.*/*Napoléon Fine Ch.* (12 ans)/*XO Fine Ch.* (env. 20 ans)/ *VRXO Grande Fine Ch.* (env. 45 ans)/ *Très Vieille Réserve Fine Ch.* (env. 50 ans)/*Très Vieille Réserve Borderies* (env. 50 ans). Également un cognac *Maxime Trijol* (voir ce nom). Autres marques : *Delabruyère, Font-Aubert.*

DUBOIS (F.) : Château Paulet

J. DUBOIS & Cie : Salignac

DUBOSQUET (Louis) : Bouyer Georges

DUBREUIL (Marcel)
La Sentinelle, au nord-ouest de Malaville (D 699 ou D 84), au sud-ouest de
16120 Châteauneuf-sur-Charente
45 97 08 13
(Le fils de Marcel Dubreuil, Jean, se trouve à Font Fougeroux, à quelques centaines de mètres de là)
Grande Champagne
Un des grands spécialistes des vieux cognacs. Env. 25 hectares de vignes et une production annuelle de 70 000-80 000 bouteilles, dont la majeure partie est revendue à de grosses Maisons comme *RÉMY MARTIN, COURVOISIER* et (dans une moindre mesure) *HENNESSY*.
Trois qualités : *Vieille Réserve 43 %* (15 ans)/*Très Vieux Cognac 43 %* (34 ans)/*Très Vieux Cognac Grande Fine Champagne 41 %* (env. 70 ans).

DUC DE LA SALLE : CCG

DUC DE LUGIGNAN : Otard

DUC DE MONTEAU : Baron de Montignac

DUC DE THÉON
(Sté Commerciale de Théon Fannoy-Camus)
Château de Théon, au sud de
17120 Cozes
46 90 81 74
Propriétaire : Pierre Fannoy
3, avenue du Manoir
B 1640 Rhode-Saint-Genèse (Belgique)
25 hectares de *Bons Bois*, plus des achats

Madame Odile Rivière, A.E. Dor.

à l'extérieur. La moitié de la production est exportée.
★★★ (5 ans)/*VSOP* (10 ans)/*Napoléon* (15 ans)/*XO* (plus de 15 ans)/*Vieille Fine Champ.* (plus de 15 ans).
2 qualités de « Chevalerie ».

DUCASSE & Co : Leyrat/Engrand

DUCAUZÉ Frères : Larsen

DUCHAMP (René)
Mons, au sud-ouest de
17160 Matha (face au monument aux morts)
46 25 03 53
Fins Bois + Borderies. Seul le *Borderies* est disponible en bouteilles.
★★★ (6 ans)/*VSOP* (12 ans)/*Vieille Réserve* (20 ans).

DUCHESSE DE LANGEAIS : Supermarchés Codec

DUCLAIR & Co (Alex.) : Beausoleil

DUCLOS (V.) *:* Salignac

DUDOGNON (Raymond)
Lignières-Sonneville
16130 Segonzac
45 80 50 42

Grande + Petite Champagne
★★★ *Sélection* (5 ans)/*VSOP 42 %* (10 ans)/*Napoléon 42 %* (15 ans)/*Extra Vieux* (25 ans)/*Réserve des Ancêtres* (35 ans)/*Sélection des Ancêtres* (50 ans).

DUFAUR & Cie : Brugerolle

DUGAS (Gaston) : Briand & Co/Prunier

DUGONTIER : Gautier/Aigre

P. DUHAU & Cie : Brugerolle

DULAC (A.) : Prunier

DULUC (Gatien)
Chez Guionnet, près de chez Huet (D 1 en direction de Barbezieux, après le carrefour de Lignières-Sonneville, 1re sortie à droite), au nord-ouest de Touzac
16120 Châteauneuf-sur-Charente
45 97 03 30

Grande Champagne
Vieille Réserve (20 ans)/*Réserve Familiale* (plus de 50 ans). Voir aussi *Baron de l'If.*

DU MAINE GIRAUD
(Durand, Jacques)
Le Maine Giraud, entre
Champagne-de-Blanzac et
16250 Blanzac-Porcheresse
45 64 04 49
Fins Bois
★★★/*VSOP*/*Vieille Réserve* (15 ans).

DUMAS (Alexandre) : Royer

DUMAS (Jules) : Jules Robin/Martell

DUMAS (Père & Fils) : Castillon-Renault

DUMERGUE (Jean)
Rue de la Mairie
16730 Fléac (avant la sortie ouest d'Angoulême)

45 91 04 07
Fins Bois
VSOP.

DUMOURIER : Hardy

DUMOUSSAUD (André)
Chez Beillard, sur la D 75, au nord-nord-est de Sonneville, au nord-ouest de
16170 Rouillac
45 96 71 79
Fins Bois
VSOP (15 ans)/*Napoléon* (20 ans).

DUPARC : Prunier

DUPIN (Robert)
2, rue des Champs-du-Château
16100 Cognac
45 82 11 04
Sous ce nom, fournit principalement les pays du Benelux. La Maison exporte vers le Japon sous la marque *Henri Bertin. Fine Cognac* (★★★)/*Napoléon.*

DUPLANTIER : CCG

DUPONT (Léon) : Castillon-Renault

J. DUPONT & Cie (J. Cognet)
30, rue de Constantine
16100 Cognac
45 35 00 02
Naguère, la Maison produisait également le cognac *Baron de Montignac;* mais elle a cédé la marque à la *Distillerie de Montignac* (voir ce nom). Actuellement, la production annuelle est d'environ 500 000 bouteilles.
★★★/*VSOP/Réserve Napoléon/Monopole* (env. 30 ans).
Autres marques : *Guelin, Naulin.*

C. DUPUIS FILS & Co
(Vallein-Tercinier)
Domaine des Forges
Chermignac
17460 Thenac
46 92 64 30
Env. 24 000 bouteilles par an.
★★★/ *VSOP/Napoléon/Grande Champagne Extra/Hors d'Âge 42 %, Réserve de la Maison.*
Les propriétaires détiennent également la marque *Sorin* (voir ce nom).

Jean Dubreuil, fils de Marcel, est maintenant à la tête de la Maison.

DUPUY
(A. Edmond Dupuy & Co)
Maison fondée en 1852, propriété de la société *Ths. Bache Gabrielsen & Co,*
32, rue de Boston, Cognac
Bureaux : 5, rue Louis-Dominique
BP 62
16102 Cognac
45 32 07 45

Négociants élaborant des eaux-de-vie provenant de la viticulture. La production correspond à environ 650 000 bouteilles. Environ 80 % sont exportés.
Principaux clients : Canada, Japon.
★★★/*VS/VSOP/Napoléon/Napoléon Réserve Fine Champagne/XO Fine Champagne/Hors d'Âge Grande Fine Champagne.*

DUPUY (Guy)
La Motte, Ambleville, au sud de
16130 Segonzac
45 83 54 63
Grande Champagne
La Motte Extra (15 ans)/*La Motte Qualité Spéciale* (25 ans).

DURAN (Guy) :
Jousson

JULES DURET & Co : Royer

DU ROY : Prunier

DUSSAUT : Camus

DU VÉRON (D.)
Mesnac, au sud-ouest de
16370 Cherves-Richemont
45 82 26 61
Fins Bois
VS (6 ans).

DUVIGNAC (Marcel) : CCG

DYKE GAUTIER : Gautier Guy

L'ÉCHASSIER
72, rue de Bellevue
Châteaubernard
16100 Cognac
45 32 29 04
Un bon restaurant fréquenté par les professionnels du cognac.

ÉCUSSON : Otard

ÉMERIT (Michèle)
Le Liboreau, au nord-ouest de
Sonnac, au sud-est de
17160 Matha
46 26 64 20
Fins Bois
★★★/ *VSOP/Hors d'Âge* (env. 20 ans).

EMLO : Croizet Eymard

L'ENCLOUSE DES VIGNES
(Familles Renou et Bourreau)
Mageloup
Floirac
(entre la N 730 et la côte)

17120 Cozes
46 90 63 29
Bons Bois et *Fins Bois*
Spécial 65 % (6 ans)/★★★ (5 ans)/*VSOP* (15 ans)/*Réserve Familiale* (25 ans).

ENGRAND SAZERAC DE FORGE
13, rue Fort-de-Vaux
16000 Angoulême
45 92 02 12
Cette Maison succéda à l'entreprise *SAZERAC DE FORGE & FILS* (fondée en 1792) et à *ÉMILE ENGRAND et ENGRAND Frères* (fondée en 1863). À l'heure actuelle, elle produit principalement des liqueurs; jusqu'au début des années 1970, elle produisait également du cognac, à la fois sous son nom actuel et sous celui des deux firmes d'origine. *E. Leyrat* (voir ce nom) a hérité de la marque et des réserves de cognac. Les deux marques sont encore disponibles, mais seulement sur commande; le client peut également opter pour un conditionnement spécial. Entre autres étiquettes, on peut encore rencontrer les suivantes: ★★★/*VSOP Fine Champagne/Rarissime (Gr. Champ.)*. Sous l'étiquette *Sazerac de Forge,* il existait également un *Roi de Rome*.
Autres marques: *Boilevin, Chaloupin, Ducasse, Magnier, Saint-Cirq & Co.*

ENTREPÔTS CHARENTAIS: Moyet

ESCANDE & Cie
Domaine de Courpe, au sud de
17150 Mirambeau
46 49 60 33
Fins Bois
★★★ *VS* (5 ans)/*VSOP* (8 ans)/*Napoléon* (12 ans)/*Hors d'Âge XO* (25 ans).

ESTÈVE (Jacques)
Les Corbinauds, au nord-ouest de Celles (D 48, au sud-ouest de Salles-d'Angles)
17520 Archiac
46 49 51 20
Petite Champagne
Env. 3 000 bouteilles par an. *Napoléon* (env. 15 ans)/*Hors d'Âge* (35 ans).

L'ESTUAIRE: Puy Gaudin

ÉTENDARD: Hardy

ÉTIENNE GASQUETON:
Rulleaud-Larret (Rémy Martin)

EXSHAW SA (John)
127, boulevard Denfert-Rochereau
16100 Cognac
45 82 40 10
La Maison appartient depuis 1975 à *OTARD* (voir ce nom).
N° 1 (env. 15 ans), *Gr. Ch./Âge d'Or* (env. 35 ans), *Gr. Ch./Extra* (le plus jeune 35 ans, le plus vieux 70 ans).
Arrêtés depuis quelques années: *Napoléon/Réserve d'Austerlitz (Fine Champagne):*

FABRE (Simone)
Logis de Villars, au sud de
Saint-Saturnin, au sud-est de
16290 Hiersac
45 96 92 90
Fins Bois
★★★ (8 ans)/*VSOP* (15 ans)/*Vieille Réserve* (25 ans).

FAILLON (Jean-Marie): Les Plassons

FALANDY-LIANDRY & Cie
6, rue Barbezieux
16100 Cognac
45 35 02 35
Falandy: *VSOP Fine Champ.* (4 à 6 ans)/*Napoléon F. Ch.* (6 à 8 ans)/*XO Fine Champagne/Très Vieille Réserve* (80 ans env.).
Liandry: *VSOP F. Ch.* (4 à 6 ans)/*Réserve XO Gr. Ch.* (15-20 ans)/*Vieille Réserve Gr. Ch.* (20-25 ans).

FAUCHON
26, place de la Madeleine
75008 Paris
47 42 60 11
Le fameux traiteur parisien propose un large choix de cognacs, dont sa propre marque – par ex., la *Fine Champagne VSOP*. Fauchon fournit nombre de magasins d'épicerie de luxe dans toute la France.

FAUCON D'OR DE LAAGE:
Gautier/Aigre

FAURE (J.): Château Paulet

FAURE (Père & Fils)
La Fromagerie, au nord-ouest de
17310 Saint-Pierre-d'Oléron
(sur la D 734, après Saint-Denis)
46 47 07 04
Bois Ordinaires
★★★/*VSOP.*

FAURE (Pierre)
La Font, au sud-ouest de Guitinières
(sur la D 148, à l'ouest de)
17500 Jonzac
46 48 17 59
Fins Bois
★★★/*VSOP/Napoléon.*

FAUSTIN (J.): Royer

FAUVEL: Royer

FAVRAUD SARL
(anciennement Jean Sabouraud)
Château Souillac
16200 Jarnac
45 81 00 22
Avec ses vignobles dans les Fins Bois, la Maison produit un volume annuel équivalant à env. 350 000 bouteilles; elle achète également dans d'autres crus, dont beaucoup de Bons Bois. Dans l'ensemble, la production varie fortement selon les besoins du marché. Une grande partie de cette production est vendue en vrac. 99 % d'exportations, principalement vers les pays d'Europe.

Cette Maison est en cours de changement de propriétaire.
Autres marques: *Marquis de Lonac, M. Michaud.*
Qualités: *VS* ★★★/*VSOP/Napoléon/Napoléon Extra Réserve/XO.*

FAYARD (A. & H.): Gautier/Aigre

FEDON (Bernard)
Sauvignon

Un dimanche à Cognac...

Saint-Bonnet-sur-Gironde
17150 Mirambeau
Fins Bois
VSOP (11 ans).

FERRAND (Paul)
Les Métairies, au nord de
16200 Jarnac (sur la D 736, en direction de Sigogne)
45 81 05 29
★★★/*VSOP*/*Napoléon*.

FERRAND (Pierre)
La Nérolle, au nord - nord-est de
16130 Segonzac
45 83 41 82
Grande Champagne
27 hectares; uniquement des qualités vieilles : *Réserve de la Propriété* (12 ans)/*Sélection des Anges* (25 ans, aussi appelée « *Sélection du Paradis* »)/*Réserve Ancestrale* (50 ans) livrable également en 43 %.

FEU DE JOIE : Brugerolle

FILLIOUX (Jean)
(Sté Fillioux Fils)
La Pouyade
Juillac-le-Coq, au sud-ouest de
16130 Segonzac
45 83 47 01
Grande Champagne

Coq ★★★ (3-4 ans)/*Spéciale Amateur 44 %* (3-4 ans)/*Napoléon* (8-10 ans)/*Cep d'Or* (12 ans)/*Spéciale Amateur 42 %* (10 ans)/*Très Vieux* (23-25 ans)/*Réserve Familiale* (45 ans, millésimes 1926 + 1933). *Vieille Réserve Franz Keller* (*Gr.*

Champ. 1924) 48 %/Très Vieille Grande Champ. Réserve R. Burtsche (correspond à la *Vieille Réserve F. Keller*).

FILLIOUX (P.) : G. Courant/CCG

FILLONEAU (Guy)
Montbruneau (au nord de Le Gua)
Sainte-Gemme
17250 Saint-Porchaire
46 22 81 03
Bons Bois, à la limite des *Bois Ordinaires*
★★★ (5 ans)/*VSOP* (6 ans).

LES FILS DE MARCEL QUANCARD : Quancard

LA FINE GOULE
17520 Archiac
Bureau : 46 49 10 14, 49 14 27, 49 16 81
(Le Patis, en bas de la grand-place)
Quelques producteurs de Grande et Petite Champagne commercialisent ensemble sous ce nom environ 15 000 bouteilles par an (*Patrick Magnand*, Brie-sous-Archiac, *Phillipe & Jean-Bernard de Larquier*, Arthenac).
« Junior » (5 ans)/*VSOP 42 %/Napoléon 42 %/Hors d'Âge 45 %/Très Vieux Cognac 43,7 %* (de 1937).

FLAVIEN COGNAC : Abrard

FLOQUET : Gaston de Lagrange

FLORENTZ (L.) Croizet Eymard

FOL AMOUR : Camus

FOLLIGNY & Cie : Jules Robin

FONT-AUBERT : Duboigalant

FONT-BORNE (Jobit Georges)
Font-Borne
Malaville
16120 Châteauneuf-sur-Charente
45 97 08 05
Grande Champagne
Réserve Familiale (20 ans)/*Très Vieux Cognac* (50 ans).

FORESTIER (André)
16370 Cherves-Richemont
(près de l'église)
45 83 24 66
Borderies
★★★/*VSOP* (8-10 ans).

FORGERON (Michel)
Chez Richon, au nord-est (D 18, puis D 95) de
16130 Segonzac
45 83 43 05
Grande Champagne
★★★/*VSOP/Vieille Réserve* (17 ans).

FORGERON & Co : Roffignac

FORT (Robert)
Chez Thoreau, à l'ouest de
La Chapelle-des-Pots
17100 Saintes
46 93 02 55

Une église de Cognac.

Fins Bois
★★★ / *VSOP / Napoléon / Vieux Cognac/ Vieux Brut de Fût 55 %.*

FOUCAULD (Lucien) & *Co* : CCG

FOUCAULD-LECHANTRE : Hine

FOUCHÉ : A.E. Dor

FOUCHER (Henri)
La Brousse, au nord-ouest de
17160 Matha

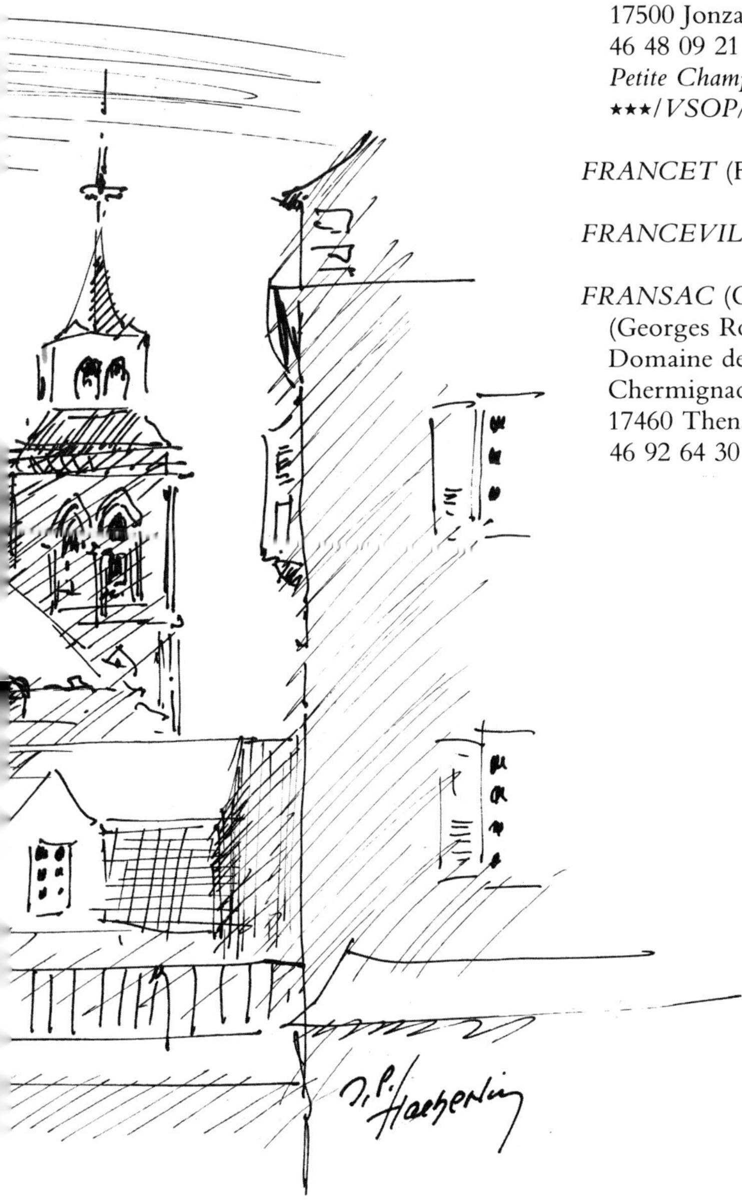

46 58 53 68
Fins Bois
★★★/*VSOP/Vieille Réserve.*

FOUNTAINBLUE : Gautier/Aigre

FOV :
Une marque de cognac produite par *HINE* pour le groupe Caldbeck, un des grands distributeurs de boissons en Asie et dans le Pacifique, depuis 1987 dans le groupe Guinness (comme Hine).

FRADON (Marc)
Le Château, peu avant
Réaux, à l'ouest de la D 699 depuis
17500 Jonzac
46 48 09 21
Petite Champagne
★★★/*VSOP/Vieille Réserve* (20 ans).

FRANCET (F.) : Staub

FRANCEVILLE : Camus

FRANSAC (Georges)
(Georges Roullet)
Domaine des Forges
Chermignac
17460 Thenac
46 92 64 30

Le fils de l'ancien propriétaire de *Denis-Mounié* (voir ce nom). La Maison possède d'appréciables réserves de vieux cognacs et produit environ 180 000 bouteilles par an.

Qualités : *Grande Fine Champagne* (*Fins Bois,* 5 ans)/*Grande Fine Cognac VSOP* (*Fins Bois*, 8 ans)/*Rare Fine Champagne VSOP* (12 ans)/*Rare Fine Champagne Napoléon* (15 ans)/*Très Vieille Fine Cognac Extra Pale* (*Pet. Ch.*, 12 ans)/ *Grande Champagne XO* (25 ans) (*Grande Champagne Extra* (40 ans, à 40 %)/ *Grande Champagne Extra Très Vieille Réserve* (50 ans, à 43 % – Synonyme de Fouché – P. Frapin *XO Extra* sur le marché allemand)/*Grande Champagne Extra* à 45,5 %, *Lot n° 34* (*Gr. Ch.* 1934).
Autre marque : *Bauchant,* liqueur d'orange au vieux cognac.
Le Domaine des Forges produit également d'autres cognacs, notamment pour le compte des Maisons *Bruno de Lestapis* (voir ce nom), C. Dupuis Fils (voir ce nom) et *Audry* (voir ce nom). Les familles Vallein-Tercinier sont des associées.

P. FRAPIN & Co SA
Rue Pierre-Frapin
16130 Segonzac
45 83 40 03, 83 33 67
Télex : 791-493 F
La Maison possède son propre vignoble (137 hectares en Grande Champagne), dont elle produit environ 350 000 bouteilles par an; elle achète en sus auprès des producteurs d'autres crus. Très diversifiée dans ses activités, elle fournit le marché traditionnel ainsi que des grandes Maisons de luxe – comme *Berry Bros & Rudd* (Londres), *Fauchon* et les *Caves de Maxim's* (Paris), ou encore

Les vendanges, moment d'effort et de gaieté, la récompense d'une année de travail...

Grashoff (Brême) –, en partie sous leurs étiquettes. La capacité de la Maison est pratiquement illimitée. Frapin appartient à la famille de Geneviève et Max Cointreau.

Qualités de cognac Frapin : *VS* ou ★★★ /*VSOP* (*Grande Fine Champagne*)/*Napoléon* (*Gr. Ch.*) *XO* (*Gr. Ch*)/*Très Vieille Grande Réserve* (*Gr. Ch.*)/*Domaine Frapin* (*Vieille Grande Fine Champagne*)/*Château de Fontpinot* (*Grande Champagne*).

Frapin exporte 98 % de sa production. Principaux clients étrangers : la Scandinavie – les États-Unis – la RFA – le Benelux, la Grande-Bretagne, le Japon. Autres marques : *Dame de Cœur, Delfin, Diamant Royal, Flamme Royale, Mah-*

jong, Pyramides, Rabelais, André Renaud, Raisins d'or, Trésor Royal.

FRAPPIER & Co: Salignac

FREDEFONT (Marcel)
Courpe, au sud (par la N 137) de
17150 Mirambeau
46 49 65 42
Fins Bois
Pour des raisons d'âge, M. Fredefont ne produit plus et vend ses stocks, qui devraient tenir encore un certain temps. Qualités : ★★★/*VSOP*/*Vieille Réserve* (13 ans).

FRENCH BRANDY SHIPPERS CLUB: Camus

FRÈRES DE CHEVESSAC
(Distillerie Merlet & Fils)
Saint-Sauvant
17610 Chaniers
46 91 50 36
Fins Bois + Borderies
XO (10 ans)/*Très Vieux Cognac* (40 ans).

FROMY:
Une marque de *Château Paulet* (voir ce nom) : ★★★/*VSOP*.

FRONTILLAC: Roffignac

FRONTIN & Fils: Gautier/Aigre

FROUIN (Jean)
Chez Massias, sur la D 731, depuis Barbezieux vers Archiac, à l'embranchement de la D 125 vers le nord, en direction de
La Chaise
16300 Barbezieux-Saint-Hilaire
45 78 09 16
Petite Champagne
VSOP (10 ans)/*Vieille Réserve* (15-18 ans).

GABET (Romain)
Le Treuil, au nord de
Aumagne, au nord-est de
17770 Brizambourg
46 26 32 60
Fins Bois
★★★ (5 ans)/*VSOP* (10 ans)/*Vieille Réserve* (17 ans).

GACON (Francis)
Les Touches-de-Périgny, au nord-est de
17160 Matha
46 58 53 27
Fins Bois
Spécial ★★★/*VSOP* (8 ans)/*Vieille Réserve* (12 ans).

GAEC DE LA FRUITIÈRE:
voir Ardouin (André)

GAEC DU FERRY (J.-P. Lambert)
Place du Champ-de-Foire
16370 Cherves-Richemont
45 83 24 77
Borderies
★★★/*VSOP*/*Vieille Réserve* (19 ans).

GAEC LE CLOS
(Marc Joumier)
Puybollier, au nord de
Échallat, au sud (par la D 14) de
16170 Rouillac
45 96 72 68
Fins Bois
★★★ (7 ans)/*VSOP* (13 ans)/*Vieille Réserve* (20 ans).

GAGNEROT (René)
Sur la D 156, peu avant Les Girauds

Ici aussi, la vendangeuse automatique a fait son entrée.

Jussas, à l'est de
17130 Montendre
46 49 23 99
Bons Bois
★★★.

GAMES & Cie : Château Paulet

LA GAMME ÉLITE : Camus

GARANDEAU Frères
Champblanc, au nord-est de
16370 Cherves-Richemont
45 83 24 11
Borderies
★★★/*VSOP*.

GARAUD & Co : Castillon-Renault

GARAY (Jean) : Exshaw/Otard

GARDE IMPÉRIALE : Courvoisier

GARDRAT (Pierre & Jean-Pierre)
La Touche
17120 Cozes
46 90 83 00
Bons Bois
★★★ (5 ans)/*VSOP* (6 ans)/*Napoléon* (9 ans).
Dépôts : 236, rue Paul-Thomoux
93330 Neuilly-sur-Marne
138, avenue du Général-Leclerc
54500 Vandœuvre-lès-Nancy.

GARNIER (Marcel)
Montsauson
Javrezac
16100 Cognac
45 82 13 10
Vieilleries de Borderies 42 % (env. 25 ans).

GASQUETON (Étienne) :
Rullaud-Larret
(Rémy Martin)

B. GASSIES & Co (Château Paulet) :
★★★/*VSOP/Napoléon Fine Champ./Réserve Spéciale (Gr. Ch.)/Fine Ch. Vat 93.*

GASTINE (Henri) : Prunier

GASTON DE LAGRANGE SA
7, rue de la Pierre-Levée
Châteaubernard
16100 Cognac
45 82 18 17

Lancée dans les années 1950, d'abord avec les cognacs de la Maison *BACHE-GABRIELSEN,* cette marque appartient au groupe Martini & Rossi. Environ 65 hectares de vignobles dans les Borderies (13 hectares) et les Fins Bois; la Maison achète également auprès d'autres producteurs. Ses 75 ares de vignobles en Grande Champagne n'ont pas vocation à être exploités dans l'immédiat; ils font plutôt office de réserve en vue d'une expansion de l'entreprise. La production annuelle est d'environ 2 millions de bouteilles, dont 70 % sont exportées. Les principaux clients étrangers sont : le Canada, la Grande-Bretagne, la Belgique, la Hollande et l'Italie. Les réserves de vieux cognac ont été constituées soit par l'achat à d'autres producteurs, soit par la prise de contrôle de firmes comme *Barriasson.*

Conversation au coin d'une rue…

Gamme proposée : ★★★ (2-3 ans)/*VSOP* (8 ans, *Fine Ch.*)/*Napoléon* (10-12 ans)/*Prestige* (20 ans, *Gr. Ch.*)/*XO* (25-30 ans, *Gr. Ch.).*
Autres marques dont la Maison est propriétaire : *Barriasson Prestige* ★★★/*VSO*/★★★/*Très Vieille Fine Champagne. Floquet : VSS* (Special Selection of Greens Ltd, London)/*VSOP Louis Romain Fils* (principalement en Grande-Bretagne et en Hollande), *Géo Sayer* (« Louis XIV »), *Cognac Brandy* « Pilgrims ».

GAUCHE (Serge)
Château Maillou, à l'ouest de
Saint-Saturnin
16290 Hiersac

45 96 92 63
Fins Bois
VSOP (10 ans).

GAUDRAP & Co : Adet Seward

GAUTIER Frères : Gautier/Aigre

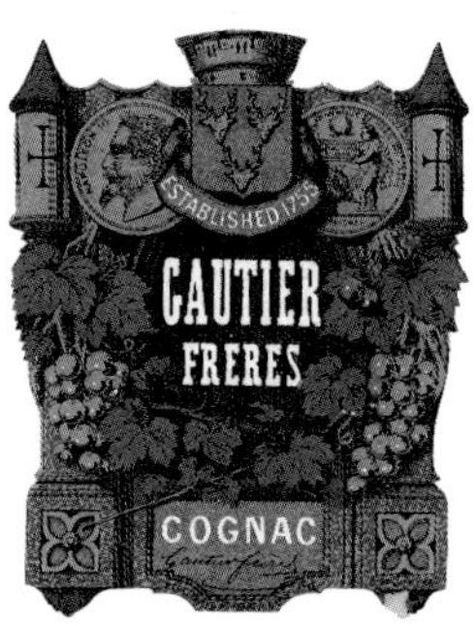

GAUTIER (Guy) *& Co*
16200 Jarnac (à la sortie de la ville, sur la N 141, en direction d'Angoulême)
45 21 10 02
Une des plus anciennes Maisons de cognac, fondée à la fin du XVIIe siècle. De même que *Comandon* (voir ce nom) et *Denis-Mounié* (voir ce nom), elle fut temporairement la propriété de Bénédictine et appartient aujourd'hui, comme les deux autres, à *HINE* et, par conséquent, au groupe britannique Guinness.
Qualités : *Excelsior* ★★★/*Fine Champagne/Vieille Réserve/Très Vieille Réserve.*
Marque : *Christian.*

GAUTIER SA
28, rue des Ponts
16140 Aigre
45 21 10 02
Également une des plus vieilles Maisons de cognac, fondée en 1755. Elle appartient maintenant au groupe *Berger SA*, apéritifs et spiritueux (77 127 Lieusaint, Seine-et-Marne, 60 60 00 60). Le domaine est situé sur un îlot, anciennement occupé par un moulin à eau. Une partie des réserves de cognac repose donc dans une certaine humidité, ce qui, à terme, est très bénéfique pour son goût. 86 % de la production (non indiquée par la Maison) sont exportés.
La campagne publicitaire de Gautier au Canada, avec pour slogan « Il y a un peu de Gautier en chacun de nous ! », a connu un vif succès (250 000 Canadiens français s'appellent Gautier !).
Qualités : ★★★/*VSOP/Prestige,* dans la bouteille en forme de flotteur de filet de pêche/*Napoléon/XO/Extra/Royale/Réserve Impériale* (40 ans)/*Cristal Extra* (plus de 40 ans)/*Réserve 230e Anniversaire* (encore plus vieux). Flasques de formes spéciales (flotteur de filet de pêche, fanal de marine, statue de la Liberté, avion supersonique). Pour les festivités du centenaire de la statue de la Liberté, Gautier mit en vente une cuvée spéciale de vieux cognac, sous l'étiquette « Réserve du Centenaire Liberty ».
Depuis 1972, Gautier est également propriétaire de la marque *Pascal Combeau* (fondée en 1858), dont l'ancien siège à Cognac, dans la rue qui porte son nom, abrite aujourd'hui la *CCG* (voir ce nom). Qualités : ★★★/*VSOP/Napoléon.*
En 1976, la Maison a repris le contrôle de trois autres entreprises, les fusionnant pour former une filiale, la *Gemaco*, mais en les continuant :
Normandin : ★★★/*VSOP/Napoléon/Grande Réserve/Cave Privée* (*Fine Champ.* env.).
De Laage et *Faucon d'Or De Laage :* ★★★/*VSOP/Napoléon.*
Girard : ★★★/*VSOP/VSOP Fine Champagne / Napoléon / Bellot / Blondel / Chantour / Charme / Cortel / Dumas / Comte de Foirac / Foliot / Frontin / Landonne / Lomerie / Pouget / Poussot / Yvon.*
Autres marques du groupe : *Ace Brandy, Bagier, Belgontier, Brun (Robert), Caton, Cheval Ardent, Chollet, Clément, Courard & Fils, De Lignac, Devillard, D'Orfin, Dugontier, Fayard, Gautier Frères, Guérin Bernard, Guibert, Gervais & Co, Isard, Laplenne, Lorel, Mondésir, Pelton, Pierrefont, Pomarel, Jules Rebel, Reuss (JULES(, Rivière Gardrat, J. Robert, Robillot, Roland (Geo), Vannier, Vivienne & Co, Vrillaud.*

GAUTRET (Jules) : Unicognac

GAY (Jean-Claude)
Les Maines, au nord de Sainte-Lheurine
17520 Archiac
46 49 13 36
Petite Champagne
★★★/*VSOP* (7 ans)/*Napoléon* (15 ans).

N.V. GEENS Benelux SA
94, Leuvensestr.
B 3220 Aarschot (Belgique)
(16) 56 83 51
Propriétaire des cognacs *La Grande Bruyère* (voir ce nom) et *Rolet* (voir ce nom), dont elle assure également la commercialisation.

GEFFARD (Henri)
La Chambre, au sud (par la D 418 depuis Verrières) de

16130 Segonzac
45 83 74 90
Grande Champagne
★★★ (6 ans)/*VSOP* (8 ans)/*Vieille Réserve* (10 ans).

GÉNÉRAL DE MONTRANDY: Prunier

GÉO ROLAND: Gautier/Aigre

GÉO SAUNIER: Rémy Martin

F. GEOFFREY & Fils: Château Paulet

GÉRARD (V.H.): Camus

GERMAIN & Cie: Prunier

GERSAC: Confidentia

GERVAIS & Co: Gautier/Aigre

GESTRAUD (Pierre)
Chez Mouchet, au nord-ouest de Saint-Sulpice-de-Cognac
16370 Cherves-Richemont
(à la droite de la D 731 vers Burie)
45 83 84 15
Borderies
VSOP (8 ans)/*Napoléon* (15 ans)/*Hors d'Âge* (30 ans).

GIBOIN (Michel)
L'Hermitage
16370 Cherves-Richemont
45 83 24 58
Borderies
★★★/*VSOP* (10 ans)/*Napoléon* (18 ans).

GILSON: Comandon

GIRARD: Gautier Aigre

GIRARDOT (Louis): Larsen

GIRAUD (Paul)
Bouteville, à l'ouest (par la D 95) de
16120 Châteauneuf-sur-Charente
45 97 03 93
Grande Champagne
Entreprise de cognac depuis le XVIIe siècle. 28 hectares. *VSOP* (6 ans)/*Napoléon* (12 ans)/*Vieille Réserve* (20 ans).

GOBELIN JERDI & Co: Staub

GODET (Frères)
1, rue du Duc
17003 La Rochelle
46 41 10 66, 41 43 76
Une famille d'origine hollandaise qui, dès le début du XVIIe siècle, se lança en Charente-Maritime dans le commerce de l'eau-de-vie de vin en fûts. À partir de 1838, installée à La Rochelle, la Maison commercialisa sa propre mar-

que d'eau-de-vie en bouteilles. S'approvisionnant auprès d'autres viticulteurs et producteurs, elle assure le vieillissement des assemblages. La Maison Godet fait également le commerce de divers spiritueux. Baptisée par ses membres « la plus grosse des petites entreprises de cognac », elle réalise 65 % de ses ventes à l'exportation.
Qualités de cognac Godet : ★★★ (3 ans)/*VSOP* (5 ans)/*Fine Champagne* (4 ans)/*VSOP Gastronome Fine Champ.* (7-8 ans)/*Napoléon* (15 ans)/*Excellence (Gr.*

+ Pet. Champ., 20 ans)/XO *(Gr. + Petite Champ.*, 30 ans)/*Extra Vieille* (*Gr. Champ.*, plus de 40 ans)/*Cristal Saint-Louis* (*Gr. Champ.* de 1921, env. 50 ans en fûts).
Autres marques: *Artaud de la Ferrière, Baron de Chastelard, Courtell & Co, Grâce Dieu, Hivert Pellevoisin, Hautefort.*

GODINEAU (Pierre)
Boscamnant, au nord-ouest de
17360 Saint-Aigulin
46 04 82 06
Bons Bois
★★★ (4 ans)/*VSOP* (7 ans)/*Réserve* (10 ans)/*Napoléon* (15 ans).

GOLDEN LION: Castillon-Renault

GOLVET (Robert)
Chez Gente
Juillac-le-Coq
16130 Segonzac
45 83 47 45
Grande Champagne
VSOP/Napoléon (12 ans).

GOMBERT (Guy)
Chez Lunaud, à l'est de
Villars-les-Bois
17770 Brizambourg
46 94 93 17
À la limite *Fins Bois/Borderies*
★★★/*VSOP/Napoléon/Vieille Réserve.*

GOULEBENÈZE: Raymond Ménager
Gensac-la-Pallue
16130 Segonzac

LÉOPOLD GOURMEL
(Pierre, Michèle et Caroline Voisin)
BP 194
16106 Cognac
45 82 07 29, 83 76 60

Chais : La Couture
Gente (au sud de Cognac)
Fins Bois

Jeune entreprise d'un technicien passionné de son art et qui s'efforce de combiner le trésor d'expériences des spécialistes du cognac et les idées originales du technicien, afin de produire un cognac le plus naturel possible; il utilise un système de filtrage conçu par lui-même et évite le procédé, très répandu, de refroidissement. De même, pour la réduction par l'apport d'eau distillée destiné à ramener le cognac à un titre normal d'au moins 40 %, Voisin a mis au point un procédé original : tandis que, chez la plupart des producteurs, on réduit le titre d'un jeune cognac fortement alcoolisé en y ajoutant de l'eau distillée ou du cognac dilué par l'eau distillée, la technique de Voisin consiste à enrichir progressivement des faibles avec des fortes (faibles = cognac très dilué; fortes = cognac peu dilué). Chez Voisin cette opération est étalée sur plusieurs années.
Malgré son jeune âge (une vingtaine d'années), l'entreprise a su imposer ses cognacs très clairs sur le marché de la grande gastronomie. Sur une production annuelle de 25 000-30 000 bouteilles, les exportations représentent 80 %, principalement vers la Suisse, la Belgique, les Pays-Bas, l'Italie, l'Allemagne fédérale, l'Autriche et les États-Unis.
Qualités : *Fins Bois 42 %* (8 ans, « à l'âge du fruit »)/*Fins Bois 41 %* (10 ans, « à l'âge des fleurs »)/*Fins Bois 43 %* (14 ans, « à l'âge des épices »)/*Petite Champagne 42 %* (14 ans)/*Grande Champagne 43 %* (14 ans)/*Fins Bois 43 %* (21 ans, « Quintessence »).
Également un *Cognac pour la Grande Cuisine (47 %)*. Gourmel produit également le cognac portant l'étiquette du grand traiteur parisien Fauchon (*VSOP/XO/Extra/Grande Champagne*).

GOURNAY & Co : Salignac

GOURRY (Eugène) : Prunier

GOURRY (Gourry de Chadeville)
16130 Segonzac (à la sortie de la ville, sur la D 1, vers Lignières-Sonneville)
45 83 40 54

Propriété familiale depuis 1619
Grande Champagne
VSOP (5 ans)/*Napoléon* (10 ans)/*Très Vieux* (18 ans).

GOUVERNEUR
Coopérative Vinicole de l'Ile de Ré
17580 Le Bois-Plage
46 09 23 09
Bois Ordinaires
★★★/*VSOP*.

GRÂCE DIEU : Godet

GRAILLY (Jacques de)
Le Goulet, au nord-est de Thors
17160 Matha
46 58 56 01
Fins Bois
★★★/*VSOP/Napoléon*.

GRAND CHADENNE (Sica)
(Compagnie des Vignerons et Bouilleurs de Cru de la Région délimitée du Cognac)
Grand Chadenne, entre Péreuil et 16250 Blanzac-Porcheresse
45 64 08 29
Fins Bois
★★★ (3 ans et plus)/*Spécial 45 %* (5 ans et plus)/*VSOP/Napoléon 41 %/Vieille Réserve 42 %*.

GRAND CHAMBELLAN : Unicoop

GRAND CHEVALIER : Unicoop

GRAND CONNAISSEUR : Prunier

GRAND DUCAL MONOPOLE :
Dupont (J. Cognet)

GRAND FINAGE : Croizet Eymard

GRAND LIEU : Hardy

GRAND MAÎTRE : Monnet

GRAND MONARQUE : Unicoop

GRAND NAPOLÉON :
Nicolas Napoléon

LE GRAND SIÈCLE : Royer

GRANDE BRUYÈRE (La)
Propriété et cognac de *N.V. Geens Benelux SA* (voir ce nom).
★★★/*VSOP/Napoléon* ★★★★★.

LES GRANDES DISTILLERIES RÉUNIES : Castillon-Renault

GRANDIER : Courvoisier

GRANDIN (Henri) : Berger

GRANDJEAN & Co (Jules) : Larsen

GRANDS CHAIS DE FRANCE (Les)
(Joseph Helfrich)
8, rue des Prés
67330 Kirrwiller
88 70 78 09, 70 70 70
Le propriétaire alsacien de cette Maison de vins spiritueux fondée en 1979 des-

Pierre Voisin (Cognac Gourmel) s'entretient avec son distillateur, Jean-Michel Bourgoin.

tine sa production aussi bien à la gastronomie de luxe qu'aux grandes surfaces. La production annuelle de cognac est d'environ 3 millions de bouteilles, y compris le volume vendu en vrac; la Maison ne possède pas de vignobles. Les exportations représentent 95 % de la production. Les principaux clients à l'étranger sont le Japon, les États-Unis, l'Allemagne fédérale, la Hollande, l'Autriche et la Belgique.
Marques de la Maison: *Comte Joseph:* ★★★ – *VS/VSOP/XO/Extra* (*Gr. Ch.*, 20 ans)/*Paradis Royal* (*Gr. Ch.*, 40-50 ans d'âge, commercialisé uniquement en carafes de cristal de Saint-Louis).

Autres marques: *Bon Voyage, Chanel (Jean-Paul), Cognaqueur, Sérac. Prince Laurent: VS/Napoléon.*

GRANERAU: Hardy

LA GRANGE COGNAC:
Rouyer Guillet

LA GRANGE DU BOIS
(Cartais Lamaure)
Bourg-Charente
16200 Jarnac
45 81 10 17
Fins Bois
Vieux Cognac/Hors d'Âge (30 ans).

GRASHOFF
Contrescape 80
(à côté du Plaza-Hôtel)
2800 Bremen 1
(04 21) 1 47 49
Traiteur de produits de luxe qui propose un large choix de cognacs, dont des *early landed, late bottled* millésimés.

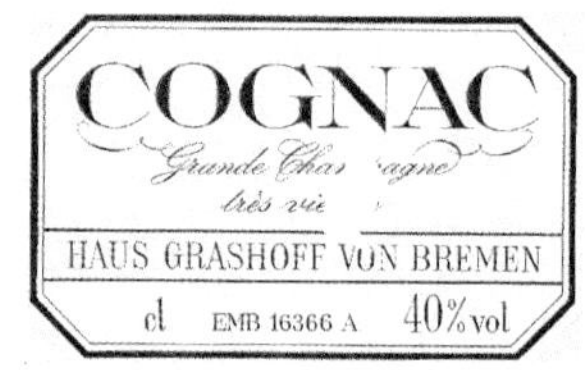

La Maison a également ses propres marques: *Grande Champagne* (8 ans)/*Grande Champagne Très Vieille* (env. 18 ans)/*Vieille Fine Champagne;* elle offre également des mises en bouteilles spéciales de chez *Croizet* (voir ce nom), de *Château du Plessis*, de *Normandin-Mercier*, etc.

GRATEAUD (Maurice)
Le Maine Garnier, au nord de Chérac (au-dessus de la N 141 Cognac-Saintes)
17610 Chaniers
46 96 44 96
Borderies
★★★/*Vieille Réserve* (12 ans)/*Napoléon* (18 ans).

GRELLIER (André)
Courcerac (D 134), au sud-ouest de
17160 Matha
46 25 03 40
Fins Bois
★★★/*VSOP/Napoléon.*

GRENON (Jean-Marie)
Dompierre-sur-Charente (D 24), à l'est de
17610 Chaniers
46 91 03 74
★★★ (5 ans)/*VSOP* (7 ans)/*Hors d'Âge 45 %* (20 ans), tous *Borderies.*

GRÉVILLE & Co: Barriasson

GRILLON: Monnet

GROS (Félix): Salignac

GUELIN (F. & Ph.)
GAEC de Sainte-Foy, au nord-est (par la D 732) de
Pérignac
17800 Pons
46 96 32 20
Petite Champagne
Vieille Réserve (10 ans)/*Très Vieille Réserve.*

GUELIN (J. H.) : Dupont (J. Cognet)

GUERBÉ (Jean & Co)
Logis de Puyguiller (au sud de Segonzac) et L'Échalote, au nord-ouest de
Juillac-le-Coq
16130 Segonzac
45 83 67 06

Grande Champagne
Logis (5 ans)/*Spécial* (7 ans)/*VSOP* (9 ans)/*Napoléon* (15 ans)/*Grande Réserve* (25 ans).

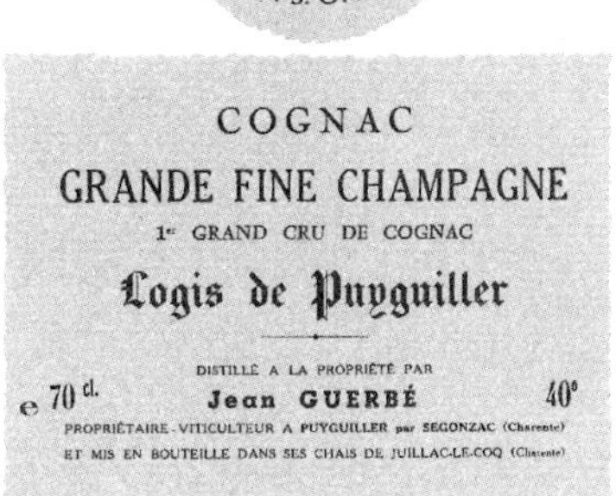

GUÉRIN (Paul)
Chez Chapron
D 249, au nord-ouest de Neulles
17500 Jonzac
46 48 24 04
Petite Fine Champagne Napoléon.

L. GUÉRIN BERNARD & Cie :
Pascal Combeau/Gautier-Aigre

GUÉRIN Frères : Puy Gaudin

A. GUIBERT : Gautier/Aigre

GUICHARD (Claude)
Villars-les-Bois, au sud-est (par la D 731) de
17770 Brizambourg
46 94 92 82
Fins Bois
★★★/*VSOP/Réserve.*

GUIET (Daniel)
Le Châtelet, au sud de
Verrières
16130 Segonzac
45 83 75 08
Grande Champagne
VSOP (7 ans)/*Napoléon* (10 ans)/*Vieille Réserve* (23 ans).

GUILLET : Rouyer Guillet

GUILLON-PAINTURAUD
(Jean-Pierre Guillon)
Biard, au nord-ouest (par la D 49) de
16130 Segonzac
45 83 41 95

Grande Champagne
VSOP (5 ans)/*Réserve* (10 ans)/*Vieille Réserve* (20 ans).

A. GUILLOT + Les Petits-Fils de A. Guillot : Jean Dereix

GUILLOTEAU (Michel)
Les Bosses Champagnières
Les Métairies, au nord-ouest de
16200 Jarnac
45 81 12 18
Fins Bois
★★★ (8 ans)/*Napoléon* (15 ans).

GUIONNET (Bernard)
Gensac-la-Pallue, au nord-ouest (par la D 49) de
16130 Segonzac
45 35 93 52
Grande Champagne
VSOP (6 ans)/*Vieille Réserve* (12 ans).

GUY (Joseph) :
SA de la Vieille Cure de Cenon, Cenon/Gironde

GUY DE BERSAC
Domaine du Chillot, au nord (par la D 90) de
Saint-Preuil
16130 Segonzac
45 83 43 66
Ce cognac du *Domaine du Chillot* (voir ce nom) fut lancé fin 1983, avec les qualités suivantes : *Fine Cognac* ★★★/*VSOP* (5 ans)/*Napoléon* (10 ans)/*Grande Fine Champagne* (10 ans)/*Très Vieille Fine Cognac* (env. 20 ans)/*XO* pour le Japon.

GUY LABARDE & Co : Brugerolle

HARD (Pierre)
Château de
17770 Brizambourg
46 94 37 15

Fins Bois
VSOP (12 ans)/*Napoléon Château de Brizambourg* (20 ans).

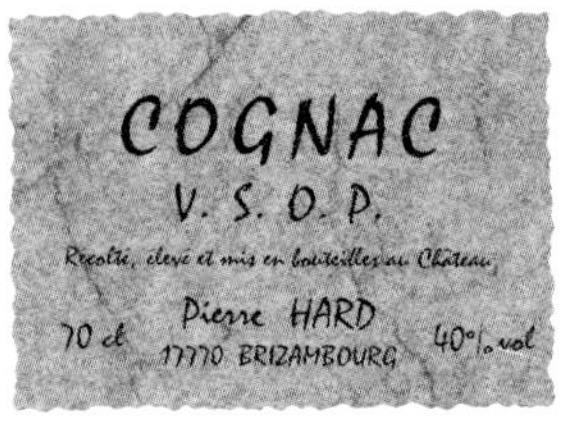

A. HARDY & Co
Rue Basse-de-Crouin
16101 Cognac
45 82 59 55

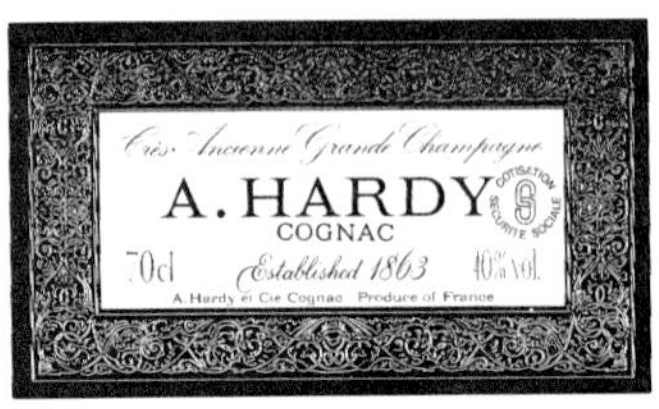

Une des grandes entreprises familiales productrices de cognac; au dire de ses membres, la Maison se tient « en tête du second peloton », juste derrière les très grands. Produit des vins vinés destinés aux producteurs allemands, d'autres spiritueux et du pineau. Les ventes annuelles de cognac sont d'un peu plus de 1 million de bouteilles; la Maison ne possède pas de vignobles, mais elle est propriétaire de trois distilleries. Environ 44 % d'exportations annuelles. Les principaux clients à l'étranger sont les États-Unis et le Canada, suivis par la Communauté européenne et l'Asie du Sud-Est. Il y a quelques années, la Maison Hardy s'est signalée par le lancement du « cognac le plus cher du monde », encore livrable. Ce très vieux cognac, mis en fûts vers 1860 par l'arrière-grand-père de l'actuel propriétaire, fut transvasé, dans les années 1930, dans des « bonbonnes »; puis, après la Seconde Guerre mondiale, ce cognac séjourna encore près de vingt ans dans le fût (du vieux bois, ne produisant presque pas de tanin). Ce cognac fut mis en vente aux États-Unis sous le nom de « Perfection », au prix de 3 750 dollars; la carafe de cristal, accompagnée, en prime, d'une lithographie, œuvre originale du peintre Carzou, était livrée au client en Cadillac. Dès le lancement de la campagne publicitaire, il se trouva quelque 800 acheteurs (« Mais les intermédiaires empochaient quasiment 60 % de la somme totale ! » remarque Jacques Hardy). À l'heure actuelle, le prix direct chez le producteur (qui prend à sa charge les frais d'expédition) avoisine les 30 000 francs. On peut toujours se renseigner...
Entre autres marques de Hardy : *De Lancenac, L. Daniaud Fils, C. Lagier, Grand Lieu, Rastagnac, Angevin, Dumourier, Chandelac, Henry Tytell & Fils, Arnoux, Ceres, Comte & Co, De Lachenaie, Douris, Étendard, La Rocheandrey, E. Lecomte, Messiré, Tournell.*

Qualités du cognac Hardy : ★★★ (3 ans), également sous l'étiquette *« Red Corner »*/*VSOP* (5 ans)/*Napoléon* (6 ans)/*VSOP Fine Champagne* (5-7 ans)/*Noces d'Argent* (25 ans)*XO*/*Noces d'Or* (50 ans)/*Extra*/*Réserve de la Famille 42 %* (plus de 50 ans)/*Crystal Diamond* (en carafes, plus de 70 ans)/*Perfection* (env. 90 ans).

HARRIER : Comandon/Hine

HARRODS Ltd
Knightsbridge
London SW1X 7XL
(1) 7 30 12 34
Le fameux grand magasin londonien, richement fourni en produits d'épicerie fine, outre un remarquable éventail de grandes marques de cognac, propose également sa propre marque *Harrods*, un produit du *Château Paulet* (voir ce nom). Qualités : *VSOP*/*Napoléon Extra Très Vieille Fine Champagne*/*Vieille Réserve Fine Champagne*. De plus, le Château Paulet fournit à Harrods trois qualités de cognac non disponibles en France : un *Sélection Paradis Pet. Champ. 1893*, un *Very Old Vintage 1895* et un *Grande Champagne 1914*.

HART (Raymond)
Thors, au sud de
17160 Matha
46 58 74 54
Fins Bois
★★★/*Vieux Cognac* (10 ans).

HARVEYS (John Harvey & Sons Ltd)
Harvey House, Whitchurch Lane
Bristol BS99 7JE
(272) 83 61 61 (pour les commandes)
Magasins :
12 Denmark Street, Bristol,
27 Pall Mall, London SW 1
Ce négociant en vins (filiale d'Allied Lyons) propose depuis toujours ses propres marques de cognac. Également disponible : *Exshaw Grande Champ. 1964, « landed 1966, bottled 1984 ».*

HAUTEBAR & Cie : Rouyer Guillet

HÉDIARD
5, rue Jules-Ferry
92400 Courbevoie
47 88 62 62
Passée (à l'été 1985) sous le contrôle du groupe britannique Guinness, cette chaîne de magasins d'épicerie de luxe propose, dans ses quelque 300 magasins (par ex., à Paris, au 21, place de la Madeleine ou encore dans les grands centres commerciaux de Rosny 2, Parly 2, et beaucoup d'autres), ses propres marques de cognac : *VSOP*/*Très Vieux Cognac (Gr. Ch.)*/*Très Vieille Fine Champagne*/*Grande Champagne Napoléon*/*Grande Champagne Vieille Réserve Hédiard.*

HÉDOUARD (Jules) : Briand & Co

JA^{S} HENNESSY & Co
1, rue de la Richonne
16100 Cognac
45 82 52 22
(Groupe Moët-Hennessy, 30, avenue Hoche, 75008 Paris, 45 63 01 01)
Depuis 1984, la Maison est la plus grosse firme de cognac; c'est également l'une des plus anciennes (fondée en 1765) et l'une des rares cotées en Bourse.
À l'origine, les Hennessy (l'ancêtre de la famille, Richard Hennessy, était originaire d'Irlande) vendaient aussi bien

des vins et spiritueux que des céréales, épices, peaux et toutes sortes de denrées coloniales. La spécialisation vint seulement quelques décennies plus tard. À l'heure actuelle, les Hennessy considèrent leurs réserves de vieux cognacs comme les plus importantes du monde. Le stock de cognac qui dort dans leurs chais est l'équivalent de 100 millions de bouteilles. La Maison possède environ 250 hectares de vignobles et elle achète auprès de plus de 2 000 producteurs et viticulteurs; elle fait vivre une trentaine de distilleries qui travaillent pour son compte (elle-même est propriétaire de trois distilleries). En 1986, Hennessy a vendu 25,23 millions de bouteilles de cognac, 98 % à l'exportation. Depuis sa fusion avec la marque de champagne Moët & Chandon (en 1970), Hennessy s'est attaqué avec une belle agressivité au marché américain. Principaux clients étrangers : États-Unis (35 %), Japon, Grande-Bretagne, Irlande, Allemagne fédérale, Hong Kong, Malaisie, Singapour, Thaïlande. Les magasins hors taxe réalisent 20 % des ventes. Le *VS* (★★★) vient en tête des ventes, avec 70 % du chiffre total (dont 69 % à l'exportation), suivi du *VSOP*, avec 23 %. Entre autres, Hennessy vend également de l'eau-de-vie de vin et du pineau, ainsi que divers spiritueux. Une filiale, la Maison *Pellisson* (voir ce nom), produit également du cognac. Qualités de cognac Hennessy : *VS* (★★★, 4 ans)/*VSOP Fine Champ.* (12 ans)/*Bras d'Or Napoléon* (25 ans)/*Cuvée Supérieure-Privilège/Bibliothèque* (*Napoléon* en carafe)/*XO* (près de 50 ans)/ *Paradis* (plus de 50 ans)/*N°1* (encore plus vieux). On rencontre encore ici ou là un *Extra* (plus de 50 ans), dont la production fut arrêtée il y a quelques années. La Maison produit également divers cognacs spéciaux, comme pour Paul Bocuse ou Eddie Barclay.

HENRI DE BRIÈRE : Puy Gaudin

HÉRAUD
Logis de la Motte
Saint-André-de-Lidon
17260 Gémozac
46 90 08 01. Telex 791546 F

Le cognac le plus cher du monde (parmi ceux en vente dans le commerce).

Bons Bois
★★★/*Napoléon Fine Champagne/Hors d'Âge* (env. 15 ans) *XO*.

HÉRIARD-DUBREUIL (Jacques)
Logis de Germeville
Oradour
16140 Aigre
45 21 31 39
Fins Bois
Le frère du mari de l'actionnaire majoritaire de *RÉMY MARTIN* (il n'y a cependant aucun lien commercial entre les deux Maisons). *Réserve du Logis 42 %* (12 ans) *Très Vieille Réserve du Logis 42 %* (25 ans).

HÉRISSON : Intermarque SA
rue Émile-Zola
33150 Cenon

HERMELLE
Gourry (Pierre), Mme Monique Hermelle; au sud-ouest de Lignières-Sonneville
16130 Segonzac
45 83 50 47
Grande Champagne
Cognac Hermelle (4 ans).

HERVÉ DE LA HORSE :
Bache-Gabrielsen

HILLAIREAU (Jean)
La Pinelle, au sud-ouest de Haimps, à l'ouest de
17160 Matha
46 26 64 82
Fins Bois
★★★ (âge de *VSOP*).

HINE SA
16, quai de l'Orangerie
16200 Jarnac
45 81 11 38
Cette Maison de moyenne importance, fondée en 1763, jouit d'une tradition de producteur de grande qualité. Les descendants de son fondateur anglais, Thomas Hine, occupent toujours des postes clefs dans la société, assumant en particulier la sélection, le vieillissement et le contrôle des coupes des eaux-de-vie, ainsi que la commercialisation du produit. Ayant appartenu à la société britannique Distillers Company (depuis 1971), la Maison fut absorbée en même temps que cette dernière (en 1986) par le géant de la brasserie, Guin-

ness, avant de passer sous le contrôle du groupe Moët-Hennessy-Louis Vuitton en septembre 1987. Hine s'approvisionne auprès de quelque 300 viticulteurs dans les crus de Grande Champagne, de Petite Champagne et des Fins Bois. Elle vend 3 millions de bouteilles par an. Le Groupe est également propriétaire de la Maison de cognac *Denis-Mounié* (voir ce nom). Hine exporte 97 % de sa production. C'est une des rares Maisons dont la plus grande partie des affaires repose principalement sur la vente de vieux cognacs (le ★★★ représente seulement 35 % des ventes). Son principal client est traditionnellement la Grande-Bretagne, suivie de l'Extrême-Orient, de l'Europe continentale et des États-Unis.
Gamme proposée: *Signature Fine Co-*

gnac ★★★/VSOP Vieille Fine Champagne/Napoléon Extra Vieille Fine Cognac/Antique Très Vieille Fine Champagne Cognac/XO/Extra; ainsi que des qualités prestigieuses, telles les très vieilles *Grande Champagne Old Vintage, Triomphe* et *Family Reserve.* Certaines présentations en porcelaine de Limoges ont été également créées pour la clientèle asiatique, telles qu'un cerf (emblème de la Maison) et une carafe torsadée. Hine produit également pour le compte de Caldbeck MacGregor à Hong Kong (membre du même groupe) le cognac *FOV.* Par ailleurs, la Maison sélectionne des cognacs exclusifs, notamment pour le « Savour Club » (parrainés par Troisgros) et pour Nicolas. Hine exporte également depuis tout temps des cognacs millésimés en fûts vers l'Angleterre, qui, suite à un long vieillissement dans ce pays sous le contrôle rigoureux des douaniers de Sa Majesté, peuvent ensuite être mis en bouteilles avec des étiquettes millésimées. De tels cognacs sont connus en Angleterre sous le nom de « early landed ».

Maurice Hennessy, à la tête de la Maison de 1928 à 1966, et désormais Président d'honneur.

Échantillons chez Hennessy.

HIRAM WALKER
Gooderham & Worts Ltd
Filiale d'Allied-Lyons PLC (Grande-Bretagne, 51 %) et de GW Ltd(anciennement Gulf Canada, 49 %). Elle groupe des firmes de cognac *COURVOISIER* (voir ce nom) et *Salignac* (voir ce nom), ainsi que la Maison de vins et spiritueux *Curlier Frères*. Autre marque : *Loubert*.

HIVERT PELLEVOISIN : Godet

HOSMAN Frères (Auberge)
Korte Dam 8-10
3111 BG Schiedam (périphérie de Rotterdam)
00 31 10-26 40 96
Cet excellent restaurant propose un remarquable choix de vieux cognacs (*cf.* p. 104 et suiv.).

L. HUBERT : A.E. Dor

CH. HUVET & Co : Salignac

IBIS : Larsen

IRIS : Larsen

ISARD Frères & Neveux :
Gautier/Aigre

ISIS : Larsen

JACQUELIN : G. Courant/CCG

JANNERY (Jules) : Castillon-Renault

JARRAUD (Albert) : A.E. Dor

L'oncle Maurice suit la production de son neveu, Yann Fillioux — la sixième et la septième génération d'une tradition familiale ininterrompue comme maîtres de chai de la Maison Hennessy.

JAY : Cojay

JÉRÔME : Briand & Co

JOBET (Pierre)
Macqueville, au sud (par la D 133) de
17490 Beauvais-sur-Matha
46 26 61 16
Fins Bois
★★★ (5 ans)/*VSOP* (10 ans)/*Très Vieille Réserve* (15 ans).

JOBET (René)
Macqueville
17490 Beauvais-sur-Matha
46 26 64 11
Fins Bois
★★★/*VSOP*/*Vieux Cognac, Réserve de la Propriété*.

JOBIT : Font-Borne

JOLY (Dominique)
Chez Virton, au sud-ouest de Arthenac
17520 Archiac
46 49 14 14
Petite Champagne
★★★ (4 ans)/*VSOP* (env. 8 ans).

JOLY (Henri)
Chez Taule, au sud de Arthenac
17520 Archiac
46 49 10 02
Petite Champagne
★★★/*VSOP*/*Vieille Réserve* (15 ans)/*Hors d'Âge* (le plus jeune, 15 ans; le plus vieux, 60 ans).

JOUBERT : Latour

JOUSSON (Jean), également
CHÂTEAU JOUSSON (Guy Duran)
Le Bois d'Angeac, au nord-ouest de Angeac-Champagne
16130 Segonzac
45 83 73 90
Grande Champagne
Principalement distillateur pour le compte de *RÉMY MARTIN*. La Maison produit cependant de petites quantités de vieux cognacs : *Extra* (15 ans)/*Réserve des Ancêtres* (30 ans)/*Sélection des Ancêtres* (50 ans).

Une dégustation de cognac chez Hine : Brian Thompson et Bernard Hine (portant moustache).
À droite : quelques-unes de leurs bouteilles de référence.

JULES BELLERY : Royer

JULES GAUJON : Unicognac

JULES GAUTRET : Unicognac

JULLIARD (Pierre)
Pérignac (près de l'église), au nord de
17800 Pons
46 46 30 42
Petite Champagne
VSOP (6 ans)/*Réserve* (12 ans).

JULLIEN (André)
Roissac, au nord-est de
Angeac-Champagne
16130 Segonzac
45 83 74 86
Grande Champagne
VSOP/XO/VXO
Également : *Logis de la Mothe* (voir ce nom).

JUSTERINI & BROOKS
61, St. James's Street
London SW 1
(1) 493 87 21
Négociant en vins avec sa propre marque de cognac, ainsi que des *early landed-late bottled*, dont *Hennessy 1959*.

JUTTAUD (Dominique)
Durand

Montpellier-de-Médillan, au nord-ouest de
17260 Gémozac
46 90 71 10
Bons Bois
★★★/*VSOP*.

LABARDE (Guy) : Brugerolle

LA CLAIE : La marque de la société *Clacquesin SA,* apéritifs et spiritueux, 18, avenue du Maréchal-Leclerc, 92240 Malakoff 46 55 55 55.

LACROUX : Château Paulet

LA FAYETTE (Comte de) : Unicoop
★★★/*VSOP Fine Champagne/Napoléon*.

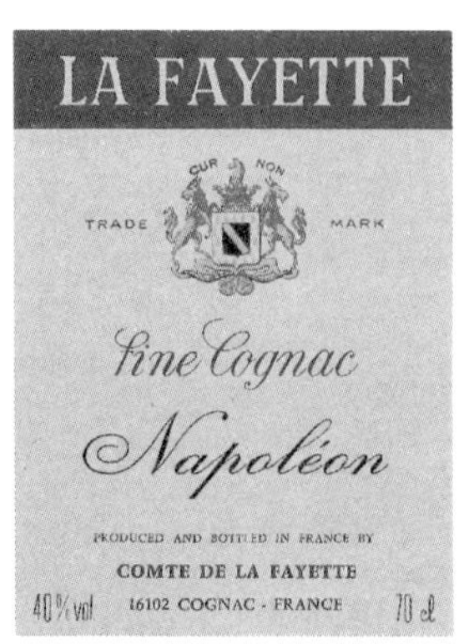

LAFFERIÈRE (Jules) :
Château Paulet

LAFITE ROTHSCHILD
Cognac Très Vieille Réserve 40,5 %
Sélectionné par Lafite Rothschild
Un cognac de grand luxe.
À l'auberge *Hosman Frères* (Schiedam, Hollande) (voir ce nom), j'ai trouvé un *J.J. Mortier Lafite Rothschild* de 1878.

LA FLAMBÉE : Brugerolle

LAFONT (J.) : CCG

LAFONT & Co : Royer

LAFONTAINE : Courvoisier

C. LAGIER & Co : Hardy

LA GRANGE et LAGRANGE : Rouyer Guillet. Voir également *Gaston de Lagrange*.

LAINÉ : Compagnie Commerciale de Guyenne
★★★/*Fine Champagne VSOP*.

LAITERIE COOPÉRATIVE SAINTE-ANNE, CLAIX :
Château Saint-Georges

LA JASSERIE : Unicoop

LA MARTINIQUAISE
18, rue de l'Entrepôt
94220 Charenton
43 75 92 34
Plus connue pour son rhum, cette Maison de spiritueux assure également la distribution du cognac d'autres producteurs sous ses propres marques, par ex., *Bertel* et *Courcel*.

LAMBERT COGNAC :
GAEC du Ferry

LA MOTTE : Dupuy

LANCIEN (Édouard) :
Georges Courant/CCG

LANCREY : Henri Mounier/Unicoop

Chai de vieillissement... ▷

LANDIER (Rémi & Fils)
(GAEC du Domaine du Carrefour)
Chais des Pères, à l'ouest de Cors, D 66, au nord-est de Foussignac
16200 Jarnac
45 81 14 52
Fins Bois
Env. 21 000 bouteilles par an. ★★★/*VSOP/Napoléon/Spécial Gastronomie.*

LANDREAU (Paul & Daniel)
Beaumont, au sud de Criteuil-la-Magdeleine
16300 Barbezieux-Saint-Hilaire
45 83 54 25
Grande Champagne
VSOP (5 ans)/*Réserve* (15 ans)/*Vieille Réserve* (40 ans).

LANDREAU (Pierre) :
Logis de Montifaud

LANDREAU-MAURIN
Domaine de Guignefolle
Verdille
16140 Aigre
45 21 39 96
Fins Bois

Env. 115 000 bouteilles par an. Exporte 40 % de sa production, principalement

vers le Benelux : ★★★ (3 ans)/*VSOP* (6 ans)/*Hors d'Âge* (17 ans).

LANDRY
Domaine de Beaulieu
Germignac
17520 Archiac
46 49 13 67
Petite Champagne
Hors d'Âge (15 ans).

LANQUIER (E.) : Prunier

R. & B. LANXNER
Cronor Intercontinental Cie
104-6, rue d'Aershot
B 1030 Bruxelles
214 01 22
Cette entreprise belge assure la commercialisation du cognac kasher produit par *Staub & Cie* (voir ce nom). Le cognac Lanxner est produit dans le plus strict respect de la tradition juive, et ce à tous les stades de la production (à commencer par la récolte du raisin). Jusqu'au lancement de ce produit en 1983, le cognac était interdit aux juifs de stricte observance.
★★★/*VSOP/Napoléon Fine Champagne.*

LAPEYRAC : R. Cogranne/Curlier

LAPLENNE : Gautier/Aigre

LAPOIRE (F) : Rouyer Guillet

LARIVE & Co (P.) : Rouyer Guillet

LAROCHE : Pernod-Ricard/Bisquit

LA ROCHEANDREY : Hardy

LARSEN
54, boulevard de Paris
16102 Cognac
45 82 05 88
Larsen SA, fondée en 1926 par J.R. Larsen immigrant venu de Norvège, exporte 98 % de sa production dans à peu près 80 pays du monde, ses points forts étant la Scandinavie et le continent asiatique, notamment le Japon. Cette société se particularise par son *Cognac des Vikings* qui en fait sa distinction et son succès. Elle a fait de son symbole, le drakkar, une collection de bouteilles en verre ou en porcelaine de Limoges dans différentes couleurs, toutes décorées d'or fin à la main.
C'est encore sous la responsabilité de la famille Larsen que se perpétue sa tradition d'excellence.
Qualités proposées : *Golden Viking Hors d'Age/Extra/Napoléon/TVFC (Fine Champagne)/VSOP/Spécial/* ainsi que le cognac *Rarissime* datant du siècle dernier, disponible en très petites quantités.
Autres marques : *Dellys, Ibis, Ducauzé, Jobit, Fradet, Jean Pagel.*

LASCAUX (Maurice)
Logis du Renfermis, au nord de
16720 Saint-Même-les-Carrières
45 81 90 48
Grande Champagne
VSOP (6 ans).

F. LATOUR & Co
(SARL Cognac Beausoleil,
F. Guignard)
34, rue de Segonzac
16104 Cognac
45 32 10 25
Depuis 1984 dans le groupe *CCG* (voir ce nom). Principaux clients : la Grande-Bretagne, l'Allemagne de l'Est et les États-Unis. Gamme proposée : ★★★ (3 ans)/*Fine Champagne/VSOP Napoléon* (6 ans)/*Extra* (*Gr. Ch.*, 15 ans).
Autres marques : *Henri Joubert (VS), Deltour, Bernard Renaud.*

LATOURNEL : Denis-Mounié

LATRÈBE : Royer

LAURAINE
(Mme Josse-Bouffandeau)
La Grelauderie
17100 Saintes (sur la route de Chaniers, après le lycée technique Bernard-Palissy, prendre à droite et suivre la flèche « Ramet »)
46 92 10 22
Fins Bois + Borderies
VSOP (14 ans)/*Vieille Réserve* (env. 60 ans).

LAURENT : Henri Mounier/Unicoop

LAVAL (Henri) + *AUBINAUD* (Louis)
Mons, au sud-ouest de
16140 Aigre
45 96 12 02
Fins Bois
★★★/*VSOP.*

LAVAL (Jean)
Rue du Maine-Frapin
16130 Segonzac
45 83 40 38
Grande Champagne
VSOP (7 ans)/*Napoléon* appelé « Consul » pour la RFA (13 ans)/*Très Vieille Réserve* (50 ans).

LAVENAT (Bernard)
Chéville, au nord-est de
Bassac, au nord-ouest de
16120 Châteauneuf-sur-Charente
45 81 93 30, 81 94 64
Fins Bois
★★★ (5 ans)/*VSOP* (8 ans)/*Napoléon* (15 ans)/*Vieille Réserve* (plus de 40 ans).

LAVIGNE (Robert)
La Motte
Ambleville
16300 Barbezieux-Saint-Hilaire
45 83 54 59
Grande Champagne
VSOP/Réserve Familiale (env. 20 ans).

LAVOISIER : Brugerolle

LE BLANC (J.) : Calvet

LECHAT : Roffignac

LECOMTE (E.) : Hardy

G. LECOMTE & Co : Bache-Gabrielsen

LE DUC (Pierre) : Royer

LEFRANC (Jules) : Rouyer Guillet

LEGIER (Élisée) : Logis de Barbe

LE MAY : Unicoop

LEROY & Co (Jean) : Brugerolle

LES CELLIERS DU TROPIC
(Distillerie Charlemagne, Jean-Claude Bouyer)
rue du Tropic
16000 Angoulême
45 95 02 77 (Dist.), 81 76 57 Bouyer
★★★ *(Fins Bois)/Vieille Réserve VSOP (Fins Bois)/Grande Fine Champagne* (10 ans).

LESCURE : Château Saint-Georges

LES FILS DE MARCEL QUANCARD: Quancard

LESPINAT : Pernod-Ricard

LE TANNEUR : Royer

LEYRAT (Edgard)
Domaine de Chez Maillard, au sud-ouest d'Angoulême
Claix-Blanzac
16440 Roullet-Saint-Estèphe
45 66 35 72
Fins Bois

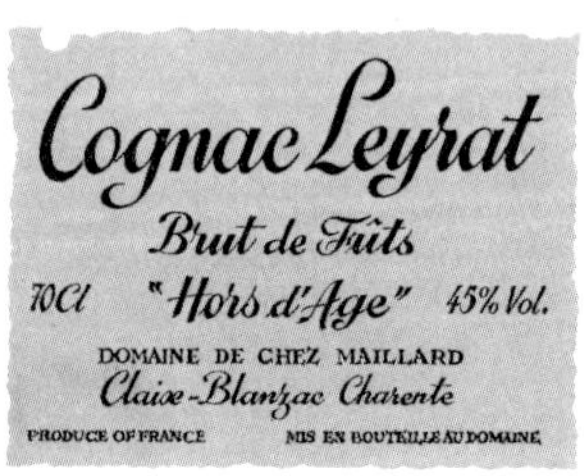

Sur les 50 hectares de vignobles, la récolte annuelle devrait produire environ 100 000 bouteilles. Avec ses meilleures qualités de cognac, la Maison a su se faire une place dans la grande gastronomie.
Gamme de cognacs *Leyrat :★★★/Fine Cognac/VSOP/Vieille Réserve 42 %/Napoléon 42 %/Brut de Fûts 43 %/Très Vieille Réserve, Sélection E. Leyrat 43 %*. Leyrat détient également la marque *Engrand Sazerac de Forge* (voir ce nom).

LHÉRAUD
Domaine de Lasdoux, au sud-ouest de Angeac-Charente
16120 Châteauneuf-sur-Charente
45 97 12 33
Fine Petite Champagne
Producteur sur une exploitation de 47 hectares en Petite Champagne.
Cette Maison appartenant à des propriétaires anglais produit environn 160 000 bouteilles par an. ★★★/*VSOP/Réserve du Templier 42 %/Vieille Réserve 43 %* (20 ans)/*Cognac Très Vieille Réserve de Paradis 1935.*

LHÉRITAUD (James)
Rouchave, au nord (par la D 146) de Échebrune
17800 Pons
46 96 44 49
Petite Champagne
★★★ (4 ans)/*VSOP* (8 ans).

LIANDRY : Falandy-Liandry

LICHINE & Co (Alexis)
109, rue Achard
33300 Bordeaux
56 50 84 85
La Maison appartient, avec *COGNAC OTARD*, au groupe britannique Bass Charrington. Spécialisée dans le négoce du vin, elle a gardé longtemps quelques vestiges d'un vieux stock de cognac *Grande Champagne – Private Stock of Alexis Lichine, 42 %.*

LISIÈRES : Brugerolle

LOGIS DE BARRE
(Élysée Légier)
Logis de Barbe, à l'ouest de Criteuil-la-Magdeleine
16300 Barbezieux-Saint-Hilaire
45 53 54 22
Grande Champagne
VSOP (6 ans)/*Hors d'Âge* (15 ans).

LOGIS DE BEAULIEU
Saint-Laurent-de-Cognac
16100 Cognac
45 82 30 50
Cet hôtel-restaurant, sis au milieu d'un paysage plein de charme (à environ 6 km de Cognac), propose une large gamme de cognacs : une excellente entrée en matière pour qui a l'occasion d'y passer la nuit.

LOGIS DE BONNEFORT : Unicoop

LOGIS DE L'AJASSON
(Yves Fillioux)

L'Ajasson, au nord-ouest de Éraville
16120 Châteauneuf-sur-Charente
45 97 08 55
Grande Champagne
★★★/*Réserve/Vieille Réserve.*

LOGIS DE LA MONTAGNE
(Paul Bonnin & Cie)
La Montagne, au sud-ouest de Challignac, au sud-est de
16300 Barbezieux-Saint-Hilaire
45 78 55 65, 78 52 71
Fins Bois

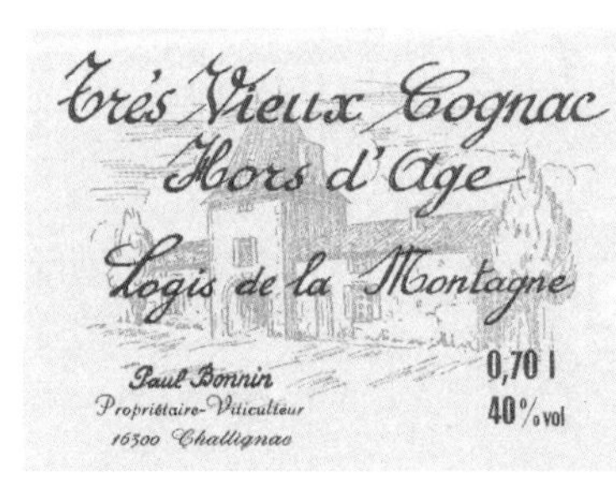

★★★ (4 ans)/*VSOP* (8 ans)/*Vieille Réserve* (15 ans)/*Hors d'Âge* (20 ans)/*Saute-Montagne*, pour les mélanges.

Une journée tranquille. ▷

LOGIS DE LA MOTHE
(Mme Armand Jullien)
Criteuil-la-Magdeleine
16300 Barbezieux-Saint-Hilaire
45 80 54 02
Grande Champagne

Une exploitation familiale de 23 hectares, associée pendant de longues années avec *A. Jullien* (voir ce nom), de Roissac. Les marques étaient toujours indépendantes. ***/*VSOP/XO 45 %*.

LOGIS DE MARVILLE
(Marcel Boulinaud)
Cette ancienne marque de cognac appartient à la famille Boulinaud, anciennement à Gente (au sud de Cognac). Depuis quelques années, les Boulinaud ont renoncé à mettre en bouteilles leur cognac, se contentant de le vendre en fûts à de grosses Maisons comme *RÉMY MARTIN*. Toutefois, de vieilles réserves tout à fait intéressantes sont encore disponibles. On trouvera Édouard Boulineau à La Tour, Gimeux, près de Salles-d'Angles
16130 Segonzac
45 82 47 79
Le restaurant parisien trois étoiles « Taillevent » possède encore quelques bouteilles de Logis de Marville : des crus de *Grande Champagne* 1860, 1906 et 1917.

LOGIS DE MONTIFAUD
(Landreau, Pierre)
Montifaud
Salles-d'Angles
16130 Segonzac
45 83 71 26
Grande + Petite Champagne
*** (7 ans)/*Réserve* (15 ans)/*Vieux Cognac* (50 ans).

LOGIS DU COUDRET : (Veuve)
Baron & Fils

LOQUESSY & Fils (P.) :
Croizet Eymard

LOREL & Cie (Jules) : Gautier/Aigre

LORMIN (J.)
Domaine des Forges
Chermignac
17460 Thenac
46 92 64 30
Uniquement du cognac de Grande Champagne, destiné principalement à la grande gastronomie.
XO/Extra/Réserve Exceptionnelle.

LORMONT : Berger

P. LOTI & Cie : Brugerolle

LOUBERT : Hiram Walker

LOUIS BARON : Prunier

LOUIS DELLYS : Larsen

LOUIS D'OR : Augier

LOURSSON NAPOLÉON BRANDY :
Croizet Eymard

LUC & Co : Castillon-Renault

LUCAS Frères
Mailleberchie, au sud de
16320 Villebois-Lavalette
45 64 97 09
Fins Bois
***/*VSOP/Napoléon/Hors d'Âge/Très Grande Fine Cognac.*

LUPIN (Géo) *& Co* : Roffignac

LYCÉE AGRICOLE DE L'OISELLERIE
16400 La Couronne (entre Angoulême et La Couronne, en direction de Bordeaux, sur la droite depuis la N 10)
45 67 10 04
Fins Bois
VSOP.

LYON (J.) *& Co* : Royer

MAGNIER (A.) : Leyrat/Engrand

MAILLEBERCHIE : Lucas Frères

MAINE BRUN : Domaine du Maine Brun

MAISON DE LA TRUFFE
19, place de la Madeleine
75008 Paris
42 65 53 22
Un traiteur de luxe chez qui on peut faire des trouvailles de vieux cognacs que l'on ne trouve plus ailleurs.

MAJOR : Brugerolle

MAJOS : Brugerolle

MALBEC (Raymond)
La Roulerie, au sud-est de
Le Douhet, au nord-est de
17100 Saintes
46 74 20 83
Fins Bois
*** (4 ans)/*VSOP* (9 ans)/*Vieille Réserve* (19 ans).

MALLEGER (Jean)
Sté du Maine Pannetier
Les Pannetiers au sud de
Moulidars (au sud de la N 141 Jarnac-Angoulême)
16290 Hiersac
45 96 91 45
Fins Bois
***/*VSOP.*

J.P. MALLET : Unicoop

MANDRIN (Louis)
(Jean-Louis Musset)
SARL du Cep d'Or
Les Airaux, au sud-est de
Graves
16120 Châteauneuf-sur-Charente
45 97 05 67, 97 05 45
Petite Champagne

Un groupement de jeunes viticulteurs qui produisent depuis peu leur propre marque, dans les qualités suivantes : *Sélection* (★★★)/VSOP/*Vieille Réserve/ Hors d'Âge* (à base d'eaux-de-vie de 1928, 1944-1946 et 1956). Produit pour Jestin & Co, grossiste à Épernay, la marque *Beaugentry (VS/VSOP/Napoléon)*.

MARCADIER (Marcel)
Le Pible, au sud-est de
16130 Segonzac
45 83 41 18
Grande Champagne
★★★/*VSOP* (8 ans)/*Napoléon* (12 ans)/ *Vieille Réserve* (18 ans).

R. & G. MARCHIVE
Logis de Scée
Vars
16330 Saint-Amant-de-Boixe
45 21 44 34
Fins Bois
★★★/*VSOP/Napoléon* (10 ans). *Très Vieille Réserve* (25 ans)/*Très Vieille Réserve 45 %*.

MARETT
Avec l'*AMAD* (voir ce nom), cette ancienne Maison indépendante (fondée en 1822) appartient à *Prunier* ce nom). Gamme de produits : *VS/VSOP/Napoléon/Ambassade XO/Âge Inconnu* (en carafes de baccarat).

MARGUERITE DE LUZE
Blanchard-Dignac
1 rue de l'Université
75007 Paris
42 21 47 70.

MARIANNE : Tallefort

MARJOLAIS : Quancard

MARLIVE (Charles) : Prunier

MARMITON : Royer
(un cognac salé et poivré !)

MARMOT
30, rue Constantine

André Jullien, producteur de Grande Champagne (voir p. 168 et Logis de la Mothe).

16100 Cognac
45 35 00 02
(Marmot Kellerei AG, anciennement J. Wertheimer & Co)
8832 Wollerau am Zürich
00411/74 85 50
Cette vieille entreprise familiale commercialise depuis des générations sa propre marque de cognac. ★★★/*Napoléon VSOP Grande Réserve/Napoléon Hors d'Âge/Napoléon 1906.*

MARNIER-LAPOSTOLLE
(Sté des Produits Marnier-Lapostolle)
Château de Bourg-Charente
16200 Jarnac
45 81 30 22

Le célèbre fabricant de liqueurs utilise du cognac non seulement pour produire son Grand Marnier (lequel est à base de cognac), mais également pour alimenter sa filiale de Bourg-Charente, qui produit depuis 1920 un cognac portant l'étiquette de la marque; à cette fin, la Maison achète essentiellement des crus de Grande et de Petite Champagne, ainsi que de Borderies (en outre, elle possède 4 hectares en Petite Champagne). Elle produit annuellement tout juste 500 000 bouteilles de cognac, dont 70 % sont exportées. Ses principaux clients à l'étranger sont : les États-Unis, le Canada et l'Italie. Gamme de produits proposés : ★★★ (3 ans, principalement de Borderies)/*VSOP* (*Fine Champ.* 6 ans)/*XO* (*Gr. Ch.*, 15 ans).

MAROT (Laurent) : Réau-Richard/CCG

MAROY : Royer

MARQUIS (Ed. René & Fils) : Roffignac

MARQUIS (Jean) : Unicoop

LE MARQUIS : Roffignac

MARQUIS DE LA FAYETTE :
Unicoop

MARQUIS DE LORAC : Favraud

MARQUIS DE MONCY :
Georges Courant

MARQUIS DE SALENCON :
Jules Robin/Martell

MARQUIS DE SAINT-MAIGRIN
GAF du Château de Saint-Maigrin (au sud-est d'Ort, D 152E)
17520 Archiac
46 70 00 52
Bons Bois
VSOP/Vieille Réserve Extra (15 ans).

MARQUIS PIERRE DE VILLEMIN :
Henri Mounier/Unicoop

MARQUIS ROCADOUR : Quancard

MARROT (Marcel)
Marcillé Saint-Fraigne
16140 Aigre
45 31 63 44
Fins Bois
★★★ (3 ans)/*VSOP* (5 ans)/*Napoléon* (10 ans).

MARSAT : Unicognac

MARTELL & Cie
Place Édouard-Martell
16100 Cognac
45 82 44 44
Martell, la plus ancienne des grandes Maisons de cognac, occupe actuellement le deuxième rang mondial avec plus de 23 000 000 de bouteilles vendues en 1986 dans plus de 140 pays.
Fondée en 1715 par Jean Martell, originaire de l'île de Jersey, cette Maison s'est consacrée au commerce des eaux-de-vie dès sa fondation; puis elle diversifia ses activités jusqu'en 1814 pour se recentrer sur son savoir-faire principal : l'élevage et le négoce des eaux-de-vie de cognac.
Depuis ses origines, la Maison a toujours été dirigée par la famille Martell, et M. René Firino Martell, actuel Président du Directoire, représente la huitième génération.
Martell possède environ 500 hectares de vignoble répartis dans les quatre meilleurs crus. Tous les ans, plus de 2 500 viticulteurs sous contrat livrent leur récolte à Martell. La Maison détient trois distilleries et en contrôle treize autres, et forme ses propres tonneliers dans la plus grande tonnellerie d'Europe, où la maintenance et la fabrication des barriques et des tierçons sont assurées dans le respect des traditions.
Avec ses chais qui abritent près de 150 000 barriques, Martell contrôle tous les stades de l'élaboration de ses cognacs, à savoir la qualité des vins, leur distillation, leur stockage et leur vieillissement, assurant ainsi une qualité constante.
Tournée toujours vers l'exportation, Martell réalise aujourd'hui 96 % de son chiffre d'affaires à l'étranger, avec, comme principaux marchés, la Grande-Bretagne, les États-Unis, Hong Kong, Singapour, la Malaisie et l'Allemagne fédérale.
Depuis peu, Martell est devenue une société holding avec de nombreuses filiales dans les secteurs des spiritueux (activité de production et activité de négoce).
En juillet 1987, un accord de distribution internationale a été signé avec le groupe IDV (International Distillers and Vintners), prévoyant à terme une distribution réciproque des produits des deux groupes.
Une diversification a été entreprise avec la société « J & F Martell Diffusion », chargée de commercialiser une gamme de produits de luxe griffée *J & F Martell*. Des boutiques ont été ouvertes à Paris, Hong Kong, Honolulu, Toronto et New York. Cependant l'activité principale de Martell demeure la commercialisation des cognacs, et la gamme offerte est la suivante :
VS★★★ (mélange d'eaux-de-vie fines et légères d'un âge moyen de 5 à 7 ans)/*Médaillon VSOP* (entre 10 et 12 ans d'âge); assemblage de Grande Champagne, de Petite Champagne, ainsi que de vieilles Borderies et de très vieux Fins Bois/*Cordon Rubis* (entre 18 et 20 ans d'âge); cognac quatre crus qui a subi un vieillissement exclusif en « fûts roux » qui ont perdu tout leur tannin, d'où sa couleur très claire, malgré son viel âge/*Cordon Noir* (entre 15 et 20 ans d'âge); mélange d'eaux-de-vie venant des quatre meilleurs crus et uniquement réservé à la distribution « Hors Taxes »/*Cordon Bleu* représente la synthèse la plus harmonieuse de grands crus âgés de 25 à 30 ans; cognac d'une subtilité très appréciée/*XO Cordon Suprême* (introduit en 1987); composé d'eaux-de-vie provenant des propriétés Martell et âgées de 40 ans minimum/*Cordon Argent Extra* (vendu en quantité restreinte, il est issu du mélange d'eaux-de-vie de plus de 50 ans).
Il est à noter que Martell possède un stock impressionnant de très vieilles eaux-de-vie, puisque les plus vieilles datent de 1830 en dames-jeannes et de 1920 pour les fûts.

MARTIN (J.R.) : Rouyer Guillet

MARTIN (Marc)
Courgeau, au sud (par la D 730) de Le Fouilloux, au sud-est de
17270 Montguyon
46 04 15 98
Bons Bois
★★★.

MARTIN (Pierre) : CCG

MARTIN (P.S.) : CCG

MARTIN & Co : Briand & Co

MARTIN & ROGÉE : Monnet

MARTIN Frères : Staub

MARTINAUD (Albert) : Unicoop

MARTINAUD (H.)
Le Bignac
Chantillac
163600 Baignes-Sainte-Radegonde
45 78 41 25
Bons Bois
★★★ (4 ans)/*VSOP/Napoléon* (12 ans)/*Vieux Cognac* (18 ans)/*Très Vieux Cognac* (25 ans).

MASSÉ (Michel)
Camp de César, sur la N 150, entre Saint-Romain-de-Benet et
17600 Saujon
46 94 81 89, 02 98 13
(Distillerie « La Cabane », au sud-ouest de Thézac)
Bons Bois
★★★ *41 %/VSOP 41 %/Vieille Réserve 41 %.*

MATHEZ: Royer

J. MATTE & Cie: Croizet

MAUDET (Léon) *& Cie:*
Bache-Gabrielsen

MAUDET & RENAUDOT
Les Coteaux de l'Obre
Champagne-de-Blanzac
16250 Blanzac
Fins Bois
★★★/*Réserve* (18-20 ans).

M.G. MAUGER: Royer

MAUGET (Henri) *& Co:* Salignac

MAURIN (Marcel) : Unicoop

MAURIOL (J.) : Salignac

MAXIM'S
76, rue du Faubourg-Saint-Honoré
75008 Paris
42 66 10 09
Il n'y a encore pas si longtemps, Maxim's proposait sous son étiquette des marques comme le *Cognac Fine Champagne* et la *Réserve du Prince Eugène*

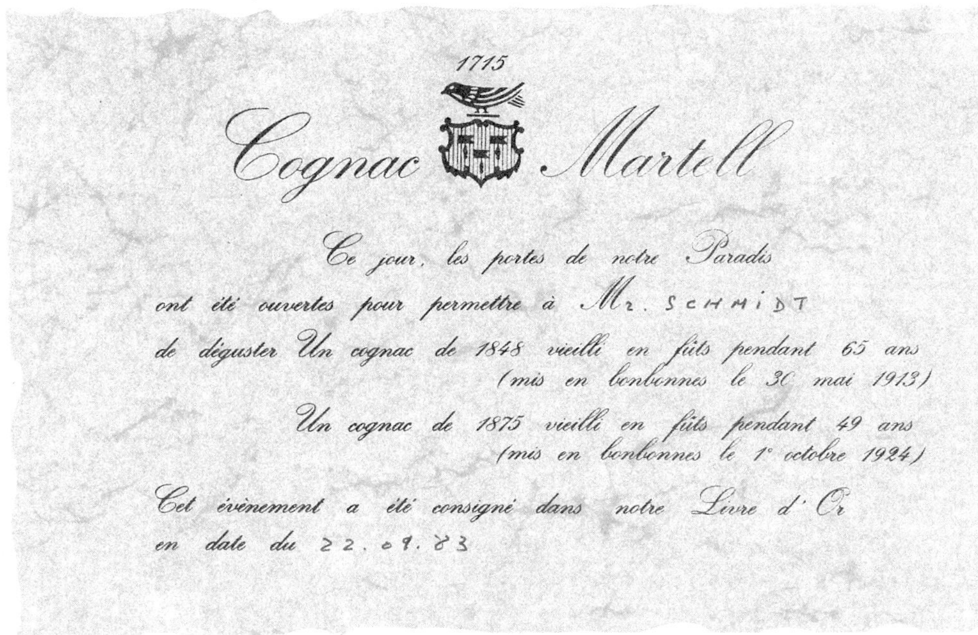

1715
Cognac Martell
Ce jour, les portes de notre Paradis
ont été ouvertes pour permettre à Mr. SCHMIDT
de déguster Un cognac de 1848 vieilli en fûts pendant 65 ans
(mis en bonbonnes le 30 mai 1913)
Un cognac de 1875 vieilli en fûts pendant 49 ans
(mis en bonbonnes le 1er octobre 1924)
Cet événement a été consigné dans notre Livre d'Or
en date du 22.09.83

Le certificat d'une dégustation de vieux cognac au « Paradis » de Martell, dont Jürgen Schmidt — le photographe de cet ouvrage — se souviendra encore longtemps.

(Gr. Ch.). Mais, en 1984, la Maison a porté son choix sur des cognacs de provenances différentes et un peu plus jeunes: *Fine Champagne/VSOP Maxim's/Napoléon/XO/Très Vieille Réserve* (35 ans), enfin *Maxim's-Cognac Bouron, VSOP/Napoléon/XO.*
Maxim's possède encore un stock de bouteilles de vieux cognac portant l'étiquette *Réserve de l'Omnibus – caves du Restaurant Maxim's.* Voir également *Bouron.*

MAYFLOWERS COGNAC: Royer

MAZIÈRE (Yves)
La Métairie
Guimps
16300 Barbezieux-Saint-Hilaire
45 78 90 30
Petite Champagne
★★★★ (5 ans)/*VSOP* (8 ans)/*Réserve Napoléon* (12 ans).

MELIER (Michel)
Mérignac, à l'ouest de
16200 Jarnac
45 81 77 32
Fins Bois

★★★/*VSOP/Très Vieille Réserve* (20 ans).

MÉNAGE À TROIS: Jules Robin

MENAGER (B.) : Salignac

MÉNARD (J.P. Ménard & Fils)
16720 Saint-Même-les-Carrières
45 81 90 26
Grande Champagne

80 hectares dans différents secteurs de la Grande Champagne. La production annuelle dépasse les 200 000 bouteilles, dont 47 % sont exportées, principalement vers l'Allemagne fédérale et la Hollande.
Sélection des Domaines (★★★, 4 ans)/

VSOP/Réserve Familiale (10 ans)/*Tradition Impériale* (20 ans)/*Vieille Réserve Extra 42 %* (env. 35 ans)/*Grande Fine Ancestrale 45 %* (45 ans).

MÉNORVAL (H.) : Prunier

MENTOR : Monnet

MENUET
(SCA de la Tonnelle Menuet)
16720 Saint-Même-les-Carrières
45 81 91 55
Grande Champagne
*** (4 ans)/*VSOP* (6 ans)/*Vieille Réserve* (6-10 ans)/*Extra* (15 ans)/*Vieux Cognac* (40 ans)

MERCIER (F. & Fils)
GAEC du Bon Espoir
La Perrière
Bréville
16370 Cherves-Richemont
45 80 86 77
Borderies
***/*VSOP/Vieille Réserve.*

MERCIER (Paul & Gérard)
Le Pible, au sud-est de
16130 Segonzac
45 83 40 53
Grande Champagne
Hors d'Âge 43 % (30 ans).

MERCIER (Pierre)
Chez Mesnard, au sud, par la D 90, de Lignières-Sonneville
16130 Segonzac
45 80 50 20
Grande Champagne
VSOP (9 ans)/*Napoléon 42 %* (24 ans).

MERCIER (Roger) : Rouyer Guillet

MERLET & Fils : Frères de Chevessac

MERLIN (Laurent)
Chez Pineau, au sud de
Arthenac (sur la D 251)
17520 Archiac
46 49 14 25
Petite Champagne
Vieille Réserve (20 ans)/*Hors Pair* (50 ans).

C. MERPIN & Co :
Lucien Foucauld/CCG

MESLIER (Claude)
16120 Châteauneuf-sur-Charente
(sortie en direction de Hiersac, sur la D 14)
45 97 04 97
Petite Fine Champagne (15 ans)/*Vieille Réserve de la Grande Champagne* (20 ans).
Également : « Cognac de la Rosille » *Vieille Réserve.*

MESSIRÉ : Hardy

MÉTAIRIE (Distillerie de la) : Mazière

MEUKOW
(A.C. Meukow & Cie)
26, rue Pascal-Combeau

Chai de vieillissement de la Maison Martell, à Cognac.

16100 Cognac
45 82 32 10
(Groupe *COMPAGNIE COMMERCIALE DE GUYENNE* – voir ce nom)
Fondée en 1862 par les frères Meukow, originaires de Silésie, cette firme resta allemande jusqu'à la Première Guerre mondiale; puis elle fut saisie au titre de la confiscation des biens de l'ennemi et revendue à des Anglais. Il y a quelques années, son association à la CCG lui donna un nouvel essor. À l'heure actuelle, les ventes avoisinent les 400 000 bouteilles par an, dont la majeure partie à l'exportation. Gamme de produits: *VS (★★★)/VSOP/Napoléon/XO/NPU Fine Champagne VRXO/Extra/Très Vieux Rarissime 41,3 %*.
Jusqu'à ces dernières années, entre le *VSOP* et le *NPU*, la marque proposait seulement un *Cordon d'Or Extra Âge*; cette qualité est désormais remplacée par les deux nouvelles (*Napoléon* et *XO*). En 1985, on vendait en petite quantité un *Borderies 1937* (soit 48 ans dans le fût).

M. MICHAUD & Co: Favraud

MINARD Frères:
Filiale et marque de *Georges Courant* (voir ce nom). La Maison appartient à la *CCG*.

MINARGENT
17170 Aulnay-de-Saintonge
46 33 10 24
★★★/VSOP/Napoléon.

MOCO: Berger (Gautier/Aigre)

MOITARD (L.): CCG

MONAC Frères:
Les Grands Chais de France

MONDÉSIR: Gautier/Aigre

MONNET
(J.G. Monnet & Co)
52, avenue Paul-Firino
16100 Cognac
45 35 13 40
Télex: 790970
Fondée en 1838 sous le nom de Société des Propriétaires Vinicoles de Cognac, cette entreprise était à l'origine une association de viticulteurs désireux d'organiser la commercialisation de leurs productions.
En 1897, la société passa sous le contrôle du père de Jean Monnet. Jean Monnet, lui-même fondateur de l'Europe, présida aux destinées de la société jusqu'en 1961. Depuis 1987, la société appartient à Weinbrennerei Asbach & Co. Le cognac Monnet est exporté à 99 % dans 28 pays. En 1986, plus de 1 500 000 bouteilles ont été exportées.
Qualités: *Club ★★★★/VSOP Fine Cognac/Napoléon/XO/Joséphine/Joséphine cristal*.

MONTAGU: Comandon

MONTAUZIER (Pierre)
Bors (sur la D 709), à 7 km au sud-est de
16190 Montmoreau-Saint-Cybard
45 60 32 86
Bons Bois
Vieille Réserve Napoléon.

MONTBLANC (Jules): Royer

MONTERU: Comandon

MONTIGNAC (Distillerie de)
A. J. Beimert & Fils:
Baron de Montignac

MORANDIÈRE (Pierre)
Saint-Georges-des-Agouts, à l'ouest de
17150 Mirambeau
46 86 03 36
Fins Bois
La production a été arrêtée à la fin 1983, mais les réserves suffiront encore pour quelque temps.
★★★/VSOP.

MOREAU (Jean-Marie)
Domaine de Colinet
Touché, par
17270 Montguyon
46 04 11 25
Bons Bois
★★★ (4 ans)/*VSOP* (6-7 ans).

MOREL (A.G.): Salignac

MORICE: Royer

MORIN (Pierre): Cognac de *Pierre Croizet* (voir ce nom)
Fins Bois
Napoléon/Extra/Vieille Réserve.

MORNAC: Monnet

MORNAUD & Co: Castillon-Renault

MORTON: Adet Seward

MORTON (William): Rouyer Guillet

MOSSION (Louis)
Vaux-Rouillac, au sud de
16170 Rouillac
45 96 77 78
Fins Bois
Un cognac du fût à 60 %; 10 à 12 ans d'âge, réduit naturellement, sans addition d'eau.

MOUCHEBŒUF (Jean)
Pierre Folle
17270 Montguyon
46 04 19 72
Bons Bois
★★★ *45 %/Réserve* (7 ans)/*Napoléon* (11 ans).

MOULIN (Claude)
Macqueville
17490 Beauvais-sur-Matha
46 26 63 73
Fins Bois
Sélection (6 ans)/*VSOP* (10 ans)/*Napoléon* (15 ans)/*Vieille Réserve* (21 ans).

MOULIN DE CIERZAC
Saint-Fort-sur-le-Né (sur la D 731 Cognac-Archiac)
16130 Segonzac
45 83 61 32
Un bon restaurant (avec des chambres); un remarquable choix de cognacs.

MOULIN DE LA GRANGE
(Christian Thomas)
46 49 96 13
Au nord-est de la distillerie Lorignac (sur la N 730, Royan-Bordeaux), au nord-est de 17240 Saint-Dizant-du-Gua – où l'on peut toujours se renseigner au Château de Beaulon.
Marques distribuées dans les supermarchés et les chaînes de magasins : *★★★/VSOP/Napoléon ARWO.*

MOULLON
10, rue Grande
16100 Cognac
45 82 06 27
Cette Maisón fondée en 1852 appartient à la *CCG* (voir ce nom). *Casque d'Or* (★★★)/*VSOP/Grande Champagne brute/Napoléon/Grande Fine Champ. Extra Rare/Fine Cognac Impériale Napoléon.*

MOUNIER (Henri) : Marque de *Unicoop* (voir ce nom), env. 150 000 bouteilles par an. *VS/Napoléon/XO/Vieille Réserve (Gr. Ch.).*

MOYET (Claude)
Montour-Guille, au nord-ouest de Nercillac

Rochefort.

16200 Jarnac
45 83 86 28
Fins Bois
(plus près de Cognac, au nord-est, sur la D 156)
★★★/*VSOP* (9 ans)/*Vieille Fine « Flamme d'Or »* (env. 20 ans).

MOYET SA
62, rue de l'Industrie
16104 Cognac
45 82 04 53
Direction : 48, rue du Château-d'Eau
75010 Paris
42 08 44 65
Mme Chabrerie, M. Georges
C'est plutôt une petite entreprise, fondée en 1864, mais elle faisait parler d'elle en 1984, en lançant sur le marché une gamme de très vieux cognacs assortis d'informations d'une précision inhabituelle concernant les mélanges et les millésimes (pas sur les étiquettes, car c'est interdit, mais sur les bordereaux d'accompagnement). L'âge et de bons sites justifient des prix très élevés pour de faibles quantités (cela en fonction des réserves disponibles dans les fûts). Le catalogue Moyet propose les cognacs suivants :
★★★/*VSOP/XO Napoléon/Fine Champagne* (env. 12 ans)/*Grande Champagne 53,6 %* (!) (env. 18 ans, réduit naturellement)/*XO Cognac Fûts 10, 14* et *21* (*Pet. Ch. Archiac, F. Bois Hiersac, Bord. Burie* + un peu de *Grand Cognac*, 1965, 1973; encore dans le fût)/*XO Fine Champ. Fûts 49, 50, n° 8* (*Gr. Ch. Segonzac, P. Ch. Archiac*, des années 1960 et de 1973)/*Cognac Extra Fût 6* (env. du début du siècle, des années 1930 et de 1962, *Gr. Ch. Segonzac, P. Ch. Rouffiac, Bord. Burie, F. Bois Hiersac*)/*Très Grande Fine Champ., Fûts 19, 20* (51 % *Gr. Ch. Segonzac*, 49 % *P. Ch. Germignac*, 1902, 1906, 1960)/*Cognac Extra, Tonneau 1* (comme le Fût 6, avec un comportement légèrement différent)/*Très Vieille Fine Champ. Tonneaux 6* et *19* (1902, 1906, 1960)/*Très Vieux Cognac Tonneau 9* (*Gr. Ch., Bord., F. Bois* 1906, 1929, 1943, 1947, 1952; mélange 1960-1965)/*Très Vieille Fine Champ. Tonneau 8* (*Gr. Ch. Segonzac, P. Ch. Archiac* 1902, 1906, 1924, 1930, 1947), *Tonneau 5* (comme le 8, avec un mélange légèrement différent, encore dans le fût)/*Très Vieux Cognac Fût 1 (Gr. Ch., P. Ch., Bord., F. B.* 1848, 1858, 1893, 1906, 1929; mélange 1945-1948)/*Très Vieille Fine Champ. Fûts 3, 4* et *2 (Gr. Ch. Segonzac, P. Ch. Cierzac + Archiac* en différents mélanges de 1848, 1858 et 1906, et quelques autres, dont les documents afférents ne sont plus disponibles).
Autres marques de la Maison : *Chotard, Entrepôts Charentais, René Niel* (voir ce nom), *Remuzat, G. Roller, P. Roulleau, Saint-Sulpice.*

MULTI-PRESTATIONS : Cayre

MUMM : Augier

P. MURAT : Brugerolle

MURRAY (Françoise)
Gimeux, au sud-ouest de Cognac (D 47)
16130 Segonzac
45 82 27 74
Grande Champagne
« F. & D. Murray » *Vieille Réserve (Gr. Ch.*, 12 ans).

NAUD (Philippe & Jean-Michel)
Le Buisson de Saint-Laurent-de-Cognac
(au sud de la N 141 Cognac-Saintes, après Javrezac)
16100 Cognac
45 82 39 04
Borderies
★★★/*VSOP/Réserve/Siècle d'Or.*

NAULIN : Dupont

E. NEIRAUD & Co
Georges Neiraud
46, rue Champs-du-Château
16100 Cognac.

NICOLAS
2, rue Valmy
94220 Charenton
43 75 92 00
Le troisième distributeur français de vins et spiritueux, et le premier de la région parisienne; la Maison possède un très grand nombre de filiales. Elle a sa propre marque de cognac. En 1984, *RÉMY MARTIN* (voir ce nom) est devenu actionnaire majoritaire – ce qui, à terme, devrait lui permettre d'accroître sa part du marché français.
Le cognac de prestige de chez Nicolas : *Grande Champagne Réserve Impériale.* Autres cognacs proposés : *Grande Champagne Hors d'Âge, Réserve Nicolas.* Il y a quelques années, dans le célèbre restaurant d'Alain Chapel (à Mionnay, près de Lyon), j'ai eu l'occasion de déguster un *Grande Champagne 1858* à 42 %.
Autre marque : *Royal Marquissac.*

NICOLAS NAPOLÉON
6, rue Auber
75009 Paris
47 42 99 68
5, rue de la Montagne
57600 Forbach
87 85 05 52

Ce négociant en vins et spiritueux appartenant au distributeur allemand Herzberger (Sarrebruck) propose également du cognac sous sa propre étiquette : *VS* ★★★/*VSOP/VSOP Gr. Fine Champ./Napoléon.*

NICOT (Jacques) : CCG

NICOU (Edmond)
Chez Cornet, à l'ouest de
Aujac, au nord-ouest de
17770 Brizambourg
46 25 01 50
Fins Bois
★★★ (5 ans)/*VSOP* (8 ans)/*Vieille Réserve* (15 ans).

NIEL (René)
62, rue de l'Industrie
16100 Cognac
45 82 04 53
Marque de E. Moyet SA : ★★★/★★★ *Fine*

Ch./VSOP/Vieille Réserve Spéciale.
Niel produit surtout des liqueurs.

NOBLET (Robert)
Tarsac, au nord de
Saint-Saturnin
16290 Hiersac
45 96 92 71
Fins Bois
VSOP (12 ans)/*Vieille Réserve* (16 ans).

NORBERT (Alain)
Chez Nadaud, sur la D 731 depuis Barbezieux
Condéon
16360 Baignes-Sainte-Radegonde
45 78 55 14
Fins Bois
VSOP (6 ans).

NORMAND (Roger) : CCG

E. NORMANDIN & Co :
Gautier/Aigre

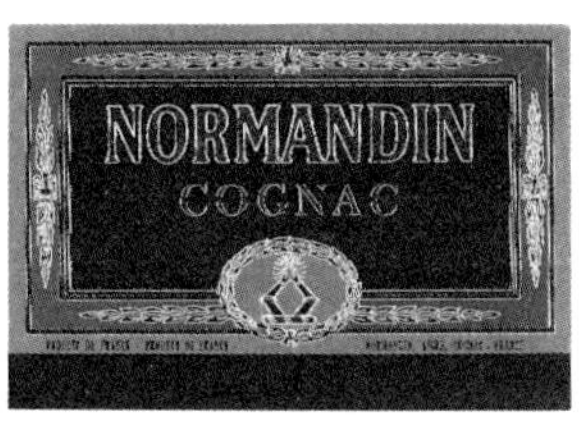

J. NORMANDIN-MERCIER
Château de la Péraudière, juste avant Dompierre-sur-Mer (au nord-est de La Rochelle, sur la N 11)
46 34 28 11

Fondée en 1872, cette Maison appartient toujours à la famille Normandin. À l'origine, elle vendait son cognac en vrac. Par la suite, elle connut une cessation d'activité pendant quelques décennies; puis, en 1979, la Maison fit un nouveau départ, s'orientant vers la gastronomie de haut niveau. La production avoisine 40 000 bouteilles par an, dont un quart est commercialisé en vrac. 40 % d'exportations, principalement vers les États-Unis et l'Australie.
Vieille Fine Champ. (15 ans)/*Grande Champagne Vieille 50 %/Grande Champagne Réserve* (30 ans), aux États-Unis, sous l'étiquette « Napoléon »/*Petite Champagne Vieille 56 %/Très Vieille Grande Champagne* (70 ans).

NORVIN : Castillon-Renault

ODÉON : Unicoop

OLLIVIER (C.) : Castillon-Renault

ORANCO : Rouyer Guillet

ORDONNEAU (J.)
La Grolette, au sud de
16370 Cherves-Richemont
45 83 24 69
Borderies
VSOP (8 ans)/*Napoléon* (15 ans)/*Hors d'Âge.*

ORPHI : Unicognac

OSHIDORI : Prunier

OTARD
Château de Cognac
16101 Cognac
45 82 40 00
Une Maison fondée en 1795 sous le nom *OTARD DUPUY & Cie.* Depuis 1987, le groupe Bass en possède la majorité. La famille de Ramefort, ancien actionnaire majoritaire, et le groupe Martini restent actionnaires minoritaires.

Par le réseau de ses « pubs » en Grande-Bretagne, Bass Charrington a une capacité de vente de 1 million de bouteilles par an. Avant sa prise de contrôle, Otard vendait environ 1,5 million de bouteilles par an, dont 90 % à l'exportation. Les principaux clients : Singapour, la Malaisie, Taiwan, la Belgique, la Grande-Bretagne. Avec 36 % du volume, l'Extrême-Orient représente plus de 50 % du chiffre d'affaires à l'exportation. La Maison est également propriétaire des marques de cognac *Exshaw* (voir ce nom) et *Boulestin* (★★★/*VSOP/Napoléon*, presque exclusivement en France).
Les qualités de cognac Otard : ★★★ (4 ans)/*VSOP* (anciennement *Baron Otard*), en carafes (7 ans)/*Napoléon, Fine Cognac* (env. 15 ans)/*XO* (env. 35 ans d'âge, dont une partie de 1906)/ *Extra* (env. 50 ans, dont une partie de 1902).

OUVRAD (Jack)
Chez Landon
Migron
17770 Brizambourg
46 49 91 14
Fins Bois
★★★ (4 ans)/*VSOP* (8 ans)/*Napoléon* (15 ans)/*Hors d'Âge* (22 ans).

PACAUD (Robert)
Le Maine Garnier, au nord de Chérac
17610 Chaniers
46 96 44 61
Borderies
★★★ (5 ans)/*Napoléon* (8 ans)/*Vieille Réserve* (17 ans).

PAGEL (Jean) : Larsen

PAILLÉ 87, PAILLÉ 97 : Monnet.

PAIN (André)
Chez Besson (au sud de Burie)
Saint-Sulpice-de-Cognac
16370 Cherves-Richemont
45 83 84 68
Borderies
VSOP (8 ans).

PAIN (René)
Chez Jouannais/Les Béguillères
Saint-Sulpice-de-Cognac
16370 Cherves-Richemont
45 83 85 81
Borderies
★★★/*VSOP.*

PALISSY (Bernard) : De Didonne

PALLAS
Un produit Unicognac pour la Maison d'Armagnac
J & J. Pallas
Domaine de Cassanel
47600 Nérac
53 65 01 51.

PAQUERAU
Chez Perruchon, sur la route de 16250 Blanzac-Porcheresse à Châteauneuf
45 64 03 11
Fins Bois
Cognac 65 % (2 ans)/★★★ (4 ans)/*Vieille Réserve* (13 ans).

PARAPHE : Castillon-Renault

PARCA (Yvan)
Les Buges, au nord (par la D 22) de Sainte-Sévère
16200 Jarnac
45 83 88 98
Fins Bois
★★★/*VSOP/Napoléon* (13 ans).

PARDON : Pernod-Ricard

PART DES ANGES : CFC

PASCAL COMBEAU : Gautier/Aigre

PASQUET (Jean-Luc)
Chez Ferchaud
Éraville (à l'ouest de la D 84)
16120 Châteauneuf-sur-Charente
45 97 07 49
Grande Champagne

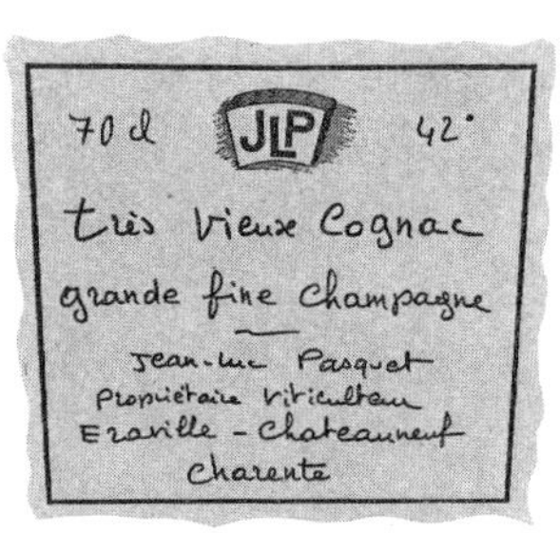

Cette petite entreprise familiale de haut niveau livre son cognac en vrac à une grosse Maison de cognac. Pasquet réserve à une clientèle privée le cognac produit sous sa propre marque. En Petite Champagne, il propose : un ★★★ (*Sélection du Proriétaire*), et en Grande Champagne : un *Tradition Familiale* (8 ans)/*Napoléon* (14 ans)/*Vieille Réserve* (22 ans). Encore éventuellement disponible : un *Très Vieux Cognac, 42 %* (50 ans).

PASQUINOT : Ricard (Gilbert)

PATRIARCHE : Prunier

PATRICIA : G. Courant/CCG

PAUL Frères : Barriasson

PAULET : Château Paulet

L. PAULHIAC & Co : Camus

PAULY : G. Courant/CCG

PAYNAUD (Edmond)
Bouteville
16120 Châteauneuf-sur-Charente
45 97 03 85
Grande Champagne
VSOP (6 ans)/*Vieille Réserve* (28 ans).

PAYSANS CHARENTAIS
(Cognac des) : Unicoop

PBG DISTRIBUTION : Camus

PELLETANT (Guy)
Rouffiac
17800 Pons
(Panneau sur la D 124)
46 96 40 78
Petite Champagne
Réserve/Napoléon (8-9 ans).

PELLETANT (Odile)
La Chevalerie, au nord de Saint-Amant-de-Nouère
16170 Rouillac
45 96 74 61
Fins Bois
★★★/*VSOP/Vieille Réserve* (15 ans).

Jean-Marie Normandin, à qui l'on doit d'avoir ressuscité la firme Normandin-Mercier.

PELLISSON SA
30, avenue du Général-Leclerc
16102 Cognac
45 82 16 16
Jadis indépendante, cette Maison appartient à *HENNESSY* depuis un bon nombre d'années; au sein du groupe, elle assure principalement la production de brandy et de pineau. Elle continue toutefois de produire du cognac, même si le volume est relativement modeste (environ 40 000 - 50 000 bouteilles par an). Qualités : ★★★/★★★ *Fine Champ./ VSOP/Napoléon/Mondial Extra (Fine Ch.)/Grande Époque Napoléon III.*

PELLUCHON (Michel)
Chez Tachet, à l'ouest de
Saint-Sulpice-de-Cognac
16370 Cherves-Richemont
45 83 84 44
Borderies
★★★/*VSOP/Vieille Réserve* (15 ans).

PELTIER-MAURIN (Jean)
Les Florenceaux (au nord d'Ambleville)
Juillac-le-Coq
16130 Segonzac
45 83 47 21
Grande Champagne
VSOP/Vieux Cognac (env. 12 ans).

PELTON : Gautier/Aigre

PERNOD-RICARD
142, boulevard Haussmann
75008 Paris
43 59 28 28
Le premier producteur français de boissons alcoolisées et non alcoolisées, le septième dans le monde, est également un poids lourd du cognac. La firme *BISQUIT*, une des dix plus grosses Maisons de cognac, fait aussi partie du groupe.

PERODEAU (A.) : Royer

PERQUIS & Fils : Georges Courant

PERRIN (Jean)
Les Courades, au nord-ouest de
16130 Segonzac (D 18 + D 95)
45 83 41 38
Cognac de Propriétaire 43 % (12 ans). Une petite production. Prévenir par avance, car le bordereau d'envoi du cognac doit d'abord être préparé à Segonzac. Surtout une clientèle d'habitués.

PESQUIER (Paul) : Ricard,
Juillac-le-Coq

PETIT. (Albert)
Les Petits Dinets
Courgeac, à l'ouest de
16190 Montmoreau-Saint-Cybard
45 60 30 03
Fins Bois
Vieux Cognac (10 ans).

PETIT (André-Yves)
Berneuil, au sud-est de Barbezieux
16480 Brossac
45 78 55 44
Bon Bois, à la limite des *Fins Bois :* ★★★/ *VSOP* (8 ans)/*Napoléon* (20 ans)/*Vieille Réserve,* également *43 %* (60 ans).

PETITE GARONNE (GAEC de la)
(M. Salles)
Sonneville
16170 Rouillac
45 96 51 84
Fins Bois
VSOP (9 ans)/*Vieille Réserve* (11 ans).

PEUCHET
95, avenue Victor-Hugo
75116 Paris
45 53 83 23 et
12, avenue de la Drionne
78380 Bougival
49 69 00 06
Une Maison spécialisée dans le conditionnement des vieux cognacs dans des bouteilles « à l'ancienne »; le contenu lui-même est effectivement souvent très vieux. Qualités : *Vieille Diligence*

À Cognac, les tuiles des chais sont teintées jusqu'à l'âme de l'imperceptible évaporation du cognac au travail.

Gr. Ch./Vieille Réserve F. Ch./Plantié du Chêne G. Ch./Réserve de l'Empereur Gr. Ch./Tierçon Vénérable Gr. Ch./ Marquis du Lys Gr. Ch./Héritiers d'Audicourt Gr. Ch. À cela s'ajoutent de très vieux millésimes : *Fine Champagne 1885* et *1893; Grande Champagne 1834* et *1875.*

PEYROT (François)
Marancheville
16200 Jarnac
45 81 16 70
Grande + Petite Ch.
★★★ (6 ans)/*VSOP* (8 ans)/*Réserve VSOP Fine Ch.* (12 ans)/*Réserve Napoléon Gr. Ch.* (19 ans).

PHILIPPE DE CASTAIGNE (Sté)
(Ph. Vallantin-Dulac)
Domaine de Lafont, à l'est de Mérignac, à l'ouest de
16200 Jarnac
45 35 82 72
Fins Bois

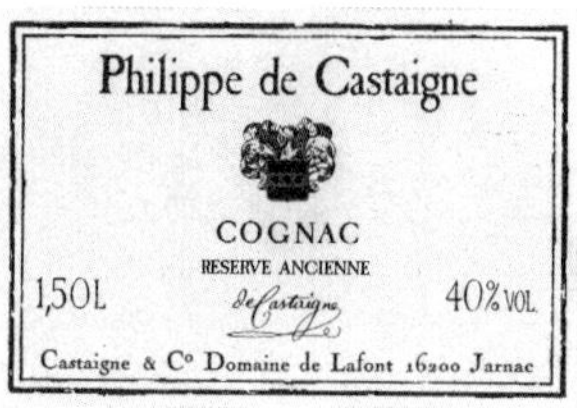

40 hectares et un approvisionnement à l'extérieur. Une production annuelle d'environ 100 000 bouteilles, dont 65 % d'exportations.
Réserve Ancienne/Extra Vieux.
Autres marques : *Comte de Lafont :* ★★★ *Fine Pale/VSOP;* et *Favraud* (voir ce nom).

PHILIPPON (Jean)
Le Logis, au sud-ouest de Mosnac
16120 Châteauneuf-sur-Charente
45 62 53 79
Petite Champagne

40 hectares. *Très Vieille Réserve* (30 ans)*Très Vieux Cognac 44 %, Héritage de mes Aïeux* (1914).

PIERRE (Gustave) *& Co :* Gautier/Aigre

PIGEONS BLANCS
110, rue J.-Brisson
16100 Cognac
45 82 16 36
Un restaurant très apprécié, avec un bon choix de cognacs.

PILLET (Rémi)
Les Moines
Nancras
17600 Saujon
46 94 70 18
Bons Bois
Env. 3 000 bouteilles par an. ★★★ (4 ans)/*VSOP* (10 ans)/*Hors d'Âge* (14 ans).

PINARD (Georges)
Foussignac, au nord-est (N 141, D 66)
16200 Jarnac

45 81 14 55
Fins Bois
Culture biologique. ★★★ (4 ans)/*VSOP* (7 ans)/*Napoléon* (11 ans).

PINAUD (André)
Dompierre-sur-Charente
(D 24 Cognac-Saintes)
17610 Chaniers
46 91 01 06
Borderies
VSOP/Napoléon/Hors d'Âge/Fine Cognac/Réserve Familiale (plus de 20 ans).

PINEAU (Claude)
Les Maines, au nord-est de Sainte-Lheurine, à l'ouest de
17520 Archiac
46 49 12 59
Petite Champagne
★★★ (9 ans)/*VSOP* (14 ans)/*Napoléon* (20 ans).

PIONNEAU: Camus

PISSOT (Guy)
Le Four-à-Chaux, D 10
Mainxe, au sud de
16200 Jarnac
45 81 10 06
Grande Champagne
★★★/*VSOP/Vieille Réserve* (15 ans).

PLAIZE (Denis & Fils)
La Tonnelle, au nord-ouest de
17150 Mirambeau
46 49 61 71
Fins Bois
30 hectares. ★★★/*VSOP/Napoléon/Vieille Réserve* (15 ans).

PLANAT & Cie: Camus

PLASSONS (Les)
Faillon (Jean-Marie)
Bors de Montmoreau, au sud-est de
16190 Montmoreau-Saint-Cybard
45 60 34 32
Bons Bois
Sélection (5 ans)/*VSOP* (10 ans).

PLUCHON (Jean-Claude)
5, rue Arago
16000 Angoulême
45 91 92 62
Possède des vignobles en Grande Champagne (à Salles-d'Angles). *VSOP* dans trois gammes de prix.

POL PRAINTON & Co:
Bache-Gabrielsen

POLLIGNY: Jules Robin

POMAREL: Gautier/Aigre

PONIATOWSKI: Brugerolle

PORTEJOIE (Jean)
Roumillac, au sud-ouest de Malaville
16120 Châteauneuf-sur-Charente
45 97 08 48
Grande Champagne
Réserve/Vieille Réserve.

POUCHET Frères: Larsen

POUILLOUX (René): Prunier

POUILLOUX (Robert)
Peugrignoux, au nord-est de Pérignac, au nord-est de
17800 Pons

46 96 41 41
VSOP Gr. Ch./Napoléon Gr. Ch. (12 ans)/*Vieille Réserve P. Ch.* Jeunes : *Fine Cognac/Grande Fine Champ. Sélection/ Fine Champagne.*

POUSSARD (Félix)
L'Essard, au nord de
Javrezac
16100 Cognac
45 82 26 89
Borderies
★★★/*VSOP/Napoléon.*

POUZET (Jean-Pierre)
Popegrain, au nord-ouest de Burie (D 731)
Villars-les-Bois
17770 Brizambourg
46 94 91 74
Borderies
★★★ (4 ans)/*VSOP* (12 ans)/*Vieille Réserve* (19 ans)/*Très Vieux Cognac* (27 ans).

PRADIER : Brugerolle

PRÉVOST & Co : *Royer*

PRINAL & Cie : Brugerolle

PRINCE (André) : Roffignac

PRINCE (Bertrand) : La Soloise SARL
Bréville
16370 Cherves-Richemont

PRINCE DE FRANCE : Compagnie Française des Champagnes

PRINCE DE GOYON : Pernod-Ricard

PRINCE HUBERT DE POLIGNAC : Unicoop

PRINCE LAURENT : Les Grands Chais de France

PRINCE LOUIS : Castillon-Renault

PRINCE ROBERT : Exshaw

PRIOULAT (Pierre)
La Vallade, au nord-est de
Saint-Fort-sur-le-Né
16130 Segonzac
45 83 72 19
Grande Champagne
★★★ (5 ans)/*VSOP* (10 ans)/*Vieille Réserve* (18 ans).

PROPRIÉTAIRES VINICOLES DE COGNAC (Société des) :
Monnet

PRULEAU (Pierre)
Cheminé, au sud-est (par la D 145) de Saint-Bonnet-sur-Gironde
17150 Mirambeau
46 86 01 04
Fins Bois
★★★/*VSOP.*

PRUNIER SA
7, avenue du Général-Leclerc
16102 Cognac
45 35 00 14
Fondée au siècle dernier, cette Maison est aujourd'hui la propriété de la famille Burnez. Elle produit du cognac, des liqueurs et autres spiritueux. Elle est propriétaire d'une des maisons les plus

pittoresques de la vieille ville, la « Lieutenance » (derrière le marché couvert). La Maison Prunier ne possède pas de vignobles. Sa production de cognac avoisine 600 000 bouteilles, auxquelles s'ajoutent les 535 000 bouteilles environ provenant de la prise de contrôle du groupe *AMAD,* environ 200 000 bouteilles sous la marque *Albert Robin,* et environ 100 000 litres de cognac en vrac; les exportations représentent 90 % de cette production.
Principaux clients : la Grande-Bretagne, les États-Unis, le Benelux, le Japon, le Canada et l'Allemagne fédérale.
Gamme proposée : ★★★/*VSOP/Napoléon/Réserve de la Famille/XO/20 Years Old/Très Vieille Grande Champagne/Galion Extra* (une carafe en verre en forme de galion du XVIIe). Prunier possède tout un éventail de sous-marques, comme : *Louis Baron, C. Brissac, Burnez, Charrier, Château de Brives (Petite Champ.), Comte de Germignac, Duparc, De Marsy Cordonnier, Jos. Germain, Marlive, Ménorval, Oshidori, Pouilloux (René), Pullman, Renaud (Gay), Turbot (Ch.), Yuan Yang.*

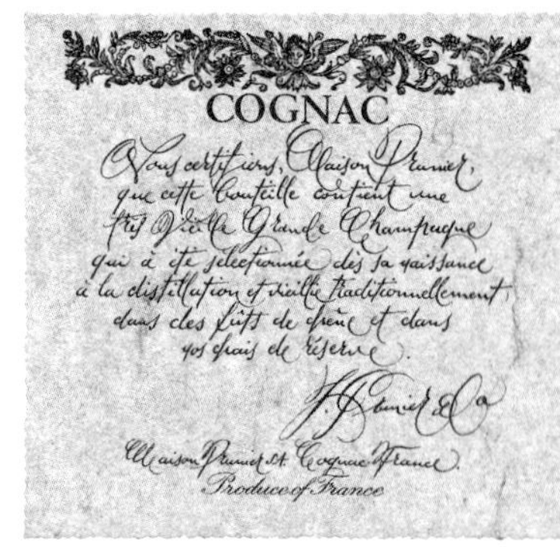

G. B. DE PULIGNY : Brugerolle

PULLMAN (H) *& Co* : Prunier

SICA DE PUY GAUDIN
Épargnes
17120 Cozes
46 90 81 64
Bons Bois
Assure la commercialisation du cognac de sept viticulteurs affiliés.
Marque principale : *Guérin Frères* : ★★★ (3 ans, 50 % *Fins Bois*)/*VSOP* (6 ans)/ *Vieille Réserve* (12 ans).
Autres marques : *Atlantique, L'Estuaire, Delatour, Drovineau, Henri de Brière, Rambour, Ruter Frères, Viticulteurs Saintongeais.*

PUYRAJOU (R.)
La Pijarderie
Anais, au sud de
16560 Tourriers (N 10, au nord d'Angoulême)
45 20 60 18
Fins Bois
★★★/*VSOP/Très Vieille Réserve* (15 ans).

QUANCARD (Père & Fils), et
CHEVAL QUANCARD :
Ces négociants en vins (Beaune et La Grave d'Ambarès) commercialisent le cognac *De Guyon* (Larsen).

QUERON & Cie
Macqueville
17490 Beauvais-sur-Matha
46 26 60 11, 26 61 93
★★★/*VSOP/Napoléon/Antique/Hors d'Âge* (50 ans).

QUINTAL (N.) *& Fils :* Royer

QUINTARD (Bernard)
Le Baronneau, au nord de Burie
17770 Brizambourg
46 94 90 41
Borderies
★★★.

QUINTARD (Paul)
Le Palain
16370 Cherves-Richemont
45 83 26 85
Borderies
VSOP (10 ans)/*Réserve* (15 ans)/*Napoléon/Vieille Réserve.*

SCI RABAUD
Domaine de Nanclas, au nord-ouest de
16200 Jarnac
45 81 03 91
Fins Bois
VSOP/Vieille Réserve.

RABELAIS : Frapin

RABY (Fernand)
Moulidars
16290 Hiersac
45 96 91 33
Fins Bois
★★★/ *VSOP/Vieux Cognac* (20 ans)/ *Très Vieux Cognac* (40 ans).

RAFFAIT (Raymond)
Saint-Sulpice-de-Cognac
16370 Cherves-Richemont
45 83 84 22, 83 84 89
Borderies

Cognac 60 %/Réserve Vieille Fine-Soleil d'Or/Hors d'Âge (18 ans).

RAFFAUD (Michel)
Migron, au sud-ouest de
17770 Brizambourg
46 94 91 32
Fins Bois
★★★/ *VSOP.*

RAGNAUD (Marcel)
Domaine de la Voûte
Ambleville
16300 Barbezieux-Saint-Hilaire
45 80 54 61

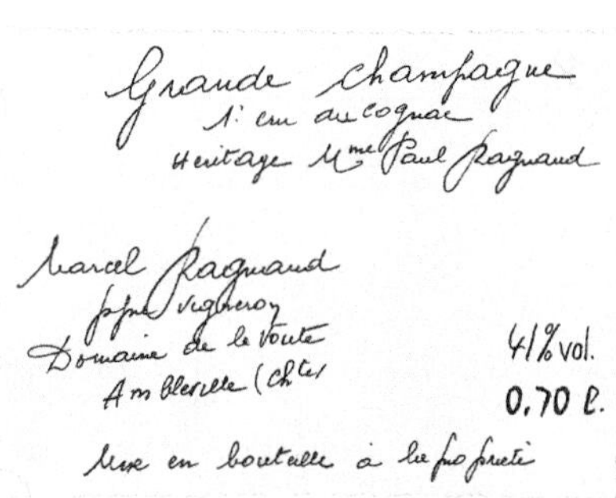

Un des noms légendaires du cognac, à l'écart des grandes Maisons. Uniquement à partir de ses propres récoltes (50 hectares), la famille Ragnaud distille, fait vieillir et vend quelque 60 000 bouteilles par an; ses chais contiennent l'équivalent de dix-huit fois ces ventes annuelles. Cette entreprise familiale comprend à proprement parler trois sociétés différentes; mais les stocks et les intérêts de ces trois sociétés sont gérés en commun :
1. *L'INDIVISION GASTON BRIAND:* Mme Denise Ragnaud (épouse de Marcel R.), née Briand; la veuve de Jean Briand (fils de Gaston B.); et Mme Henriette Bonnaud. Gaston Briand, célèbre producteur de cognac, est décédé en 1957.
2. *MARCEL RAGNAUD,* gendre de Gaston Briand et héritier de son père décédé en 1942, lui aussi producteur de cognac.
3. *A. RAGNAUD-SABOURIN:* Annie, fille de M. Ragnaud, et Paul Sabourin, son gendre.
La production de l'héritage Briand :
Grande Champagne 40 % Héritage Mme Gaston Briand, Le Paradis (90 % de cognac du tout début du siècle, et 10 % des années 1870); ces cognacs sont disponibles.
Les réserves Ragnaud :
Grande Champagne 41 % Héritage Mme Paul Ragnaud (1902, 1903, 1904)/*Gr. Champ. Extra 43 % Réserve Fontvieille* (30-35 ans).
Dans de grands restaurants disposant de vieilles réserves, on trouve parfois du *Ragnaud 1929* (Folle Blanche), et du *1906* – tous deux de la Sélection R. Baudouin. (La fameuse « La Pyramide » de Fernand et Mado Point, à Vienne, a reçu, avant la mort de Mado, chaque année un lot spécial de 250 bouteilles.)
A. Ragnaud-Sabourin propose notamment: *Gr. Champ. A.R.-Sabourin* (4 ans)/*Gr. Ch. VSOP* (10 ans)/*Folle Blanche 45 %* (15 ans)/*Réserve Spéciale* (20 ans).
Les exportations représentent environ 66 % de la production. Principaux clients à l'étranger: les États-Unis, l'Allemagne fédérale, la Hollande, la Grande-Bretagne, la Belgique, le Luxembourg, la Suisse, le Danemark et l'Italie.

RAGNAUD (Raymond)
Mme Marie-Françoise Ragnaud
Le Château
(en fait, un lieu-dit)
Ambleville
16300 Barbezieux-Saint-Hilaire
45 80 54 57 Télex 791392 F
Grande Champagne
Après le décès de M. Raymond Ragnaud en 1963, Mme Raymond Ragnaud a continué l'exploitation familiale.

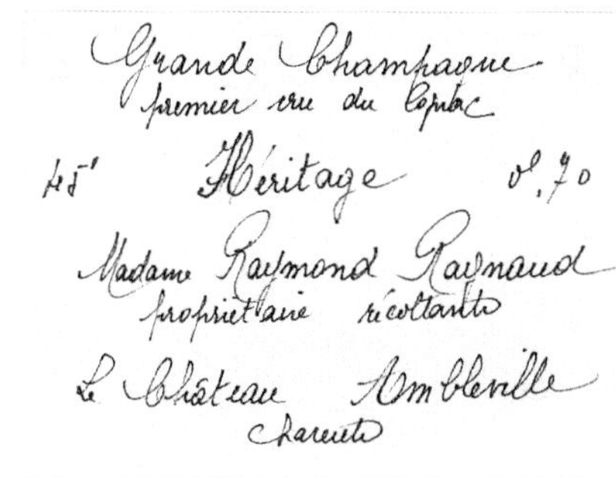

Ses enfants Jean-Marie Ragnaud et Françoise Bricq, héritiers du savoir-faire de leur père, élaborent avec amour et exigence les eaux-de-vie vieillies dans la plus grande tradition et en assurent la commercialisation dans le monde entier.
La superficie du vignoble est de 44 hectares en Grande Champagne, situé sur les coteaux d'Ambleville et de Lignières-Sonneville. La capacité annuelle atteint environ 130 000 bouteilles par an; l'exportation représente 70 % des ventes.
Principaux clients à l'étranger: l'Allemagne fédérale, les États-Unis, le Benelux, la Grande-Bretagne, la Suisse et le Japon.
On peut trouver les Cognacs Raymond Ragnaud dans les grandes caves spécialisées ou le déguster dans les restaurants les plus cotés.
Gamme proposée: *Vieille Réserve 41°* (15 ans d'âge environ)/*Grande Réserve 44°* (15 ans d'âge environ) non colorée, non édulcorée/*Extra Vieux 42°* (25 ans d'âge environ)/*Hors d'Âge 43°* (35 ans d'âge)/*Très Vieille Grande Champagne 50°*, naturelle non réduite/*Héritage 45°* (des anciennes réserves Paul Ragnaud, datant du début du siècle). De l'ancienne production en Petite Champagne, il subsiste une *Sélection Haute Roche* (3 ans) et une *Réserve Haute Roche 40°* (10 ans).

La Maison Raymond Ragnaud produit par ailleurs un excellent pineau blanc.

RAILLARD Frères: Croizet Eymard

RAINICOURT: Hardy

RAMBAUD (Guy)
Chez Paraise, au nord (par la D 251) de
Saint-Ciers-Champagne
17520 Archiac
46 49 11 82
Petite Champagne
★★★/*Vieille Réserve* (15 ans).

RAMBOUR: Puy Gaudin

RAMNOUX (Michel)
Mareuil, à l'ouest de
16170 Rouillac
46 96 73 50
Fins Bois
VSOP (10 ans).

RANSON (Jacques)
Domaine de l'Oiseau
Le Mas, au sud-est de
Verrières, au sud-ouest de
16130 Segonzac
45 83 75 30
Grande Champagne
Une famille du cognac depuis le XVIIIe siècle. Le premier partenaire de *Delamain* (voir ce nom). La Maison est avant tout un fournisseur de *RÉMY MARTIN*; elle produit très peu de

La Lieutenance, un des plus beaux édifices anciens du vieux Cognac, est la propriété de la firme Prunier.

cognac sous sa propre marque.
Grande Fine Champagne 42 % (18 ans).

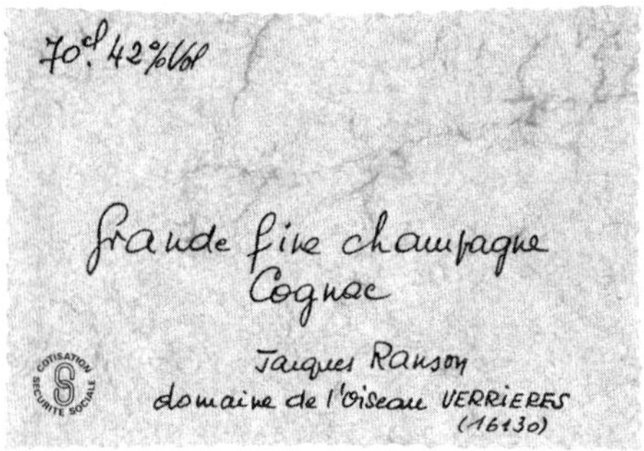

RASTAGNAC : Hardy

RAULT (André)
Le Peyrat, au sud-ouest de
Houlette
16200 Jarnac
45 83 89 04
Fins Bois
VSOP (10 ans).

RAUTURIER (Rémy)
La Robinerie (à env. 5 km à l'ouest de Barbezieux, sur la D 3, en direction de Saint-Ciers, à gauche de la route)
Montchaude
16300 Barbezieux-Saint-Hilaire
45 78 08 48
Petite Champagne
Réserve (15 ans).

RAYER (Pierre)
Le Brandart, au nord-ouest de
Saint-Sulpice-de-Cognac
16370 Cherves-Richemont
45 83 85 11
Borderies
★★★/*VSOP*

RÉAU-RICHARD & Cie
Fait partie de la CCG (voir ce nom). La production équivaut à 1,8 million de bouteilles par an, dont une partie en vrac. Sous-marques pour grandes surfaces. Sous l'étiquette Réau-Frères : *VS* (★★★)/*VSOP*/*Napoléon. Très Vieille Fine Champ./Très Vieux Fins Bois/Rarissime.*
De l'époque où *Réau Frères* était encore une Maison indépendante, il subsiste quelques lots de bouteilles, comme, par ex., *Montboyer* (l'ancien nom de la dis-

Marcel Ragnaud — un grand nom, incontournable dès lors qu'il est question de vieux cognacs nobles — dans un de ses chais du Domaine de la Voûte, à Ambleville (Grande Champagne).

tillerie), « très vieux cognac » dont seulement 600 bouteilles furent produites. J'ai trouvé ce Montboyer sur la carte d'Alain Chapel, à Mionnay.

REBEL (Jules) : Gautier/Aigre

RECHOU SA
Le Logis
Angeac-Champagne (centre ville)
16130 Segonzac
45 83 72 94
Grande Champagne
***/*VSOP/Vieille Réserve* (15 ans)/ *Très Vieux* (50 ans).

RÉGENCE : Unicognac

RELANGE (Charlotte)
Le Marais, au nord-est de
16370 Cherves-Richemont
45 83 25 58
Également à Cognac :
16, place Bayard
45 83 36 56
Borderies
***/*VSOP/Napoléon* (env. 16 ans).

RELDA : Castillon-Renault

REMUZAT (Hélie de) : Moyet
22, avenue de Royan
16100 Cognac
45 82 09 72

E. RÉMY MARTIN & Co SA
20, rue de la Société-Vinicole
16102 Cognac
45 35 16 16

Rémy Martin est issu d'une entreprise de production et de négoce de cognac établie en 1724 par le viticulteur Rémy Martin, développée au cours des dernières décennies par un autre viticul-

teur, André Renaud, puis par son gendre, André Hériard-Dubreuil. Aujourd'hui, ce sont ses fils Marc et François Hériard-Dubreuil qui dirigent la société.
Célèbre dans le monde entier pour son cognac, la société Rémy Martin exporte plus de 95 % de sa production. Rémy Martin est le plus grand producteur de Fine Champagne Cognac et détient environ un tiers du marché des Qualités Supérieures.
Pour garantir la qualité universellement reconnue de ses « coupes », Rémy Martin s'est assuré la maîtrise des moyens de production à tous les stades de l'élaboration de cognac. Dans la région cognaçaise, il dispose de 148 hectares plantés de vignes situées exclusivement en Grande Champagne, région du meilleur cru. Jouant un rôle en tant que champs d'expérimentation, ces vignobles permettent à Rémy Martin de rester à la pointe du progrès en technologie vinicole.
La sécurité de ses approvisionnements est assurée par des contrats dont il a été le précurseur, passés avec plus de 2 000 viticulteurs ou distillateurs. Rémy Martin s'approvisionne exclusivement en vins provenant de la Grande Champagne et de la Petite Champagne, et ses distillateurs réalisent spécifiquement pour lui une distillation des vins « sur lies » dans des petits alambics d'une capacité de 25 hectolitres au maximum.
Le stock de Rémy Martin est le plus important du monde, provenant exclusivement de la Grande et de la Petite Champagne de Cognac. Ce stock vieillit dans des milliers de fûts dans les chais traditionnels de Rémy Martin, qui couvrent une superficie de plus de 20 hectares. Mis bout à bout, ces fûts constitueraient une chaîne de plus de 200 km.

La gamme des cognacs Rémy Martin : *VS* (★★★) *P. Ch.* (4 ans)/*VSOP F. Ch.* (plus de 6 ans)/*Royal F. Ch./Napoléon F. Ch.* (15 ans)/*XO F. Ch.* (27 ans)/ *Extra F. Ch.* (env. 35 ans)/*Louis XIII, Gr. Ch.*, en cristal de baccarat (plus de 50 ans).
Chez des collectionneurs, il existe encore quelques bouteilles de *Cuvée Spéciale Grande Fine Champagne*, lancées en nombre limité à l'occasion du 250ᵉ anniversaire de la Maison, en 1974.
Il y a quelques années, Rémy Martin a pris le contrôle du négociant bordelais de Luze, ainsi que des Champagnes Krug et Charles Heidsieck.
En 1984, Rémy Martin a repris la société *Nicolas*, le troisième groupe français dans le commerce des vins et spiritueux.

RENAISSANCE : Monnet

RENARD (L.) : Dupont (Cognet)

RENAUD (Andrée) : Frapin

RENAUD (Bernard) : Latour

RENAUD (Gay) : Prunier

RENAUD (Georges)
2, rue des Plantes
Boutiers, sur la rive opposée de la Charente, au nord de
16100 Cognac
45 82 33 22
Fins Bois
La production et la distillation ont été abandonnées; toutefois, la Maison possède encore des stocks, dont de très vieux cognacs : *VSOP/Hors d'Âge* (35 ans)/*Hors d'Âge Très Vieux* (1914).

RENAUDIN (Frères) : Roffignac

RENAULT : Appartient à *Castillon-*Renault (voir ce nom)
VS ★★★/*VSOP/Napoléon/Old Vintage Blend (OVB)/Carte Noire Extra/XO Royal/Renault Extra/Age Unknown,* en carafes de cristal *(Gr. Ch.)/Réserve du Fondateur* (plus de 50 ans) *Gr. Ch.* (seulement 5 000 bouteilles produites).

RENAY (Louis) : Castillon-Renault

RENÉ (H.) : Confidentia

RENÉ (John B.) : Salignac

RENOU (Thierry)
Saint-Dizant-du-Gua
17240 Saint-Genis-de-Saintonge
46 49 98 51, 49 94 27
Fins Bois
★★★/*VSOP* (10 ans).

RENOUD (Bernard)
Gimeux, au sud-ouest de Cognac
16130 Segonzac
45 82 27 49
Grande Champagne
Une production modeste, réservée principalement au négoce. Un *VSOP* portant l'étiquette Renoud.

RÉSERVE CHANTILLY : Royer

REUSS (Jules) : Gautier/Aigre

REX : Pascal Combeau (Gautier/Aigre)

RGB-COGNAC : Rouyer Guillet

RHEANS : Unicoop

RIBERAUD (Pierre)
Saint-Ciers-de-Champagne, au sud (D 152) de
17520 Archiac
46 48 30 58
Petite Champagne + Fins Bois
★★★/*VSOP*.

RICARD (Gilbert)
Domaine du Faucaudat
Juillac-le-Coq
16130 Segonzac
45 83 47 24
Grande Champagne
Le cognac Ricard est destiné aux grandes surfaces, de même que la marque *Pasquinot* : ★★★/*VSOP/Napoléon/ XO*.

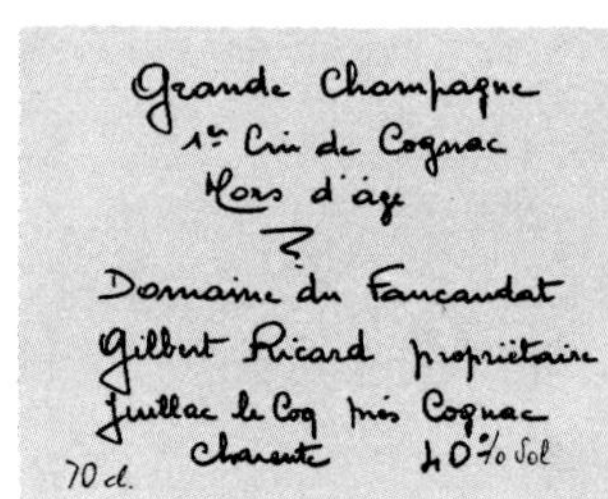

Pour la grande gastronomie, la Maison propose également un « Domaine du Faucaudat » : *VSOP 41 %/Très Vieille*

Grande Fine Champagne Hors d'Âge. Autres marques : *Balino, Baron de Merner, Paul Pasquier, Samocante.*

RICCARD (F.) : Salignac

RICHARD (Frères)
Appartient à la *CCG* (voir ce nom). Gamme : *Grande Fine Cognac/Fine Champagne Aristocrate/Fine Champagne VSOP/Napoléon/XO (Fine Ch.).*

RICHELIEU : Une marque revendiquée à la fois par Godet et par Hardy.

DE RICHEMONT (Jean) : Roffignac

RICHON (Jean)
Denat
16430 Champniers
45 68 73 89
Fins Bois
⋆⋆⋆/ *VSOP/Napoléon* (11 ans).

RIMAUD : Royer

RIVIÈRE (Jean-Noël)
Château Mosnac, La Barrière
16120 Châteauneuf-sur-Charente
45 62 53 68
Petite Champagne
Vieille Réserve/Hors d'Âge.

RIVIÈRE (Roland)
Distillerie de Saint-Pardon
Mortiers
17500 Jonzac
46 48 61 55
Fins Bois
⋆⋆⋆ (10 ans)/ *VSOP* (12 ans)/ *Spécial 50 %* (12 ans)/ *Vieille Réserve* (20 ans)/ *Sélection 50 %* (20 ans)/ *Vieux Cognac* (40 ans).

RIVIÈRE GARDRAT & Cie :
Gautier/Aigre

ROBERT (Edmond & Pierre)
Les Gorces (par la D 730)
Épargnes
17120 Cozes
46 90 73 19
Bons Bois
⋆⋆⋆/ *VSOP.*

ROBERT (J.) : Gautier/Aigre

Ces bouteilles de référence, retraçant l'histoire de la Maison Rémy Martin au fil des décennies (et parmi lesquelles se trouvent différents cognacs millésimés), sont non seulement un plaisir des yeux, mais elles sont également un précieux outil de comparaison entre les anciennes et les nouvelles qualités de cognac.

ROBERT (Jean)
Le Renclos, au sud-ouest de Sigogne
16200 Jarnac
45 81 60 38
Fins Bois
⋆⋆⋆/ *VSOP.*

ROBIER (Michèle)
Le Liboreau, au nord-ouest de Sonnac
17160 Matha
46 26 64 20
Fins Bois
⋆⋆⋆/ *VSOP/Hors d'Âge* (20 ans).

ROBILLOT (J.) : Gautier/Aigre

ROBIN : Jules Robin

ROBIN (Jules)
36, rue Gabriel-Jaulin
16100 Cognac
46 82 17 23
Il y a un siècle, c'était une des plus grandes Maisons de cognac; elle appartient aujourd'hui à *MARTELL* (voir ce nom). Cela l'amène à rechercher un positionnement original pour ses produits : non seulement par le bas avec une importante clientèle de grandes

surfaces, mais encore par le haut avec des produits de luxe et des habillages fortement originaux. Outre les qualités *VS/VSOP/Napoléon/XO* et *Extra*, Jules Robin a l'exclusivité de l'exportation du cognac *Grande Champagne Troisgros* (du nom du restaurant). La société est également l'un des principaux négociants en pineau des Charentes et figure parmi les premiers exportateurs de brandy.
Robin est en outre propriétaire des marques *Folligny/Marquis de Salençon/Ménage à Trois* et *Trenais*.

ALBERT ROBIN : Prunier

EUG. ROBIN : Brugerolle

ROBLINE Frères : Castillon-Renault

F. ROCCARD & Cie : Salignac

ROCHEMONT : Rouyer Guillet

RODIER & Co : Brugerolle

RODIN (A.) : Brugerolle

ROFFIGNAC (Comte F. de)
Château-Chesnel, au nord-ouest de
16370 Cherves-Richemont
45 83 28 11
40 hectares. *Fine Champ.* « Prestige »/*Grande Fine Champagne/Extra Vieille Fine Champagne*. Autres marques : *Frontillac, Rofica Cognac, A. de Dorignac, Forgeron, Lechat, Lupin, E.-R. Marquis, Le Marquis, A. Prince, Renaudin Fils, J. de Richemont*.

ROFICA : Roffignac

ROGER (Marc) *& Cie* : CCG

ROI DES ROIS : Unicognac

ROI SOLEIL : Augier

ROLAND (Géo) :
Gautier/Aigre

ROLAND : Unicoop

ROLET
NV Geens Benelux SA
3220 Aarschot (Belgique)
(32 16) 56 83 51
Producteur : Rolet-Jarbin
Soumeras (Charente-Maritime)
Bons Bois
★★★/Napoléon 1er cru/Napoléon ★★★★★
Voir également *La Grande Bruyère*.

E. ROLLAND & Co : Bache-Gabrielsen

G. ROLLER & Co : Moyet

ROOS (A.) : Camus

ROSET & Co (A.) : Salignac

ROTURIER (Jean-Guy & Yves)
Macqueville
17490 Beauvais-sur-Matha
Fins Bois
★★★/*Fine Cognac VSOP/Napoléon/Hors d'Âge* (15 ans).

ROUGE (Distillerie)
Aumagne (D 229 E) au nord-est de
17770 Brizambourg
46 58 22 57
Fins Bois
★★★/*VSOP/Napoléon/XO*.

P. ROULLEAU & Cie : Ets. Moyet

ROULLET (Serge et Fils)
Le Goulet, entre Foussignac et la N 141
16200 Jarnac
45 81 14 58
Fins Bois
50 % du capital de la Maison sont détenus par les brasseurs anglais Greene, Kings & Sons, également propriétaires d'une chaîne de « pubs ».
VS Amber Gold (3 ans)/*VSOP* (5 ans)/*Vieille Réserve* (8 ans)/*Grande Réserve Napoléon/XO*.

ROUSSEAU-GARIN : CCG

Gve ROUSSELLE & Cie : Salignac

ROUSSILE (G.C.)
Libourneau, par la D 22, au sud-ouest de Linars
16290 Hiersac
45 91 05 18
35 hectares. *Sélection* (★★★)/*VSOP* (8 ans)/*Vieille Réserve Napoléon* (20 ans).

ROUSTEAU (Guy)
Bréville, au nord-est (par la D 159 et la D 48) de
16370 Cherves-Richemont
45 80 86 74
Fins Bois
Sélection (★★★, 5 ans)/*VSOP* (10 ans)/*Napoléon* (20 ans).

ROUVERT & Cie : Castillon-Renault

ROUVIER Fils : Castillon-Renault

ROUX (Jean-Claude)
GAEC Castel Sablons
Saint-Maigrin
17520 Archiac
46 70 00 30
Fins Bois
30 hectares. La Maison produit un cognac clair destiné à la préparation des cocktails, le « *Crystal Dry* », ainsi qu'un *VSOP* (8 ans) et un *Napoléon* (15 ans). Cognac à 58 % pour le « brûlot charentais » (un café au cognac flambé).
Il existe également un *VSOP « Alter Pasewalker »* et un *Napoléon « Roy de Prusse »* (âges comme ci-dessus), produits pour le compte de Château Claire Abbaye, Hans-Friedrich et Jacqueline de Knobelsdorff, Claribès, 33890 Gensac, 57 40 40 83.

ROUYER GUILLET & Cie
52, rue de la Roche
17100 Saintes
46 93 01 41
Cette Maison, l'une des plus vieilles exploitations familiales, est également

une des très rares firmes de cognac relativement importantes qui appartiennent encore à la famille de leur fondateur. Son style est bel et bien celui d'une très vieille Maison. Les Guillet sont dans le métier depuis 1687 (à l'époque, Philippe Guillet était le maire

de Cognac et, en 1701, il ouvrit un négoce d'eau-de-vie de vin). En 1801, à la suite d'un mariage, la Maison fut rebaptisée aux noms des deux partis; son siège fut transféré à Saintes, où la Maison Rouyer était installée. Lorsque, plus tard, la lignée des Rouyer s'éteignit, les Guillet obtinrent le droit de garder les deux noms.

Les Rouyer Guillet possèdent trois vignobles dans les Borderies et deux dans les Fins Bois – soit un total d'environ 100 hectares –, et ils achètent également d'autres crus. 60 % de leurs réserves sont de Grande Champagne. La Maison vend environ 750 000 bouteilles de cognac par an, dont 72 % à l'exportation. 75 % de sa production sont de *VSOP* ou plus vieux. Principaux clients : l'Extrême-Orient, la Scandinavie, le Canada, l'Amérique latine, la Grande-Bretagne. Qualités de cognac Rouyer Guillet, ou Rouyer : *Brevet Royal* (4 ans)/*VSOP* (8 ans)/*Damoisel VSOP* (15 ans)/*XO* (25 ans)/*Rois de France* (30 ans)/*Vieille Borderies* (50 ans)/*Philippe Guillet Grande Fine Champagne* (80 ans).
Autres marques de la maison : *R.G.B. Cognac, O. + T. Bacot, Bourbon & Boussaguet, Coutanseaux Aîné, Guillet, La Grange, F. Lapoire, Jules Lefranc, J.R. Martin, Roger Mercier, William Morton, Oranco, Rochemont, Rochemond, Sauvion.*

ROY (Gilbert)
Le Chaix, au sud-est de
16360 Baignes-Sainte-Radegonde
45 78 40 51
Bons Bois
Vieille Réserve 50 % (12 ans).

ROY (Henri Roy & Co) : Salignac

ROY (Jean-Claude)
Le Maine Verret, au sud-ouest de Verrières
16130 Segonzac
45 83 04 11
Grande Champagne
★★★/VS/VSOP/Napoléon/Vieille Réserve (20 ans).

ROY (René)
Le Mas, au sud-est de Juillac-le-Coq
16130 Segonzac
45 83 47 09
Grande Champagne
★★★ (5 ans)/*VSOP* (8 ans)/*Napoléon* (15 ans)/*Hors d'Âge* (25 ans).

COGNAC DU ROY 1840 : Prunier

ROYAL MARQUISSAC : Nicolas

ROYAL SAINTONGE : Salignac

ROYAL SYMBOL : Courvoisier

LOUIS ROYER & Co
23, rue du Chail
16200 Jarnac
45 81 02 72

Plus que centenaire, cette Maison a toujours été connue et appréciée dans un grand nombre de pays du monde pour la qualité de sa production et les soins traditionnels consacrés par plusieurs générations à l'élevage des vieux cognacs. Ceux-ci étaient vendus presque uniquement en fûts.
Un gros effort d'investissement pour une parfaite et moderne mise en bouteilles a été fait par la Maison, parallèlement à une politique commerciale, pour accroître ses ventes en bouteilles et se faire reconnaître en tant que grande marque.
Achetant traditionnellement des eaux-de-vie de cognac soigneusement choisies, elle exporte à 85 %, particulièrement en Europe, Asie du Sud-Est, Extrême-Orient, Amérique.
La Maison produit également de l'eau-de-vie de vin et du pineau des Charentes. Elle exporte aussi des vins vinés en direction de l'Allemagne fédérale, la RDA et l'Autriche.
La SA Louis Royer offre sous son nom *Napoléon/XO Grande Champagne 1er Cru du Cognac/Curnonsky/Extra Grande Fine Champagne.*
Il faut noter aussi la marque *Jules Duret* qui propose des cognacs de toute première qualité et de haut de gamme, en particulier sur le marché des USA : *Fine Champagne/Grande Champagne Collector's Series.*
La Maison est également spécialisée dans des produits destinés à la gastronomie.
Enfin, le *XO* existe aussi en petite flasque de poche avec étui ou encore en flacon de porcelaine de Limoges représentant la Vénus de Milo, spécialement destiné aux marchés hors taxes.

RULLEAUD-LARRET : Rémy Martin

RULLIER (René & Francis)
Marsac (au nord-ouest d'Angoulême)

Si le cognac s'est imposé comme la grande spécialité de la Charente, il n'en reste pas moins que cette région recèle bien d'autres richesses. ▷

16570 Saint-Genis-d'Hiersac
45 95 90 37
Fins Bois
★★★/*VSOP/Napoléon* (env. 12 ans).

RURALIES :
Sur l'autoroute A 10 Paris-Bordeaux, après la sortie Niort, sur l'aire de repos d'Aiffres (laquelle comporte une station-service et un restoroute) : un grand point de vente de produits régionaux, avec toute une gamme de cognacs de petits producteurs.

RUTER (Frères) : Puy Gaudin

S-FINE COGNAC : Pernod-Ricard

SAINT-CIRQ & Co : Leyrat/Engrand

SAINT-SULPICE : Éts Moyet

SALADIN : Castillon-Renault

SALIGNAC (L. de)
(Union de Propriétaires distillateurs)
Place du Château
16200 Jarnac
43 35 55 55

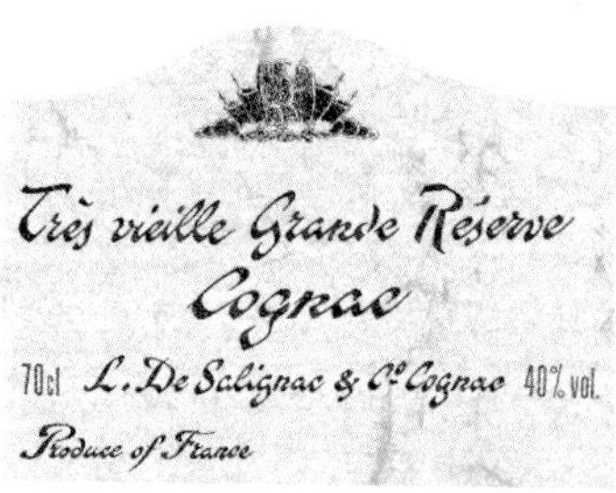

Cette Maison créée en 1809 vend environ 1,4 million de bouteilles de cognac par an. De même que *Courvoisier*, elle appartient à Hiram Walker (Allied-Lyons). 92 % de sa production de cognac sont exportés. Principaux clients à l'étranger : les États-Unis et Hong Kong. Cette maison réputée pour la qualité de ses cognacs connaît actuellement un succès remarquable aux États-Unis. Présent en France, uiquement dans les cafés, hôtels et restaurants et quelques caves réputées, Salignac fonde son succès sur la délicatesse et la légèreté de ses cognacs.
Qualités de Salignac : *VS/VSOP/Napoléon/XO/Très Vieille Grande Fine Champagne.*
La Maison garde plusieurs lettres de remerciements signées Adenauer, Truman et Churchill ; ainsi, en octobre 1946, Salignac offrit à Sir Churchill six bouteilles de cognac de 1865. En 1986, j'ai eu l'occasion de goûter une autre bouteille de ce cognac chez *Hosman Frères* (voir ce nom) – qualité extraordinaire !

SAMOCANTE : Ricard, Juillac-le-Coq

SANSAC : Salignac

SARASAC & Co (J.) : Larsen

SAUNIER (Géo) : Rémy Martin

SAUVAGET (Jean-François)
Gente, au sud de Cognac
16130 Segonzac
45 83 75 57
Grande Champagne
VSOP (10 ans)/*Hors d'Âge* (20 ans).

SAUVION : Rouyer Guillet

SAUZEAU (Maurice)
Saint-Preuil, au sud-est de
16130 Segonzac
45 83 45 73
Grande Champagne
Sélection (4 ans)/*Réserve* (8 ans)/*Napoléon* (12 ans).

SAUZIN (René)
Deux-Villes, à l'ouest de
16130 Segonzac
45 83 40 43
Grande Champagne
VSOP/Vieille Réserve (15 ans).

SAZERAC DE FORGE : Engrand

SEGUIN (André)
Villars-les-Bois
(en face de l'église)
17770 Brizambourg
46 94 91 68
Fins Bois
★★★/*VSOP/Vieille Réserve* (15-18 ans)/*Hors d'Âge* (26 ans).

SEGUIN & Co : Rémy Martin

SÉGUINOT (Pierre, Gérard)
La Nérolle, au nord-est de
16130 Segonzac
45 83 41 73
Grande Champagne/VSOP/Réserve (12 ans)/*Vieille Réserve.*
Les Séguinot produisent également les cognacs *Versennes,* GAEC Les Versennes. Ils correspondent aux qualités Séguinot : *VSOP/Napoléon/XO.*

SENIOR : CCG

SEPC : Société pour l'exportation des produits des Charentes Ltd. : Castillon-Vénus de Milo.
Renault

SERAC : Les Grands Chais de France

SERPLET (Pierre)
Lavaud, à l'est de
Juillac-le-Coq
16130 Segonzac
45 83 47 65
Grande Champagne
★★★/*VSOP/Napoléon/Vieux Cognac* (15 ans).

SERRE (Louis) : CCG

SEUILLET (Étienne)
Le Rainé
17120 Cozes
46 90 71 95
Bons Bois
★★★/*VSOP/Vieille Réserve.*

SICARD & Fils : CCG

SIEUR DE PLAISANCE : Guy Testaud

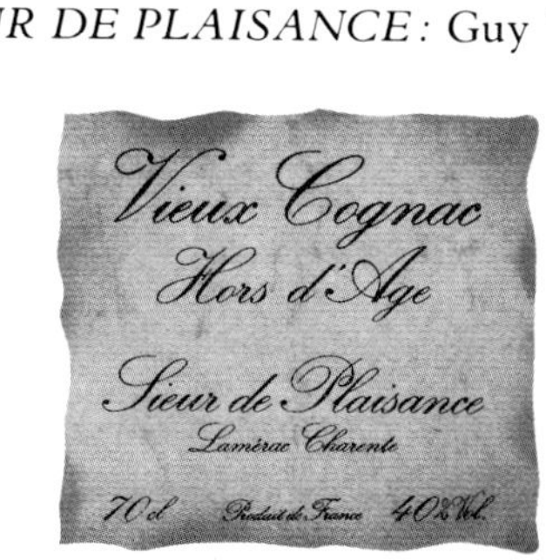

André J. Royer, président-directeur général de Louis Royer SA.

SMART: Camus

SOCIÉTÉ DES VINS ET SPIRITUEUX: Monnet

SODICOGNAC: Gautier/Aigre

LA SOLOIRE: Boutinet

SOREL: Brugerolle

J. SORIN (Vallein-Tercinier)
Domaine des Forges
Chermignac
17460 Thénac
46 92 64 30
Vallein-Tercinier est également propriétaire de *Dupuis Fils* (voir ce nom). Quant au Domaine des Forges, il abrite aussi l'entreprise *Georges Fransac* (voir ce nom). Seules de petites quantités de cognac Sorin sont mises en bouteilles, la qualité étant choisie au coup par coup, selon les besoins.

SOUBIRON (Pierre): Pernod-Ricard

STAUB & Cie
29, rue Marguerite-de-Navarre
16101 Cognac
45 32 27 27
L'entreprise travaille en étroite collaboration avec *Camus,* dont elle partage les locaux. Le directeur général de Camus, A. Cuzange, est un des propriétaires de Staub & Cie. Celle-ci produit le cognac kasher de *Lanxner* (voir ce nom). La Maison possède 55 hectares de vignobles, dont 30 en Petite Champagne et le reste dans les Borderies; elle achète aussi ailleurs. 95 % de sa production sont exportés. Principaux clients par ordre d'importance: l'Allemagne fédérale, la Hollande, l'Amérique latine, le Canada, Hong Kong et la Belgique. Gamme proposée: ★★★ (plus de 2 ans)/ *VSOP* (5 ans)/*Napoléon* (6 ans)/*François Ier* (env. 20 ans). Autres marques: *Amiral* (★★★/*VSOP/Napoléon*), *Francet* (★★★/*VSOP/Napoléon*), *Delcros, Gobelin Jerdi & Co, Martin Frères.*

SUGIER (Marie): Salignac

SUIRE (Paul)
(Le Chai Saintongeais-
Suire Père & Fils)
Maine Péron, au nord-ouest (D 248E) de
Saint-Quantin-de-Rançanne
17800 Pons
46 49 84 86
Bons Bois
Sélection (★★★)/*Réserve* (= *VSOP*)/*Très Vieille Réserve* (20 ans).

SUPERLATIVE: Camus

SYMBOLE ROYAL: Courvoisier

TALLEFORT
(anciennement Taillefer)
(SARL La Champagne de
Saint-Preuil)
Saint-Preuil
16130 Segonzac
45 83 31 99
100 hectares (60 en Gr. Ch., 26 en P. Ch., 14 en F. Bois), plus des achats à l'extérieur. Capacité: 250 000 à 300 000 bouteilles par an. Qualités: ★★★ (6 ans)/ *VSOP Fine Ch.* (10 ans)/*Napoléon Fine Champagne*/*Vieille Réserve* (*Fine Ch.*, 16 ans)/*XO Fine Champagne*/*Hors d'Âge 45 %* (*Gr.Ch.*, 45 ans).
Autre marque: *Marianne.*

TALLEYRAND: Les Grands Chais de France.

TAMON (Jules): Camus

TAMPIER (L.): Adet Seward

TARDET (Père & Fils)
Les Châteliers
17310 Saint-Pierre-d'Oléron
46 47 07 04
Bois Ordinaires
Env. 7 000 bouteilles par an. ★★★ (3 ans)/*VSOP* (6 ans)/*Napoléon* (10 ans).

RÉMY TARDIEU & Co: Bache-Gabrielsen

TARIN (Claude & Michel)
Chez Thiboire, au sud-ouest de Tanzac, à l'ouest de
17260 Gémozac
46 94 23 80
Bons Bois
★★★/*VSOP/Napoléon/Vieille Réserve*.

TARIN & Fils: Croizet Eymard

TAVERNIER: Quancard

TEMPLIER (Paul)
Lonzac, au nord-ouest de
17520 Archiac
46 49 51 97
Petite Champagne
★★★/*VSOP/Vieille Réserve* (25 ans).

LE TEMPS JADIS: Royer

TERREFOUR: Quancard

TESCO:
Marque de la chaîne de grands magasins anglais. Voir *Salignac*.

A. TESSERON: De Saint-Aulaire (Tesseron est le producteur, De Saint-Aulaire une de ses marques)

TESSERON (Jean-Philippe & Fils)
Chez Besson, au nord de Migron, à l'est de
17770 Brizambourg
46 94 91 16
Fins Bois
VSOP/Vieille Réserve/Hors d'Âge.

TESTAUD (Guy)
Plaisance, au nord-ouest de Lamérac
16300 Barbezieux-Saint-Hilaire
45 78 04 61
Marque « Sieur de Plaisance » : *VSOP* (4 ans)/*Napoléon* (10 ans)/*Hors d'Âge* (20 ans). Marque Guy Testaud : *Grande Fine Champagne d'Antan* (40 ans).

TEXIER (Roger)
Montchaude, au sud-ouest de
16300 Barbezieux-Saint-Hilaire
45 78 04 49
Petite Champagne
★★★ (4 ans)/*VSOP* (5 ans)/*Fine Champagne* (5 ans)/*Napoléon* (7 ans)/*Grande Fine Champagne* (20 ans).

TEXIER GÉRARD (J.) : Camus

THOMAS (Christian) : voir Château de Beaulon et Moulin de la Grange

THORIN (André)
Mainxe
16200 Jarnac
45 83 32 49
Grande Champagne
★★★ (5 ans)/*VSOP 43 %* (9 ans).

M. TIFFON SA
Île Madame (sur le bord de la Charente)
16200 Jarnac
45 81 08 31
Une propriété de la famille des Braastad, descendants des Tiffon (du côté maternel). La Maison possède 40 hectares de vignobles en Grande Champagne et dans les Fins Bois, et elle s'approvisionne également auprès d'environ 350 viticulteurs. La plus grande partie de la production est vendue en vrac à d'autres négociants ou exportée vers la Scandinavie; la Maison possède cependant sa propre marque de cognac en bouteilles. Les ventes annuelles, après conversion en nombre de bouteilles, avoisinent les 360 000 unités, dont 95 % à l'exportation. Principaux clients : la Suède, la Norvège, les États-Unis, la Belgique et le Japon. Gamme : ★★★ (6 ans, *VS* pour les États-Unis)/ *VSOP Fine Ch.* (12 ans)/*Napoléon* (États-Unis)/*Hors d'Âge* (États-Unis + Japon). *Extra Fine Ch.* (30 ans). Un jeune cognac pour la Fine à l'eau : le *Baccara*.
Château de Triac : *Grande Fine* (6 ans)/ *Grande Réserve* (15 ans).
Tiffon représente également *Boutelleau* (voir ce nom).

TOUR D'ARGENT
15, quai de la Tournelle
75005 Paris
43 54 23 21
Le célèbre grand restaurant parisien a dans ses caves de très vieux cognacs – de ceux que l'on montre mais que l'on n'offre pas à tout le monde. La Maison possède également sa propre marque (*Fine Champ.*). Dans la boutique : *Fine Champagne 1805*.

TOURNELL: Hardy

TOURREL (François) : Delamain

TOUZAIN (Gérard)
Rue Millardet
16130 Segonzac
45 83 42 16
Grande Champagne
Réserve (11 ans).

TRADITION & QUALITÉ: Unicognac

TRENAIS: Jules Robin

TRENET (A.C.) : Jules Robin

TRESSAC SEGUIN & Co: Bache-Gabrielsen

TRIBOULET: G. Courant/CCG

TRICOCHE: Château Paulet

TRIJOL (Maxime)
Saint-Martial-sur-Né
17520 Archiac
46 49 53 31

Un cognac principalement destiné aux grandes surfaces. Des qualités supérieures sous l'étiquette *Duboigalant* (voir ce nom). Trijol : ★★★/*VSOP/Napoléon*.

TRIPELON (Roger)
Domaine du Croux, au sud-ouest de Juillac-le-Coq
16130 Segonzac
45 83 47 23
Petite Champagne
★★★/*VSOP/Napoléon/Vieille Réserve* (30 ans).

TROIS EMPEREURS : Domaine du Chillot

TROISGROS (les Frères)
22, cours de la République
42300 Roanne (en face de la gare)
77 71 66 97
La boutique de ce fameux restaurant propose un choix exceptionnel de vieux cognacs, dont des bouteilles de cuvée spéciale avec un titre parfois très élevé. Un cognac « Troisgros » (Grande Champagne) est produit et distribué par la Maison *Jules Robin*, filiale de *MARTELL*. Choix énorme de cognacs aussi au restaurant (voir carte p. 108-109)

TURBOT (Ch.) : Prunier

TYTELL (Henry) *& Fils* : Hardy

UNICOGNAC
(Union de Coopératives de la région délimitée du Cognac et du Pineau des Charentes)
Route de Cognac
17500 Jonzac
46 48 10 99
Cette association de coopératives et de distillateurs fut fondée au début des années 1960, sous l'égide d'une vieille Maison de cognac sise à Jonzac, *Jules Gautret*, ouverte en 1847. Au total, quelque 3 500 viticulteurs de la coopérative avec plus de 10 000 hectares de vignobles dans les crus de Petite Champagne, Fins Bois et Bons Bois; pour compléter sa production, Unicognac s'approvisionne également à l'extérieur. Outre le pineau et le brandy, elle

produit environ 1,3 million de bouteilles par an (dont 58 % d'exportations) et distribue auprès des grandes et petites surfaces toute une gamme de différentes marques.
Principales marques d'Unicognac :
Jules Gautret (★★★/*VSOP/Fine Champagne / Napoléon / Grande Champagne Hors d'Âge), Roi des Rois (VSOP/Napoléon XO/Napoléon Fine Ch.)/Extra (Grande Ch.,* 25 ans)/*Coronation.*
Bon Roy ou *Bonroy* (★★★/*VSOP/Fine Champagne*. Marques déposées). *D'Anglar (VS/VSOP/Napoléon/Extra). André Dorbert* (★★★/*VSOP/Napoléon/Extra/XO).*
De la Cour (★★★/*VSOP).*
De Forsac (★★★/*VSOP).*
Darnac (★★★/*VSOP).*
Autres marques – presque exclusivement des ★★★ ou ★★★ et *VSOP* :
Cognac Union, Delignac, Bergeon, Delsay, Jules Gaujon, Marsat, Orphi, Pallas, De Lacour, Régence, Tradition & Qualité, Union, Valleroy, Vice-Roi.

UNICOOP (Union Coopérative de Viticulteurs Charentais)
49, rue Lohmeyer
16102 Cognac
45 82 45 77
Fondée en 1931. À l'heure actuelle, environ 3 500 viticulteurs réunissant 5 200 hectares de vignobles dans tous les crus sauf les Bois Ordinaires. La production de cognac de la Maison se répartit en trois domaines d'activité : livraison en vrac aux monopoles d'État (essentiellement dans les pays scandinaves); élaboration des contre-marques pour d'autres Maisons; et production de la grande marque de qualité de la Maison, lancée au milieu des années 1950 – le cognac *Prince Hubert de Polignac*. Au total, son volume de ventes global équivaut à environ 6 millions de bouteilles, dont 60 % à l'exportation. Principaux clients d'Unicoop à l'étranger : la Belgique, la Norvège, l'Allemagne fédérale, la Finlande, le Canada, la Suisse, la Suède, le Luxembourg, la Grande-Bretagne, la Malaisie et Singapour, l'Italie, le Danemark, le Japon.
Prince de Polignac : ★★★ (3 ans)/*VS* (4 ans)/*VSOP Fine Ch.* (10 ans)/*Napoléon* (18 ans)/*XO* (25 ans)/*Dynastie Grande Ch.* (40 ans).
Le restaurant parisien « La Tour d'Argent » possède encore vraisemblablement des bouteilles de *Vintage 1904 – l'Entente Cordiale*. Unicoop produit différentes marques spéciales destinées à la

grande gastronomie, dont, depuis plusieurs années, le cognac *Paul Bocuse*. Autres marques: *Vigier Latour* (*VO/Réserve/Extra*), *Henri Mounier, Grand Monarque, Casmèze, De Chabrac, J.-P. Mallet, Albert Martinaud, Le May, Rhéans, De Bonnefont, Château Gibeau, Cognac des Paysans Charentais, La Jasserie, Roland, Odéon, Grand Chevalier, Count de Beaufort, Canonnier, Grand Chambellan, Comte de La Fayette, De Pourvil, Laurent, Logis de Bonnefort, Marquis de La Fayette, Marquis Pierre de Villemin, Reynac* (pineau des Charentes).

UNICOVI: Unicoop

UNION: Unicognac

UNION CLUB: Frapin

UNION DES PROPRIÉTAIRES DISTILLATEURS: Salignac

UNIONA COGNAC: Salignac

VALAC: Confidentia

VALADON (Claude)
La Riverache, au sud-ouest d'Ars
16130 Segonzac
45 82 62 96
Petite Champagne
Cognac Sélection.

VALLARY (P.): Royer

VALLEROY: Unicognac

VALOIS: Unicoop

VANNIER (A.): Gautier/Aigre

VAUCELLE (A.): Royer

VÉNÉRAND (G.): Salignac

VERON: Du Veron

VERSAYES: Gautier/Aigre

VERSENNES: Séguinot

VEUVE MACHET: Gautier/Aigre

Les Braastad à la tête de Tiffon: Jacques, Philippe et Christian (de gauche à droite).

VICE ROI: Unicognac

LA VICOMTESSE: De Foulhiac de Padirac

VIDEAU (Yvan & Guy)
La Chefmalière
(une petite boutique sur la grand-place)
17310 Saint-Pierre-d'Oléron
46 47 07 60
Bois Ordinaires
★★★ (4 ans)/*VSOP* (6 ans)/*Napoléon* (10 ans).

VIDEAU & Co: CCG

VIEUXBOIZÉ CVLS
Siecq
17490 Beauvais-sur-Matha
Fins Bois
★★★/*VSOP.*

VIGIER LATOUR: Unicoop

VIGNELAC: Camus

VIGNOBLES DESTREILLES
(Robert Sauvaitre)
Le Maine Laure
Le Tâtre, au nord-est de
16300 Baignes-Sainte-Radegonde
45 78 54 14
60 hectares en *Petite Champ., Fins* et *Bons Bois*
★★★ (3 ans)/*VSOP P. Ch.* (6 ans)/*Napoléon* (10 ans)/*Vieux Cognac* (plus de 30 ans).

VIKING BRANDY: Larsen

J.M. VILLARD & Cie: Brugerolle

VINET (Guy)
Belle-Isle, à l'ouest de
Brie-sous-Archiac
17520 Archiac
46 49 11 66

Petite Champagne
VSOP (10 ans)/*Hors d'Âge* (40 ans).

VITAL (C.) : Royer

VITICULTEURS SAINTONGEAIS : Puy Gaudin

VIVIENNE & Co : Gautier/Aigre

VOLLAUD (Gérard)
Chez Boursac, au nord-ouest d'Ars
16130 Segonzac
45 82 01 01
Petite Champagne
Sélection (★★★, 4 ans)/*VSOP* (6-8 ans)/*Napoléon* (10 ans).

VRILLAUD (J.) : Gautier/Aigre

WHITHAMS : Ce négociant en vins propose de vieux cognacs; par exemple un *Exshaw Petite Champagne 1964.*

WILDMAN (Frédérick) & *Fils :* Courvoisier

YUAN YANG : Prunier

YVON : Gautier/Aigre

Ces réserves stockées dans un chai de Hennessy sont toute une page d'histoire. ▷

Les bonnes adresses

Restaurants mentionnés dans ce livre en raison du choix de cognacs qu'ils proposent (voir le chapitre « Un produit international ») :

Autres restaurants mentionnés pour leurs cognacs :

Quelques magasins étrangers recommandés dans ce livre pour leur choix de cognacs ou pour leurs propres marques de cognac :

Allemagne fédérale :

Suisse :

Grande-Bretagne :

BUREAU NATIONAL INTERPROFESSIONNEL DU COGNAC

Historique

C'est durant l'entre-deux-guerres que les viticulteurs et les négociants du cognac de la région des Charentes, sentant la nécessité d'une entente pour préserver leurs intérêts communs créèrent l'UNION DE LA VITICULTURE ET DU COMMERCE, association constituée dans le cadre de la loi de 1901. Parmi les premières mesures, prennent place le statut de l'appellation « Cognac », la réglementation des chais, le contrôle du vieillissement des eaux-de-vie.
La guerre 39/40 et ses suites accélèrent le processus d'habilitation de ce groupement professionnel. En vertu de la loi du 27 septembre 1940, un arrêté du 5 janvier 1941 vient ratifier la création du BUREAU DE RÉPARTITION DES VINS ET EAUX-DE-VIE, qui jouera un rôle considérable durant l'Occupation pour l'économie de la région, préservant l'inestimable richesse du stock national de cognac.
A la Libération, le BUREAU DE RÉPARTITION fut transformé en BUREAU NATIONAL INTERPROFESSIONNEL DU COGNAC (BNIC), confirmé dans ses pouvoirs, de nouvelles tâches lui étant confiées au fur et à mesure du développement du marché.

Organisation

Le BNIC est un établissement interprofessionnel de caractère semi-public, doté de la personnalité civile et de l'autonomie financière.
La représentation professionnelle au sein du Bureau est assurée par des membres nommés par arrêté du ministre de l'Agriculture, après consultation des organisations professionnelles intéressées; la représentation de l'État étant assurée par un Commissaire du Gouvernement.

But et objet du BNIC

En vertu de l'arrêté du 10 avril 1987, le BNIC a pour mission de proposer aux pouvoirs publics toutes dispositions relatives à l'organisation du marché des vins et des eaux-de-vie de Cognac et à leur commercialisation dans le respect de la réglementation communautaire.
En outre, il lui appartient de procéder à toutes études concernant la production et la commercialisation des vins et eaux-de-vie de Cognac, d'effectuer un contrôle de la réglementation, de veiller à la stricte application des usages locaux, d'assurer la promotion de l'appellation « Cognac ».
Le BNIC assure le contrôle du vieillissement du cognac et est seul habilité à délivrer les certificats d'âge requis par les pays importateurs et la délivrance des certificats d'origine nécessaires à l'exportation (arrêtés ministériels des 20/02/1946 et 25/08/1952 confirmés par l'arrêté du 10/04/1987).

Services du BNIC

Sous l'autorité d'un Directeur, outre son rôle de représentant officiel et permanent de l'Interprofession auprès des différentes instances de l'État et des grands organismes internationaux, les missions et objectifs des services du BNIC sont les suivants :
• Division des statistiques et contrôle des âges. Entièrement informatisé, ce qui lui donne une grande efficacité, ce service traite de la gestion complète des marchés et transactions, concernant le cognac, de tous les négociants, marchands en gros, bouilleurs de profession, viticulteurs, coopératives et chais en collectifs.
Il est seul habilité à la délivrance des documents concernant le contrôle de l'âge ou les certificats d'origine.
Il assure les contrôles nécessaires à l'élaboration des statistiques publiées par le BNIC.
Ce service est constitué de 3 départements principaux : secteur négoce; secteur viticulture et pineau; secteur traitement de l'information.
• Division de la documentation, des études et des interventions.
Documentation : dépouillement des documents officiels, périodiques, revues, circulaires (français ou étrangers).
Études : suivi et évolution des aspects juridiques, économiques, financiers, commerciaux, administratifs et fiscaux des divers produits de la région délimitée de Cognac et des différentes activités que regroupe l'interprofession.
Information et interventions : rédaction, traduction et homologation des certificats et attestations spéciales; établissement des dossiers, rapports et communiqués du BNIC; liaison avec les postes et organismes privés ou publics en rapports commerciaux avec l'étranger et les organismes internationaux.
Assistance juridique et fiscale des organisations professionnelles et des membres, tant en France qu'à l'étranger.
• Division des affaires financières et du personnel : établissement du budget du BUREAU et suivi budgétaire; tenue de la comptabilité; gestion de la trésorerie; gestion du personnel; maintenance du patrimoine immobilier et mobilier.
• Service publicité et relations publiques. Son rôle est multiple :
— en liaison constante et sous le contrôle de la commission compétente du BNIC, assurer la promotion du produit dans le monde par l'entremise de campagnes d'information et d'éducation du consommateur;
— études de marketing appliqué dans une sélection de marchés;
— contacts avec les postes français d'expansion commerciale à l'étranger;
— assurer l'information dans la région délimitée « Cognac »;
— assurer les relations publiques du BNIC et l'organisation d'actions ponctuelles au nom de l'Interprofession Cognac;
— étudier et réaliser tous types de documentation utiles à l'Interprofession.
• Service de contrôle des interventions. Ce service a pour mission :
— de veiller au maintien et à la protection des usages locaux loyaux et constants consacrant les appellations d'origine contrôlées régionales;
— d'organiser, par tous les moyens appropriés, la conservation des eaux-de-vie, tant chez les producteurs que chez les négociants;
— de contrôler la qualité des eaux-de-vie produites et offertes à la vente, tant par la viticulture de la région délimitée que par le commerce;
— d'assurer l'information, le conseil et le soutien des ressortissants du BNIC.
• Services techniques (station viticole). Les missions prioritaires de la station viticole définie par l'Interprofession sont les suivantes :
— recherche : en viticulture; en œnologie : pour le cognac, les vins de table et les vins du pays, le pineau des Charentes;
— laboratoires d'analyses : analyses de contrôle; analyses de recherche;
— contacts permanents et rapports avec les différents organismes agricoles français;
— participation au comité Météo.
Outre son caractère officiel nécessaire de par les services qu'il rend, et les efforts constants faits pour la profession et pour une meilleure connaissance du cognac, de ses règles et de sa région, le BNIC est reconnu par toute l'Interprofession comme la structure de référence indispensable, respectée tant en France qu'à l'étranger.

Une vieille bouteille exposée au musée du Cognac.

ANNEXES

La cuisine au cognac

Le cognac joue un rôle important également dans l'art culinaire : il apporte sa quote-part dans la préparation des plats de poissons et de viandes, ainsi que dans les sauces et, plus encore, dans l'élaboration des desserts.

Qui n'a jamais goûté un délicieux foie gras au cognac ? De même, la volaille, mais aussi le homard, la langouste et les grillades de poissons gagnent à être flambés avec du cognac (à faire non pas à la fin de la préparation, mais juste avant, et pas sur la table, devant les invités, mais en cuisine). Quelques gouttes de cognac ajoutées au jaune d'œuf et à la crème fraîche peuvent transformer une sauce en un vrai délice. Dans une mayonnaise, le cognac peut remplacer avantageusement le vinaigre ou le citron (dans ce cas, on évitera d'ajouter trop de moutarde). De la même façon, un fond de cognac ne peut que rendre le bœuf braisé encore meilleur. Mais ce n'est pas tout : le poisson bouilli s'accommode fort bien, lui aussi, d'un peu de cognac.

Pour ce qui est des desserts, est-il vraiment nécessaire de vanter les bienfaits du cognac ? Quelques gouttes sur les fraises, ou un peu plus que quelques gouttes pour flamber les succulentes crêpes Suzette... En définitive, que ce soit dans une bavaroise ou dans toutes sortes de crèmes, sans parler de la mousse au chocolat, de la pâte à gâteau ou de la pâte à tarte, le cognac est incontournable... Il y a les préparations pour lesquelles quelques gouttes de cognac font l'affaire, et les autres, plus exigeantes, comme le sabayon.

Avec le cognac, votre dessert est un succès quasiment assuré. N'oubliez pas non plus les conserves de fruits au cognac, qui valent bien celles au rhum ou à l'armagnac – voire qui sont meilleures. Pour vos préparations culinaires (plus encore que pour les cocktails), prévoyez un cognac de qualité : au moins le VSOP d'une grande marque; si vous achetez dans un supermarché un cognac d'une marque plus modeste, c'est alors sur la qualité Napoléon qu'il vous faudra porter votre choix. La différence est notable. Cependant, sachez qu'un très vieux cognac du haut de gamme ne fera pas l'affaire : confronté aux aliments, sucrés ou non, son florilège de nuances très subtiles non seulement ne sera pas mis en valeur, mais sera de plus complètement anéanti – autant de plaisir et d'argent gaspillés.

Un cognac Marett de 1822, de la collection privée de Jürgen Schmidt.

Vignobles de Grande Champagne.

Le cognac en cocktails

Plus un cognac est bon, meilleur il est à l'état pur, non dilué et non mélangé – que ce soit juste à la fin du repas, au moment du café, ou un peu plus tard, avec un bon cigare (Churchill fut un des grands promoteurs de ce rituel...). Par son goût extrêmement durable, le cognac est le « long drink » par excellence.

Mais pourquoi les qualités les plus tonifiantes comme les plus subtiles de cette eau-de-vie ne pourraient-elles être mises à contribution pour enrichir les mélanges de boissons ? Et ce qu'il s'agisse d'apéritifs et de cocktails, dont les amateurs attendent plus que le goût « neutre » d'un simple alcool, ou de boissons rafraîchissantes, ou encore de tel ou tel remède préventif contre le froid.

Au fil du temps, les amis des bars et les amateurs de recettes de bonne femme ont créé une impressionnante liste de boissons dans lesquelles le cognac, en tant que composant principal, remplit son rôle inimitable. Vous trouverez ci-après quelques exemples de cocktails, depuis les plus simples jusqu'à ceux comportant plusieurs autres boissons alcoolisées. La « fine à l'eau », un excellent rafraîchissement, n'a plus à être présentée (le dictionnaire nous apprend cependant qu'à l'origine, le nom de « fine » ne désigne pas nécessairement un cognac, mais toute eau-de-vie naturelle de qualité supérieure) : sa préparation consiste simplement à ajouter, au choix, de l'eau ou du soda, avec ou sans glaçons. Dans le chapitre « Quand boire le cognac », il m'a déjà été donné de décrire le cocktail rafraîchissant concocté par Étienne (de chez Courvoisier). Pour mémoire : 1 mesure de cognac, 1 1/2 mesure de jus d'orange pur, 1/2 mesure de jus de pamplemousse pur – bien mélanger et servir sur des glaçons. D'après Étienne, vous pouvez très bien mettre en bouteille une bonne quantité de ce mélange et le conserver au réfrigérateur.

Une bouteille en forme de tour Eiffel.

Les recettes qui suivent sont généralement des « classiques ». En modifiant suffisamment les dosages, on obtiendra des cocktails qu'il faudra sans doute rebaptiser, mais qui pourront être tout aussi bons que les modèles dont ils s'inspirent. Pour les uns comme pour les autres, un cognac de la qualité ★★★ devrait faire l'affaire.

Starter

Glaçons – 4 mesures de cognac – 6 mesures de jus de pomme – 2 mesures de jus de citron. Ajouter des rondelles de citron.

Cognac Flip

8 cl de cognac – 3 ou 4 jaunes d'œufs – 2 cuillerées à soupe de

sucre. Battre les jaunes d'œufs en mousse avec le sucre, puis mélanger le cognac. Servir dans de grands verres en saupoudrant de cannelle ou de muscade. Pour trois ou quatre personnes.

Cognac Toddy

8 cl de cognac – 4 cuillerées à café de sucre – pour quatre verres, 4 rondelles de citron. Allonger d'eau chaude.

Dry French

2 mesures de cognac – 1 mesure de Noilly dry – 1 trait d'Angostura – glace. Décorer avec des zestes de citron.

Cognac Fizz

3 mesures de cognac – 5 mesures de jus de citron – 1 cuillerée à café de sucre – secouer, filtrer. Servir dans un grand verre avec un glaçon; ajouter un peu d'eau de Seltz.

Cognac Collins

Comme le Fizz; remplir le grand verre d'eau de Seltz, ajouter une rondelle de citron, et coiffer le tout d'une cerise.

Cognac au citron

Glace – 3 cl de cognac – jus d'un citron entier – jus d'une demi-orange – 1 cuillerée à café de sucre. Servir dans un verre à porto, avec une rondelle d'orange.

Nikolaschka

2 cl de cognac dans un petit verre – une rondelle de citron à cheval sur le bord du verre. Verser 1 cuillerée à café de sucre sur le citron. Conserver la rondelle de citron en buvant le cognac.

Cognac Daisy

4 mesures de cognac – jus de citron – sirop de grenadine. Verser sur une bonne quantité de glace pilée et agiter énergiquement; servir dans des coupes à champagne, en

Le « flotteur de filet de pêche » de la Maison de cognac Gautier.

allongeant d'eau de Seltz. Ajouter une cerise.

Cognac Cooler

8 mesures de cognac – 3 mesures de jus de pamplemousse. Mélanger. Servir sur des glaçons dans un grand verre, allonger de Ginger Ale.

Cognac au pamplemousse

Glace – 3 cl de cognac – 3 cl de vermouth rouge – jus d'un demi-pamplemousse – 1 trait d'Angostura. Agiter vigoureusement.

Harvard

1 mesure de cognac – 1 mesure de vermouth doux – 1 trait d'Angostura – un peu de sucre – une rondelle de citron.

Sidecar

1 mesure de cognac – 1 mesure de curaçao blanc triple sec – 1/2 mesure de jus de citron frais. Servir glacé. Peut également être préparé avec du Cointreau à la place du curaçao.

Cognac Shake

1 jaune d'œuf – 4 cl de cognac – 2 cuillerées à café de crème – 2 cuillerées à café de sucre. Frapper dans le shaker. Servir, saupoudrer d'une pincée de muscade râpée.

Rudolph Pick-Me-Up

3 cl de cognac. Verser des glaçons dans le jus d'une demi-orange et secouer. Servir dans une flûte à champagne en allongeant de champagne.

Café charentais

4 mesures de cognac. Verser 2 mesures de sucre dans un verre résistant à la chaleur, chauffer, faire flamber, verser du café fort et chaud, napper de crème battue.

Une ancienne affiche publicitaire du cognac Otard.

Glögg (punch suédois)
Pour plusieurs personnes :

1 bouteille de cognac – 100 g de sucre – 1 douzaine de clous de girofle – 1 bâton de cannelle – 1/2 l de sherry. Chauffer le cognac avec les aromates (sans faire bouillir), puis verser le sherry (non chauffé). Dans un verre à anse réchauffé, il suffit d'ajouter quelques raisins secs et des amandes (non salées). En hiver, c'est un excellent remontant... Le sherry peut être remplacé par du porto ou du madère, ou encore par un bordeaux rouge.

Old Fashioned

3 mesures de cognac – 1 mesure de curaçao – 2 mesures de sucre – 1 nuage d'Angostura – un zeste de citron. Dissoudre le sucre dans 3 mesures d'eau portée à ébullition; puis ajouter le zeste de citron et laisser refroidir. Joindre les autres ingrédients avec un peu de glace; remuer vigoureusement, enlever le zeste de citron et allonger d'eau de Seltz.

Coffee Cooler

3 mesures de cognac – 3 mesures de café fort – 1 mesure de curaçao – 1 cuillerée à café de sucre. Laisser séjourner un moment dans le réfrigérateur.

Goldfinger

(Grand Prix des « Oscars du long drink » 1986, compétition organisée par Hennessy.) : 4 mesures de cognac – 1 mesure de sirop de menthe – 2 mesures de Grand Marnier – 3 mesures de Ginger Ale. Décoration : fraise – menthe fraîche.

East India

6 mesures de cognac – 1 mesure de curaçao – 1 mesure de jus d'ananas – 1 trait d'Angostura – de fines lamelles d'écorce de citron.

Stinger

2 mesures de cognac – 1 mesure de crème blanche de menthe. Délayer dans le verre.

Tantale

1 mesure de cognac – 1 mesure de liqueur de fruit de la passion – 1 mesure de jus de citron. Mélanger avec le shaker.

Banana Bliss

1 mesure de cognac – 1 mesure de liqueur de banane. Délayer dans le verre.

Extrême-Orient

4 mesures de cognac – 1 mesure de curaçao – 2 mesures de jus d'ananas – 1 trait d'Angostura. Agiter longuement avec les glaçons. Ajouter une cerise à cocktail.

Bermuda Highball

3 mesures de cognac – 2 mesures de gin – 1 trait de jus d'orange amère. Remuer avec les glaçons et servir dans un grand verre en allongeant de Ginger Ale. Ajouter un zeste d'orange.

Coffee

1 mesure de cognac – 2 mesures de porto – 2 traits de curaçao – 1 jaune d'œuf. Mélanger avec le shaker.

Frankie Boy

2 mesures de cognac – 2 mesures de Grand Marnier – 2 mesures de jus de citron. Remuer longuement avec des glaçons. Allonger de champagne. (Le Grand Marnier contient déjà du cognac.)

Mazagran

3 mesures de cognac – 1 mesure de marasquin – 2 cuillerées à café de mélasse – 1 trait d'Angostura. Servir sur des glaçons et additionner de café froid. Saupoudrer de clous de girofle pilés.

Baiser froid

3 mesures de cognac – 3 mesures de liqueur d'œuf. Passer au mixer avec 3 glaçons et 2 cuillerées à soupe de glace à la vanille. Servir puis napper de crème et saupoudrer de paillettes de chocolat.

B & B

1 mesure de cognac – 1 mesure de Bénédictine dans un verre à liqueur. (Le B & B est également un produit de la firme Bénédictine – le second « B » signifiant ici « brandy ».)

Champs-Élysées

3 mesures de cognac – 1 mesure de Bénédictine – 1 cuillerée à café de jus de citron – 1 trait d'Angostura. Mélanger avec de la glace pilée.

Une affiche de publicité pour le marché du cognac au Mexique.

Lebensretter

1 mesure de cognac – 2 mesures de porto – du sucre. Chauffer. Les doses doivent être très généreuses.

Wasserbombe

3 mesures de cognac – 2 mesures de calvados – 2 cuillerées à café de sirop de grenadine – 1 cuillerée à café de jus de citron. Agiter longuement avec des glaçons.

Chanteloup

1 mesure de cognac – 1 mesure de Noilly dry – 1 mesure de Noilly rouge – un doigt de crème de cassis. Servir sur beaucoup de glace, avec un zeste de citron et une demi-rondelle d'orange.

Chocolate Soldier

1 mesure de cognac – 1 mesure de crème de cacao – 1 mesure de vermouth – 2 traits d'orange amère. Agiter.

American Beauty

1 mesure de cognac – 1 mesure de vermouth sec – 1 mesure de jus d'orange – 1 mesure de grenadine – 1 doigt de crème de menthe blanche – une goutte de porto.

Bombay

2 mesures de cognac – 1 mesure de vermouth sec – 1 mesure de vermouth doux – 2 traits de curaçao – 1 trait d'anis. Mélanger dans le verre sur un fond de glaçons.

Carnaval

1 mesure de cognac – 1 mesure de liqueur d'abricot – 1 mesure de quinquina – 1 cuillerée à café de jus d'orange. Passer au shaker avec de la glace.

Cognac au champagne
Pour plusieurs personnes :

2 mesures de cognac – 2 mesures de curaçao – 1 mesure de marasquin – 1 mesure de vermouth – 1 cuillerée à café de sucre en poudre – 1 bouteille de champagne. Servir sur de la glace pilée dans de grands verres décorés avec des rondelles d'orange, de citron et d'ananas, de fines lamelles de concombre et quelques feuilles de menthe.

Index

Les noms de Maisons figurant dans le Répertoire des marques et adresses ne sont repris dans cet index que lorsqu'ils sont mentionnés dans la première partie de l'ouvrage.

« Nature Morte », chez A.E. Dor.

Achevé d'imprimer
le 4-11-1987
par Mohndruck Gütersloh
pour France Loisirs
Dépôt légal: Octobre 1988
Imprimé en R.F.A.

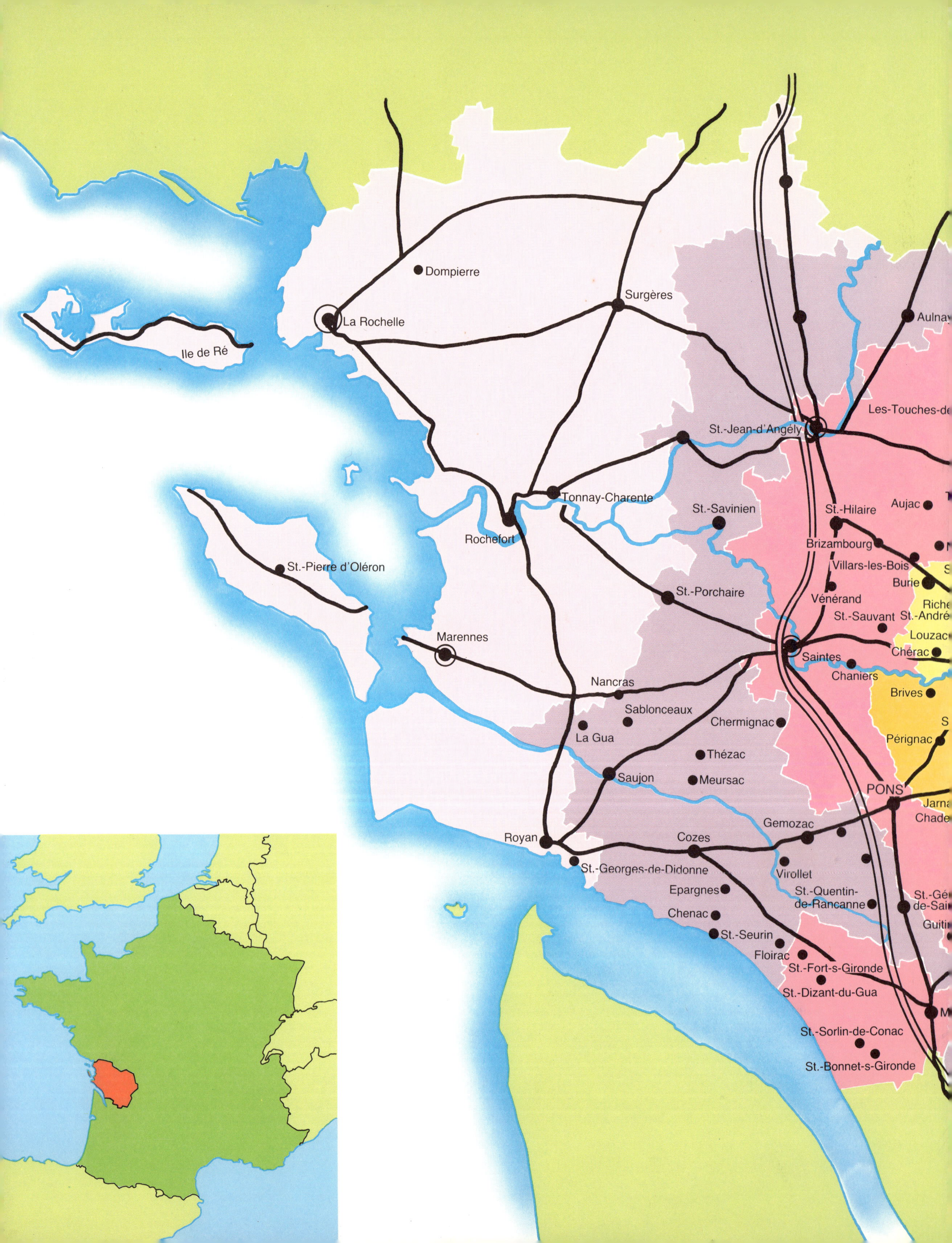

Dompierre
Surgères
La Rochelle
Ile de Ré
St.-Jean-d'Angély
Aujac
Tonnay-Charente
St.-Savinien
St.-Hilaire
Rochefort
Brizambourg
Villars-les-Bois
St.-Pierre d'Oléron
Burie
St.-Porchaire
Vénérand
St.-Sauvant
Marennes
Chérac
Saintes
Chaniers
Nancras
Brives
Sablonceaux
Chermignac
La Gua
Pérignac
Thézac
Saujon
Meursac
PONS
Gemozac
Royan
Cozes
St.-Georges-de-Didonne
Virollet
Epargnes
St.-Quentin-de-Rancanne
Chenac
St.-Seurin
Floirac
St.-Fort-s-Gironde
St.-Dizant-du-Gua
St.-Sorlin-de-Conac
St.-Bonnet-s-Gironde